다시,
교사를
생각하다

다시, 교사를 생각하다

초판 1쇄 발행 2020년 11월 10일

지은이 ㅣ 박종근

발행인 ㅣ 최윤서
편집장 ㅣ 허병민
교정교열 ㅣ 최형임
디자인 ㅣ 디자인붐
마케팅지원 ㅣ 김수경
펴낸 곳 ㅣ (주)교육과실천
도서문의 ㅣ 02-2264-7775
인쇄 ㅣ 031-945-6554 두성 P&L
일원화 구입처 ㅣ 031-407-6368 (주)태양서적
등록 ㅣ 2020년 2월 3일 제2020-000024호
주소 ㅣ 서울특별시 중구 창경궁로 18-1 동림비즈센터 505호
ISBN 979-11-969682-5-0 (13370)

다시,
교사를
생각하다

불신을 넘어
희망으로

박종근 지음

교육과실천

여는 글

　대한민국의 학교에서 교사로 근무하는 동안 많은 좌절과 희망을 보았
다. 혹자는 우리나라의 교육제도는 이미 망조가 들어 희망이 없다 했고,
혹자는 그래도 희망을 포기할 수 없다 했다. 학교에 대한 평가가 서로
다르다. 그래도 대한민국 국민이 모두 경험하는 학교 제도에 고칠 점이
있다는 데는 모두 공감할 것이다. 학교 문제의 원인 파악이나, 해결 방
법에 대한 생각이 다를 뿐이다. 그 변화의 중심에는 교사가 있어야 한다
는 점에는 모두 동의하리라 믿는다. 학교 문제 해결을 위한 열쇠는 교사
라는 관점을 바탕으로 글을 썼다. 글을 쓰며 크게 두 가지 관점에 관심
을 기울였다.

　첫째, 가능하면 우리나라만의 독특한 문화를 바탕으로 학교 제도를
살펴보고자 했다. 군이 '대한민국' 학교로 한정한 이유는 학교에 관한
대부분의 담론이 해외에서 수입되었기 때문이다. 기실 학교라는 제도

자체도 수입된 것이고, 학교에 관련된 이론과 방법도 대부분 그렇다. 그중 어떤 것은 우리나라에 좋은 영향을 미쳤는가 하면, 어떤 것은 우리나라만의 독특한 문화와 어울리기에는 한계가 있었다. 가장 먼저 왜 학교라는 제도가 수입되었는지를 살펴보았다. 이어서 학교를 둘러싼 담론들의 주요 내용과 그 한계는 어디에서 기인하는지 파악해보고자 했다. 학교 제도의 수입 이유와 그 과정을 살피며 현재의 학교 문제에 대해 더 폭넓게 이해할 수 있기를 바랐다.

둘째, 교사를 중심으로 이야기를 풀어보고자 했다. 학교에 관한 다양한 담론이 있지만, 대부분 그 안에서 교사는 형식적인 주체나 소외된 대상으로 다루어지고 있다. 우리 사회 전체에서 보면 교사는 중산층 정도의 삶을 보장받는 직업이다. 교사는 여전히 부정할 수 없는 기득권에 가깝다. 소득 수준도 국민 평균에 비해 높고, 학교 구성원의 대부분인 학생에 비해 많은 자율권을 갖고 있다. 교육부나 교육청에 비하면 선택권이 낮은 것도 사실이나, 그래도 경제적으로 중산층을 유지할 수 있는 직업이다. 사회 안에서 안정된 집단은 변화의 주체가 되기보다는 변화의 대상으로 지목당하기 마련이다. 그래서 그런지 교사에 대한 미담보다는 악담이 세간에 더 빨리, 더 넓게 퍼진다. 학교에 대한 부정적인 인식의 확산에 교사들은 기민하게 대처하지 못하고 분열하며 피상적·지엽적으로 대응한다. 때로는 문제를 아예 회피하기도 한다. 교사들이 직면하는 문제에 합심하여 대처하지 못하고 분열하는 이유는 공유할 수 있는 공통된 철학, 이론, 관점의 부재 때문이다. 이 책은 대한민국 교사의 미래에 대해 이야기하고자 한다. 그래서 가능하면 모든 현상과 문제, 대안을 교사를 중심으로 살펴보고자 애썼다. 이제는 교사가 교육계의 조연이 아닌 주연으로 대접받을 수 있기를 바란다.

이 책을 통해 우리 교직의 현재를 되짚어보고 나아갈 방향을 살피고자 했다. 1장에서는 현재 학교가 처한 어려움을 살펴보았다. 교사가 처한 현실을 이야기하기 위해 학교 범위에서부터 이야기를 시작해야 했다. 주변에 대한 충분한 관심 없이 교사가 자신만의 어려움을 토로하면 외부에는 배부른 불만으로 보일 수 있다. 본격적으로 교사에 관해 이야기하기 전에 학교의 주요 구성원인 학생, 학부모, 교사가 처한 어려움을 먼저 알아보았다. 각 주체가 처한 어려움은 개별적이기도 하고 서로 연결되어 있기도 하다. 이어서 흔히 '학교 문제'라고 하는 논쟁거리의 오류를 밝히고자 했다. 많은 경우 학교 문제는 개별 구성원을 문제의 원인으로 삼는다. 그러나 그 안에 숨겨진 보다 본질적인 문제는 따로 있다. 문제 상황을 정확히 파악해야 해결책도 의미가 있다. 학교 문제의 해결책을 찾기 위해 학교 구성원의 고통을 살피는 것이 우선되어야 한다.

2장에서는 교사의 존재론적인 고통을 살폈다. 외롭고 괴로워하는 교사가 많다. 사회에서 인정받는 직업임에도 불구하고, 그들이 왜 고통스러워하는지 이해하고 싶었다. 많은 교사가 직업의 역할과 가치에 대한 충분한 고민이 없이 학교에서 학생들을 가르친다. 거기에 관리 지향적이고 비합리적인 학교 문화는 교사를 더욱 지치게 한다. 교원단체는 신뢰를 잃은 지 오래다. 많은 교사가 집단의 지원 없이 홀로 고군분투한다. 여기에 학생 인권 신장과 교권 추락 문제가 엮여 교사의 존재를 더 불안하게 한다.

3장에서는 학교의 역사에 대해 알아보았다. 학교의 역사는 교사의 역사이다. 교사는 학교라는 근대적인 기관이 설립되면서 나타난 직업이다. 학교의 역사를 살피지 않고, 교사를 논할 수 없다. 학교의 역사를 살피는 일은 교사라는 직업의 뿌리를 살피는 일이기도 하다. 나아가 학교라는 큰 제도 안에서 교사라는 개인이 건강한 직업인으로서 어떻게 살아야 하는지를 알려주는 지표가 된다. 공교육의 시초가 되는 서양의 학교 제도가 어떻게 발달해 왔는지 먼저 살펴보고, 우리나라의 공교육 역사를 정리했다. 학교 역사의 질곡 속에서 우리가 당면한 학교 문제의 원인을 발견할 수 있었다. 이어서 공교육 발전을 저해하는 가장 큰 방해 요소인 사교육 문제를 살펴보았다.

4장에서는 학교에서 교사가 처한 현실 상황을 냉철하게 살펴보고자 했다. 많은 교사가 하루하루 업무에 치여 직업의 본질에 대해 충분히 고민할 여유와 기회를 갖지 못한다. 교사의 현실을 명확히 파악하지 못하니, 교사가 겪는 문제의 해결책을 찾는 데 실패한다. 교사가 나아갈 방향을 살피기 전에, 교사가 처한 현실을 정확히 인식해야 한다. 교사의 현실을 파악하기 위해 교사가 매일 근무하는 학교의 실체적 기능을 먼저 살펴보았다. 이어서 다른 나라와 비교한 우리나라 교사의 사회적 지위를 알아보았다. 이 과정에서 교사가 처한 문제의 원인 중 하나가 교직의 피상적 전문성임을 지적했다. 이어서 교직을 전문직이라고 주장하는 피상적 주장의 오류에 대해 따져보았다. 다음으로 교사의 나아갈 방향을 살피는 데 바탕이 되는 교직관에 대해 이야기했다. 교직관은 교사의 삶과 가치관에 지대한 영향을 미치는 중요한 주제이기 때문이다.

5장에서는 우리 교사가 나아갈 방향을 제안했다. 교사는 직업의 본분에 맞게 교육중심주의를 실현하기 위해 애써야 한다. 그 노력을 인정받을 때 교사와 학교에 대한 신뢰를 회복할 수 있다. 그러자면 학교를 옳

아매고 있는 평가 제도의 개선이 필요하다. 개선의 대상은 학생평가뿐만 아니라 교사평가도 포함된다. 이어서 많은 교사에게 관심을 받고 있는 전문학습공동체가 태동한 역사적 배경과 그 한계를 살펴보았다. 현장에서 교사가 전문성을 향상하기 위한 현실적인 방법으로 '1교사 1연구회'를 제안했다.

6장에서는 우리나라의 학교가 다른 나라로부터 어떠한 관심을 받고 있는지 알아보고, 그에 대한 생각을 정리했다. 대한민국의 학교에 대한 관심은 지속적으로 커질 것이다. 커지는 관심에 맞게 우리 교육의 장점을 스스로 잘 파악하고 전달하고자 하는 노력이 필요하다. 그에 맞추어 교사가 교육다운 교육을 하기 위해서 가져야 할 태도도 있다. 교사를 제대로 지원하기 위한 적확한 제도가 필요하다. 아울러 학교 발전을 위해 해결해야 할 질문 두 가지를 중점적으로 살펴보았다. '아이는 누가 키워야 하는가?'와 '교사는 무엇을 가르치는가?'이다. 복잡한 학교 현장에서 흔들리지 않는 교직관을 갖기 위해 교사라면 꼭 고민해야 할 중요한 질문들이다. 마지막으로 새 시대를 열어갈 새 교사에 대한 제안으로 글을 마무리했다.

교사연구회의 소중한 가치와 중요성에 대해 여러 번 이야기했지만, 이 책의 주제와 지면 한계 상 연구회 운영의 구체적인 이론과 방법, 노하우를 함께 담지 못해 아쉽다. 욕심으로는 교사연구회를 운영하고 참여하고자 하는 선생님에게 현실적이고 적용 가능한 방법을 자세히 안내하고 싶었지만, 다음 기회로 미룬다. 교사연구회의 중요성과 필요성을 여러 가지 맥락으로 살피는 것만으로도 지면이 부족했다. 기회가 된다면 '1교사 1연구회'가 실현될 수 있게 구체적 방법을 담은 글로 독자를 다시 만나고 싶다.

글을 쓰면서 내가 가르치고 만났던 학생과 학부모가 눈에 밟혔다. 그중 일부는 나와 좋은 관계를 맺어 웃으면서 이별했고, 일부는 나를 미워하며 떠나갔다. 이 책은 교사에 관해 주로 이야기하고 있지만, 그렇다고 학생과 학부모의 중요성을 간과한 것은 아니다. 교사가 하는 모든 일은 사실 학생을 향한다. 그들이 건강하고 행복하게 자라길 바라는 마음으로 교사들은 오늘도 교실의 문을 연다. 이 소박한 목표를 위해 교사는 학부모와 계속 소통하고 협력하려고 노력한다. 이 책의 중간 중간에 학생과 학부모에 관한 이야기도 담았으나 주요 주제로 삼지는 못했다. 그들에게 무엇인가를 바라기보다 교사인 내가 먼저, 교사 집단인 우리가 먼저 학교의 변화를 위해 솔선수범해야 한다고 생각했기 때문이다. 학생과 학부모의 상황까지 충분히 살필 수 없는 내 능력의 한계가 그들에 대한 무관심으로 비치지 않기를 바란다.

차례

1장

혼돈의 학교

1

학교 가기 싫은 아이들

학교는 슬픈 곳이다. 아무도 가고 싶어 하지 않으니까. 아침에 등교하는 아이들의 눈동자는 텅 비어있고, 온라인 교사 커뮤니티에는 스트레스로 극심한 고통을 호소하는 교사가 많다. 학교에 도착하면 아이들이 기다리는 건 하교 시간이고, 교사들이 기다리는 건 퇴근 시간이다. 아, 중간에 점심시간도 기다려진다. TV에서 종종 학교를 소재로 한 드라마가 방영된다. 드라마 속에서 아이들은 학대받고, 교사들은 무능하고, 어른들은 부패했다. 그러면 포털 사이트에 "학교 현실을 적나라하게 표현한 드라마 인기몰이 중!" 하고 뉴스가 뜬다. 우리나라에서 학교만큼 술자리에서 자주 비판받는 대상은 많지 않을 것이다.

"저는 학교 가는 게 정말 즐겁고 좋았어요."

남의 나라 이야기인가 싶은 이 말은, 정말 남의 나라 이야기다. 한국에 온 외국인들과 대화를 나누다 학교에 관한 이야기가 나왔다. 그들은 내게 수능시험 일에 비행기가 모두 멈추고, 직장인들이 한 시간 늦게 출근한다는 게 정말 사실이냐고 물었다. 그들의 표정은 마치 믿기 어려운 고대 전설의 사실 여부를 묻는 듯했다. 진실의 열쇠를 쥔 나는 짐짓 오랫동안 숨겨진 신화의 비밀을 밝히듯 대답한다. "Yes!" 다들 뭔가 흥미로운 전설을 사실로 확인한 듯 살짝 놀란 표정을 짓는다. 각자 학교의 경험에 대해서 이야기를 나누다 벽안의 금발인 한 동행이 자기는 학교생활이 좋았다며 대수롭지 않게 내뱉었다. 역사책 읽기가 취미이고, 공부가 좋아서 한국까지 유학 왔다는 그녀. 혹시 그녀만 즐거웠던 것은 아닌지 확인코자 물었다.

"너만 그랬던 거 아니야? 다른 친구들은 어땠어?"

"글쎄, 대부분 학교에 큰 불만이 없었던 것 같아. 선생님들도 좋았고, 친구들도 좋았고. 대부분 학교를 좋아했던 것 같아."

놀라운 일이다. 학교 가기가 즐거웠고, 대부분의 친구도 그녀와 비슷하다니. 한국에서는 흔치 않은 일이 아닌가. 눈에 호기심이 가득하고, 웃는 모습이 꽤 친절해서 인상적이었던 그녀의 고향은 핀란드였다. 이 짧은 대화가 OECD(경제협력개발기구, Organization for Economic Co-operation and Development)에서 내놓는 통계에 대한 내 신뢰를 향상시켜주었다. OECD는 1961년에 창설한 국제기구로 참여 국가들의 경제 발전을 포함하여 개발도상국 원조, 환경 문제, 웰빙, 디지털화, 정책 협의 등의 다양한 내용을 연구, 논의, 협업하는 단체이다. 어린이와 교육도 OECD의 주요 연구대상 중 하나다. 잘 알려진 PISA(국제학생평가프로그램, Program for International Student Assessment) 역시 OECD가 주관하고 있다.

PISA로 보는 우리 교육

PISA는 3년에 한 번씩 OECD 가입국과 참가를 희망하는 국가의 만 15세 학생들을 대상으로 시행하는 학력 평가다. 이 시험이 처음 도입된 2000년에는 우리나라를 포함하여 43개국이 참여했다. 점점 참가국이 늘어서 2018년에는 총 79개국이 평가에 참여했다. 2019년 OECD 가입국이 36개국이니 이 외에도 꽤 많은 나라가 시험에 참여하고 있음을 알 수 있다. 평가는 수학(Mathematics), 과학(Science), 읽기(Reading) 세 과목으로 시험 실행과 결과 분석에만 1년이 걸리는 큰 작업이다. 표는 2000년부터 2018년까지 우리나라의 PISA 성적을 정리한 것이다.

우리나라는 꾸준히 각 과목에서 높은 성적을 유지하고 있다. 전반적으로 순위가 떨어지는 것처럼 보이지만, 참여 국가가 늘어나다 보니 일어나는 자연스러운 현상이다. 참여 국가 수준 대비 꾸준히 상위 10% 이내의 성적을 유지하고 있다. 우리나라의 학업 성적은 다른 나라에 비해

역대 우리나라 PISA 성적 결과

	수학	과학	읽기	참가국 수
2000년	547(2)	552(1)	525(6)	32
2003년	542(3)	538(4)	534(2)	41
2006년	547(4)	522(10)	556(1)	57
2009년	546(3)	538(5)	539(1)	65
2012년	554(4)	538(6)	536(4)	65
2015년	534(7)	516(11)	537(7)	72
2018년	526(7)	519(7)	514(9)	79

(괄호는 참가국 중 순위)

매우 우수한 편이다. 우리나라보다 높은 성적을 낸 나라들은 중국, 싱가포르, 마카오, 홍콩, 대만, 일본, 에스토니아, 핀란드 등이다. 아시아에서 경제적으로 앞선 나라들이 높은 성적을 얻었고 이어서 유럽, 서구권이 뒤를 이었다. 하위권에는 북미, 동남아시아 국가가 많이 보인다. 이중 2018년 PISA 전 과목에서 1위를 한 중국은 경제적 규모가 큰 4개 도시인 베이징, 상하이, 장쑤, 저장만 참가하여 표본 선정에 논란이 일기도 했다.

우리나라가 학업 성적에서 보이는 우수한 경쟁력은 반길만한 일이다. 그러나 우리 논의에서 다루고자 하는 주요 내용이 학생의 성적은 아니다. PISA 결과를 우리나라 대학 입시처럼 1, 2점, 1, 2등 차이를 비교하는 것은 의미가 없다. 대학 입시에서는 작은 차이가 합격과 불합격, 성공과 실패를 가른다. 하지만 PISA 성적은 각 국가별 학생의 학업 성취도에 관해 전반적인 경향성만을 보여준다. PISA의 목적 자체가 그렇다. 합격과 불합격을 나누는 대학입학 시험과는 성격이 다르다. 독일의 경우에는 PISA에서 받은 비교적 낮은 성적이 문제가 되어 전통적인 교육방법에 의심이 제기되고 있다. 우리가 독일을 포함한 유럽 교육에 환상을 갖고 있는 것과 달리 그들 역시 현실적인 고민을 안고 있는 것이다.

PISA에서 도출되는 과목별 점수는 하나의 작은 지표에 불과하다. PISA는 학생의 가정환경과 성적의 관계, 경제적·사회적으로 불리한 환경의 학생에 대한 지원 정도, 학업에 투입하는 평균 시간의 양, 이민자 가정과 비이민자 가정에서 자라는 학생의 성적 차이, 성별에 따른 성적 차이, 국가별 학생의 성장형 사고방식(Growth mindset)의 경향 등을 종합적으로 조사한다. PISA 보고서에 포함된 내용은 각국의 학교에서 이

(단위: %, %p)

국가	삶에 대한 만족도 지수			만족하지 않음			만족함		
	PISA 2015	PISA 2018	차이	PISA 2015	PISA 2018	차이	PISA 2015	PISA 2018	차이
OECD 평균	7.3	7.0	-0.3	11.8	16.2	4.4	71.3	66.9	-4.7
대한 민국	6.4	6.5	0.2	21.6	22.8	1.1	52.8	56.7	3.9
중국	6.8	6.6	-0.2	15.6	18.7	3.1	59.3	59.2	-0.1
홍콩	6.5	6.3	-0.2	15.6	20.1	4.5	55.6	52.1	-3.5
대만	6.6	6.5	-0.1	16.0	18.5	2.6	55.9	55.8	-0.1
일본	6.8	6.2	-0.6	16.1	24.7	8.7	61.1	50.2	-10.8
핀란드	7.9	7.6	-0.3	9.3	14.5	5.2	74.6	69.8	-4.7

루어지는 교육의 수준뿐만이 아니라 그 경향과 방향까지 가늠할 수 있는 나침반이 되어 준다. PISA 보고서는 성적보다는 학교에서 차별이 벌어지고 있지는 않은지, 사회적 불평등이 성적 차이로 이어지고 있지는 않은지 등에 더 많은 분량을 할애한다. 다양한 지표 중 특히 관심을 끄는 것은 학생들의 삶에 대한 만족도이다.

위의 표는 PISA에서 비교적 높은 성적을 내는 국가의 삶에 대한 만족도 지수를 정리한 것이다. 우리나라와 비슷하게 학업 성적이 높은 대부분의 아시아 국가는 OECD 평균에 비해 학생들의 삶에 대한 만족도 지수가 낮다. 근소한 차이지만, 우리나라는 그중에서도 지수가 더 낮은 편이다. 반면 핀란드는 학업 성적에서도 높은 성취를 보이고, 삶에 대한 만족도 지수에서도 높은 수치를 보인다. 표에 나타나지 않은 유럽 대부분의 국가도 학업 성취도 면에서는 우리나라를 비롯한 아시아 국가에 뒤졌지만, 삶에 대한 만족도 지수는 높게 나타났다. 정리하자면, 우리나라를 비롯한 아시아 국가의 학생들은 세계적으로 우수한 학업 성취도를 보이고 있으나, 삶에 대한 만족도는 떨어진다. 반대로 아시아를 제외한 다른 나라들은 학업 성적은 비교적 낮지만, 삶의 만족도에서는 높은 점수를 보인다. 많은 나라 중에서 핀란드가 두드러지는 이유는 학업 성적도 비교적 우수하면서 동시에 삶에 대한 만족도 역시 높기 때문이다. PISA 보고서 중 삶에 대한 만족도 지수 이외에도 관심을 끄는 지표가 하나 더 있다.

PISA는 매년 수학, 과학, 읽기 중 한 과목을 중점 연구 과목으로 선정하는데, 2018년에는 읽기를 중점적으로 평가하고 연구했다. 오른쪽 표는 PISA에 참가한 국가별 학생들이 한 주에 얼마나 많은 시간을 공부에 할애하는지를 보여준다. 표에 표기된 주당 학습시간은 학교에서 공부하는 시간을 포함한 것으로, OECD 국가 평균은 주당 44시간이다. 우리나라 학생들의 주당 평균 학습시간은 약 51시간이고, PISA 읽기 과목 점수는 514점이다. 우리나라는 다른 나라 학생들에 비해 주당 학습시간이 압도적으로 많다. 주말에도 쉬지 않고 공부한다고 가정하면 하루에 7.3시간을 공부한다. 중국 4대 도시의 학생에 비교하면 공부하는 시간도 적고, 성적도 낮다. 그러나 아랍에미리트, 태국, 카타르는 우리나라에 비해 주당 학습시간이 많지만, 성적은 우리나라보다 매우 낮다. 이 표에서 가장 인상적인 나라는 역시 핀란드다. 핀란드는 우리나라와 비슷하게 상위권 성적을 유지하지만, 학생들의 주당 학습시간은 약 36시간 정도

PISA 2018년 주당 평균 학습시간과 읽기 성취도 관계

읽기 성취도 점수

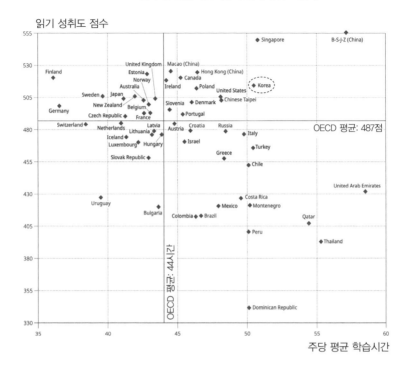

주당 평균 학습시간

다. 하루에 5.1시간 정도 공부하는 셈이다. 단순비교하면 핀란드 아이들은 매일 우리 아이들보다 두 시간 적게 공부하지만 성적은 비슷하다.

여전히 행복은 성적순?

우리나라 아이들은 핀란드 아이들에 비해서 매일 두 시간 더 책상에 앉아 공부해서 비슷한 성적을 내고 있다. 그에 비해 삶의 만족도는 크게 떨어진다. 우리나라 학생의 어려운 상황을 살피다 보니 다양한 질문이

떠오른다. 아시아 대부분의 학생이 우리와 비슷한 상황이라는 점이 위로가 되는가? 중국이나 아랍에미리트에 비하면 그나마 자유시간이 많으니 참작할 만한가? 세계 경제 10위권의 선진국 반열에 오른 지금에도 여전히 아이들을 끊임없이 성적만으로 괴롭히는 것이 바람직한가? 이런 것들을 단순히 '교육열'이라고 치부하고, 외면해도 되는가?

학교와 교육열이 문제만 있는 것은 아니다. 우리나라가 일제강점기와 한국전쟁을 거치면서 말 그대로 황폐해진 국토를 복구하고, 경제를 재건해서 세계 10위권 경제대국으로 변모할 수 있었던 가장 큰 원동력은 바로 교육이다. 우리나라 수출품목의 대다수를 차지하는 반도체, 자동차, 디스플레이, 석유제품, 선박, 무선통신기기 등은 원자재를 가공해서 완성시킨 뒤 판매하는 것이다. 높은 수준의 지식과 기술을 필요로 하는 품목들이다. 앞서 살펴본 PISA에서 학생들이 우수한 성적을 낼 수 있었던 것도 우리 국민의 높은 교육열과 학교 제도가 뒷받침되었기 때문에 가능했을 것이다. 버락 오바마 전 미국 대통령이 재임 시절 우리나라 학교에 보낸 찬사도 이와 무관하지 않다. 다만, 우리의 경제성장이 많은 노동자의 희생을 바탕으로 한 것과 비슷하게, 학생들의 높은 성적이 그들의 행복을 희생해서 일군 것이라는 점이 안타깝다. 우리가 잘 하는 것, 우리가 성취한 것을 부정할 필요는 없다. 그러나 그 성취와 성과에 젖어서 아이들의 고통을 외면해서는 안 된다.

주변에서 우리나라의 학교를 후진적이라고 비판하는 데 여념이 없는 사람을 종종 발견한다. 나는 그 의견에 동의하지 않는다. 정말 후진국으로 분류되는 아프리카나 아시아 국가의 학교에 비교하면 우리나라의 학교는 양적으로든, 질적으로든 매우 우수하다. 다만, 모든 나라의 교육기관이 그렇듯, 우리나라의 학교에도 보완하고 수정해야 할 점이 있을 뿐이다. 여태 그래왔던 것처럼 아이들의 성적 향상에만 목매고, 입시의 공정성 여부에만 매달리면 우리 아이들의 삶의 질은 바닥을 벗어나지 못할 것이다. 성과와 결과만 중시하다 정작 자신의 마음과 삶을 돌보는 방법을 배우지 못한 아이가 자라서 자신과 타인을 불행하게 하는 모습을 우리는 이미 수도 없이 보았다. 더 이상 성적과 수능 등급으로만 아이들을 구분해서 차별하고 괴롭혀서는 안 된다. 성적으로만 따지자면 우리나라는 나무랄 것 없이 훌륭하게 학교를 운영하고 있다. 이제는 성적에만 집중되는 관심과 애정을 돌려서 아이들의 행복과 삶의 만족도에 좀 더 정성을 기울여야 할 때다. 그러면 학교는 훨씬 사랑받는 곳이 될 것이다.

학생 시절, 누구나 적어도 한 번은 자신이 생각하는 이상적인 학교의 모습을 꿈꿔 보았을 것이다. 교사를 직업으로 선택한 사람이라면 적어도 한 번은 내가 가르치는 학생이 학교에서 행복하고 즐거운 기억만 갖게 해주고 싶다고 생각해보았을 것이다. 나는 그 꿈을 이룰 수 있다고 믿고, 이루고 싶다. 그런 학교를 만들기 위한 핵심 열쇠는 교사라고 생각한다. 교사가 모두 합심하면 학생이 행복한 학교를 만들 수 있다. 다음 세대에게 줄 수 있는 가장 큰 선물은 다름 아닌 행복한 학교이다.

2

상처받은 부모들

부모들은 길을 잃었다. 모진 세상에서 좋은 부모 되기란 달에 우주선을 쏘는 것과 같다. 불가능한 일은 아니지만, 그렇다고 누구나 할 수 있는 일은 아니다. 그런데 마치 누구나 가능한 것처럼 사람들은 떠들어댄다. 모두가 부러워할 만큼 사회적으로 성공한 사람도 행복을 장담할 수 없고, 그저 그런 소시민으로 살고 있다고 자위하는 사람들은 열패감으로 아이 앞에서 그 존재가 한없이 초라해진다. 내가 부족해서 너희가 힘들구나, 내가 잘 나지 못해 좋은 부모가 되지 못했구나…. 뉴스에 수천만 원짜리 불법 과외가 성행한다는 소식이 나오면, 내 자식에게는 그런 공부를 시켜주지 못해 괜히 더 미안하다. 부모를 잘 만났더라면, 혹은 내가 좀 더 성공한 사람이었다면 내 자식도 저 아이들처럼 성적이 쑥쑥 올라가고, 소위 명문이라 불리는 대학에 척척 합격할 것만 같다. 그러나 진실은 그렇지 않다. 학원은 아이들의 성적 향상을 장담하지만, 그 끝은

미미하다 못해 시시하다. 학원에 아무리 열심히 다녀도 명문대에 들어갈 수 있는 비율은 정해져 있고, 그 좁은 틈을 비집고 들어가도 삶이 행복하지 못해 우울해하는 젊은이들이 많다. 이런저런 양육법을 홍보하며 부모를 현혹하는 대부분의 사람과 집단도 반성해야 할 지점이 많다고 생각한다. 이들의 공통점은 마치 자신들만의 방법이 유일한 해결책인 양 핏대를 올린다는 점이다. 이들에게 부모들이 쉽사리 넘어가는 이유는 각박한 현실과 믿을만한 대안의 부재 때문이다.

학교에 대한 부모들의 불신은 새삼 언급하기 민망한 수준이다. 우리나라 학부모들의 학교에 대한 만족도는 항상 OECD 평균을 밑돈다. 나라마다 학교 환경, 학교에 대한 부모들의 경험, 학교에 대한 부모들의 기대치, 평가 기준 등이 다른 점을 감안하더라도 무시할 수 없는 결과다. 굳이 수치를 언급하지 않더라도 학부모들의 학교에 대한 낮은 만족

PISA 2009년, 2012년, 2015년 학부모 학교교육 만족도 비교

(단위: 점)

	2009	2012	2015
포르투갈	3.05	3.06	3.13
이탈리아	2.98	2.97	2.99
OECD 평균	2.94	2.97	3.03
독일	2.74	2.80	2.89
한국	2.74	2.84	2.92

출처: OECD, 「PISA」
자료: OECD, 「Database-PISA2009, PISA2012, PISA2015; Parent questionnaire」 2018. 9
* 학부모 학교교육 만족도는 학부모들이 교사 전문성, 학생들의 성취수준, 교육 방법, 면학 분위기, 학생관리, 학생에 대한 정보제공, 교육활동 등에 대해 느끼는 만족도(4점 척도)의 평균점수임.

도는 모른 척하기 어렵다. 주변에서 학교에 대한 실망을 토로하는 부모들을 쉽게 찾아볼 수 있기 때문이다.

최고 교육기관이라는 대학에서 근무하는 교수들조차 공립학교를 믿지 못해 자녀를 천문학적 금액이 필요한 사립학교에 보내거나 유학을 보낸다. 고소득자 중 일부는 유학 대신, 1년 학비가 직장인 평균 연봉을 웃도는 국내에 소재한 국제학교에 보낸다. 이 국제학교들은 비록 한국에 있지만, 실체는 외국의 학교나 마찬가지다. 국내 학력은 인정되지 않지만, 국제학교가 등록된 본토 국가의 학력을 인정받는다. 사립학교, 유학, 국제학교가 대안이 될 수 없는 평범한 가정도 생활비의 큰 부분을 사교육에 쏟아붓는다. 간혹 자녀를 사립학교에 보내야 하는지 고민하는 동료 교사들의 이야기를 듣는다. 자신은 공립학교에 근무하는 교사면서, 제 자식은 사립학교에 보내려 고민하는 그 아이러니한 모습에 절로 쓴웃음이 나온다.

사회적·경제적 지위를 막론하고 사교육에 큰돈과 노력과 시간을 쏟아붓는 부모들이 안타까울 따름이다. 이런 상황에서 아이러니하게도 교사들의 입방아에 주로 오르는 푸념의 대상이 학생이 아닌 학부모라는 점은 자못 흥미롭다.

"요즘에는 학생보다 학부모 관리가 더 힘들어."

"어제도 어떤 학부모가 교무실에 전화해서 욕을 쏟아부었다고 하더라고요."

"애들 싸움에 어른들이 끼어서 문제만 더 커졌어요."

"학부모들이 카페에 모여서 하는 이야기가 뭔지 알아? 매일 담임 욕이지, 뭐. 서로 사는 건 다 달라도 애들은 다 같은 반이잖아. 담임 욕하는 것만큼 쉽고 빠른 공감대가 없지."

개와 고양이처럼 교사와 학부모가 태어날 때부터 본능적으로 서로를 미워하는 것은 아니다. 나는 학부모들이 학교를 믿지 못하는 이유가 그들이 어려서 겪었던 학교 경험에 있다고 생각한다. 겪었던 학교 경험에 있다고 생각한다. 1900년대의 학교와 현재 학교의 가장 큰 차이점은 체벌의 유무다. 나는 처음 학교에 발을 들인 초등학교 1학년부터 고등학교를 졸업할 때까지 12년 동안 학교에서 맞지 않은 해가 없다. 당시 학교에서의 체벌은 특별한 일도 아니었다. 숙제를 안 해서, 시험을 못 봐서, 친구들과 싸워서, 수업 태도가 좋지 않아서, 복도에서 떠들어서 등등…. 체벌의 이유는 한계가 없는 것 같았고, 방법은 다양했다. 체벌 부위와 도구도 인간의 상상력 한계를 넘어설 정도로 각양각색이었다. 종아리부터 시작해서 무릎, 허벅지, 발바닥, 손바닥, 뺨, 머리, 손가락 등 인간이 고통을 느낄 수 있는 신체 부위는 어디든 체벌이 가능했고, 도구 역시 교사의 직접적인 신체(손이나 발 같은) 부위에서 작은 펜에 이르기까지 그야말로 다채로웠다. 성적이 나쁘지 않았고, 크게 말썽 피운 적이 없는 나조차 체벌로부터 자유롭지 못했으니, 내 또래 친구들이 얼마나 많은 체벌을 받았을지는 말해봤자 입만 아프다.

체벌로 인한 신체적 고통은 학교에 대한 부정적인 감정으로 이어진다. 부정적인 감정의 힘은 긍정적인 감정의 힘보다 크다. 우리는 특정 장소나 시기를 떠올릴 때 본능적으로 좋은 기억보다 안 좋은 기억을 먼저 떠올린다. 우리의 본능이 부정적인 감정과 경험을 먼저 떠올려서 미래에는 그런 경험을 피하도록 진화해왔기 때문이다. 행복은 나를 불행하게 하는 경험들의 회피로 가능하다. 먹고 싶은 음식보다 먹기 싫은 음식을 고르기가 쉽고, 가고 싶은 곳보다 가기 싫은 곳을 고르기가 쉽다. 학교 역시 마찬가지다. 학교에 대해서 생각할 때, 좋았던 것보다 안 좋았던 것이 기억나기 쉽다.

학교가 달라졌다

2000년대 이전의 학교는 행복보다 고통이 큰 곳이었다. 체벌이 공공연했고, 학교폭력도 현재보다 심각했다. 성적에 대한 부담도 훨씬 컸고, 부정부패도 많았다. 서양식 학교 제도가 도입된 지 한참 시간이 흘렀고, 유교 교육은 사라졌지만 여전히 많은 사람들이 교사에게 선비, 군자와 같은 이상적인 인간상을 기대한다. 그러나 1990년대까지 교사의 모습은 일제강점기 칼을 차고 학생을 가르치던 군인 같은 모습에 더 가까웠다. 학생들은 학교에서 받은 상처들을 그대로 마음속에 안고 자란다. 그리고 성인이 되어 과거 학교에서 받은 마음속 상처들을 현재의 학교에 투영한다. 2000년대의 학교는 과거에 비하면 시설·정책적으로 많은 부분에서 개선되었다. 학생 인권에 대한 보장이 커져 교사들 역시 예전처럼 학생들을 대하지 않는다. 그러나 성인들의 마음속에는 여전히 과거 자신들을 괴롭히던 학교의 모습만 남아 있다. 그래서 교사가 아무리 노력해도 후한 평가를 주지 않는다. 학부모들은 현재의 학교를 있는 그대로 평가하지 않는다. 과거의 경험을 바탕으로 현재의 학교를 평가한다. 마냥 억울해할 일은 아니다. 일제강점기 이후로도 수십여 년 동안 학교는 학생들에게 마음의 상처를 주는 곳이었다. 학교에 씌워진 오명을 벗으려면 그보다 더 긴 시간의 노력이 필요할지도 모른다.

현재는 학부모가 된 과거의 학생들이 학교에서 얼마나 상처를 받았는지, 그 상처가 얼마나 그들을 괴롭혔는지를 여기에서 다 이야기하기는 어렵다. 누군가는 과거의 기억을 떠올리는 것만으로도 상처가 덧나는 것처럼 치가 떨리고 아플까 걱정스럽다.

학교는 부정적인 감정이 지속적으로 쌓여왔던 곳이고, 이 부정적 감정의 역사는 학부모가 학교를 불신하게 만들었다. 가정을 꾸리고, 이후 시간이 조금 더 흘러 소중하게 낳고 키운 자녀를 학교에 보낼 때 부모의 마음은 어떨까? 아이들이 학교에서 행복한 경험만 할 것 같은, 아이가 학교에 다니면서 눈부시게 성장할 것 같은, 친구들과 사이좋게 지내며 인생 친구를 사귈 것 같은 마냥 좋은 기대만 할 수는 없을 것이다. 본인이 겪고, 느낀 부정적인 경험을 떠올릴 수도 있다. 혹여 아이가 학교에서 상처를 받지는 않을지, 성적이 떨어져서 무시를 당하지는 않을지, 친구들에게 괴롭힘을 당하지는 않을지 걱정이 더 클 수도 있다. 2020년대 학부모들에게 학교는, 과거의 고통이자 현재의 불안이다.

학부모의 불신에 대해 교사들은 불만을 토로한다. 아무리 열심히 해도 학부모들이 알아주지 않고, 믿어주지 않는다. 학교폭력이 발생했을 때 관련 학생들과 부모들을 모아 합의를 시도하면, 사건을 무마하려 한다고 비판받는다. 아이 성적의 하락은 교사의 무능에 대한 증명으로 보인다. 학생들 간의 불화는 교사의 무관심 때문이다. 학부모들은 철밥통 교사가 귀하디귀한 자신의 자녀를 괴롭히지는 않을지, 무관심 속에 헤매게 두지는 않을지 안절부절이다. 종종 매스컴을 장식하는 엇나간 교사들의 행태는 이런 불안을 부추긴다. 아흔아홉 명의 교사가 잘 하더라도 사고를 친 한 명의 교사가 뉴스거리가 된다. 뉴스를 전하는 기자들도 학부모들과 마찬가지로 학교에 감정이 좋지 않다.

오랜 기간 누적된 학부모와 학교 사이 불신의 벽을 놓치지 않고 파고드는 이들이 바로 사교육업자들이다. 사교육 이야기를 하기 전에 학생들이 처한 입시 상황을 먼저 살펴보자. 흔히들 대학 잘 갔다고 하는 '인-서울'에 들기 위해서는 전국 상위 10%에 드는 성적을 내야 한다. 대충 할 만한 것 같은가? 절대 그렇지 않다. 우리나라 고등학교 학급당 학생 수를 30명으로 잡으면, 대입 결과로 주변에 어깨 필 수 있는 학생을 둔 학부모는 학급 당 겨우 세 가족 정도다. 그 와중에 그 훌륭하다는 SKY(서울대, 고려대, 연세대)에 입학하려면 상위 1%의 성적을 내야 한다. 학년 정원 300명 정도의 고등학교에서 겨우 3명이 될까 말까 하는 수준이다. 심지어 서울대에는 한 명도 못 보내는 고등학교가 부지기수다.

우리가 키우는 아이는 대부분 흔히 말하는 그 잘난 '엄친아'(엄마 친구 아이)가 아니다. 인-서울에 성공하지 못하더라도 다른 방면으로 재능을 펼칠 수 있는 소중한 아이다. 세상에 백 가지 재능이 있다면, 공부로 재능을 펼칠 아이는 백 명에 단 한 명이다. 그 한 명도 최고 명문대에 적응하지 못해 실패하기도 하고, 무사히 졸업해도 삶의 이유를 찾지 못해 헤매기도 한다. 나머지 아흔아홉 명의 아이는 공부가 아닌 다른 재능으로 세상을 살아야 한다. 음악이 될 수도, 미술이 될 수도, 운동이 될 수도, 장사가 될 수도, 목공이 될 수도, 운전이 될 수도, 영화가 될 수도 있다. 어른들은 이미 그렇게 살고 있다. 굳이 우리 아이들을 그 좁은 입시 성공의 길에 몰아넣기 위해서 닦달하고 괴롭혀야 할 이유가 있을까?

불신과 불안의 틈

학벌이 지배하는 사회에서 학부모들은 이미 학벌로 인한 차별을 수도 없이 경험했다. 누적된 상처와 분노는 '내 자식만은 학벌로 무시 받지 않게 하겠다'는 신념으로 이어진다. 학교는 이미 믿을 수 없는 곳으로 인식되고 있다. 학교는 성적으로 상처를 주던 곳이지, 내 마음을 챙겨주던 곳이 아니다. 학교를 불신하는 학부모는 대체재로 학원을 찾는다. 학원은 학교와 달리 무한 자본주의를 바탕으로 운영된다. 학교는 공공성을 추구하고, 학원은 경제성을 추구한다. 경제성을 추구하는 기업으로서의 학원은 고객 모집이 최우선의 과제이다. 경제성을 최우선 가치로 삼는 기업이 가장 많이 하는 홍보 방식 중 하나는 예상 고객의 불안감을 조장하는 것이다. 특정 물건이나 서비스를 구입하지 않으면 안 될 것처럼 홍보를 한다. 학교를 신뢰하지 않는 학부모는 불안감을 자극하는 학원의 홍보 문구에 쉽사리 마음이 흔들린다.

우리 학원에 오면 서울대에 갈 수 있습니다.

아직도 학교만 믿고 있으세요?

다른 애들도 다 하는데요.

부모님 고집으로 아이 장래 망치실 생각이세요?

아이 입시 망치면 다 부모님 탓입니다.

우리나라처럼 자녀 사랑이 지극하고, 학벌이 중시되는 사회에서 이런 식의 유혹, 혹은 위협을 견디기는 쉽지 않다. 특히 우리나라 사람은 유독 유행에 민감하다. 옆집 아이가 학원에 다닌다는 이야기를 들으면, 우리 아이도 보내야 할 것 같은 마음이 든다. 학원에 다니지 않으면 우리 아이만 뒤처지지 않을까 걱정이 된다. 아이를 사랑하는 마음이 클수록, 불안감도 커진다. 학교에 대한 불신과 불안감으로 둘러싸인 학부모의 마음은 경제성을 추구하는 학원업자들에게 쉬운 홍보 대상이다. 학교에 대한 신뢰도가 떨어지고, 학업 경쟁이 치열해질수록 학원업자는 고객 모집에 유리하다. 학생의 성적 향상을 위해 학교 공부만으로는 부족하고, 꼭 학원에 다녀야만 한다는 식의 홍보를 주로 한다. 소위 명문대를 졸업한 일타강사들의 주장은 더욱 설득력 있어 보인다. 명문대를 나온 학원강사가 내 자녀를 가르치면 내 자녀도 명문대에 들어갈 수 있으리라는 기대가 생긴다.

그러나 아무리 좋은 대학교를 나온 학원강사를 만나도 좋은 대학 입학이 쉽지는 않다. 이미 명문대에 들어가기가 바늘구멍인데, 학원강사 하나를 잘 만났다고 해서 입시에 성공하기는 매우 어렵다. 극단적으로 말해 서울대에 갈 아이는 학원에 다니지 않아도 서울대에 갈 것이고, 서울대에 못 갈 아이는 아무리 좋은 학원강사를 만나도 서울대에 가기 어렵다. 물론, 강사를 잘 만나서 점수가 높은 대학에 진학할 가능성도 있다. 아쉽게도 그 경계선에 있는 아이는 매우 극소수다. 내 아이가 그 경계선과 가능성의 영역에 위치할 확률 역시 매우 희박하다. 학원의 홍보 방식은 주로 공포 마케팅이지만, 정작 그 효과를 볼 수 있는 학생은 매우 적다는 말이다.

앞서 교사들이 종종 모이면 학부모 뒷담화를 한다고 했지만, 모든 교사가 그런 것은 아니다. 또 다른 교사들은 학생들을 가르치는 정성만큼 학부모들과도 소통하기 위해 노력한다. 아이들을 가르치는 교사 자신도 동시에 학부모인 경우가 많기 때문이다. 많은 교사가 학부모들이 얼마나 많은 상처를 받아왔고, 아무도 그 상처에 신경 써주지 않았다는 점에 깊이 공감한다. 하지만 학부모들에게 더 많은 정성을 기울이기에는 학교가 너무 바쁘고, 지친 상태라는 점이 한계다. 우리나라의 교사들은 다른 나라에 비해 수업시간도 많고 행정업무도 많다. 수직적인 학교 문화는 창의적인 시도를 가로막는다. 학부모만큼이나 사회에서 상처받고 분주한 교사들이 학부모의 입장까지 고려하고 배려하기 쉽지 않다.

영국 정부의 공식 홈페이지(www.gov.uk)에서는 첫 화면에 바로 육아와 자녀 교육에 관한 메뉴를 찾아볼 수 있다. 세금, 비즈니스, 법률, 환경과 같은 굵직한 주제들과 부모에 대한 지원이 어깨를 나란히 하고 있는 것이다. 메뉴를 열고 들어가면 임신과 출산부터 경제적 지원, 육아, 교육, 이혼, 입양에 이르기까지 부모에게 필요한 정보를 제공해준다. 영국 정부 홈페이지에서만큼은 부모가 기업가와 법률가, 사회운동가처럼 유력한 사람들과 동일한 대우를 받고 있다. 군군신신부부자자(君君臣臣父父子子)라 했고, 가화만사성(家和萬事成)이라 했다. 수신제가치국평천하(修身齊家治國平天下)라는 말도 있다. 사회의 안정은 가정의 안정에서 시작한다. 가정의 안정은 부모의 마음속 평화와 성장에서 온다. 우리 사회는 학부모의 사회적 중요성에 비해, 그들에게 쏟는 관심이 너무 적다.

3

두려움에 빠진 교사들

    교사는 동네북이 되었다. 한때 마을의 스승으로 존경받던 서당 훈장님은 더 이상 존재하지 않는다. 교사는 정해진 시간 동안 아이들을 맡아주는 보모, 아이들의 등급을 매기는 감별사, 견고한 사회 시스템에 맞게 아이들을 훈련시키는 조교가 되었다. 성직자와 같은 마음으로 교육에 헌신하겠다고 말하는 교사의 모습은 더 이상 성스러워 보이지 않고, 오히려 촌스러워 보인다. 급변하는 세상 속에서 아이들을 위해 모든 것을 헌신하겠다고 말하는 교사의 말을 곧이곧대로 듣는 사람도 없어 보인다. 학생, 학부모, 언론, 교육청, 세상 모두는 교사가 어떤 실수라도 저지르지는 않는지 불을 켜고 지켜본다. 그러다가 꼬투리를 잡으면 세상에 둘도 없는 죄인으로 만들어 교사집단 전체를 공격한다. 언론에서는 연신 부적절한 교사의 일탈을 심층보도하고, 학생과 학부모들도 우리 선생님이 혹시 문제 행동을 하지는 않는지 의심의 눈으로 지켜본다. 교사의 단점만 찾는 사람의 눈에는 믿을만한 교사가 보이지 않는다. 어떤 교사는 최선을 다하는 교사도 많은데, 세상의 시선이 너무 가혹하여 종종 억울하다고 생각한다. 그러나 교사를 불신하고, 교사의 단점만을 찾는 사람들의 눈에 억울한 교사는 이 세상에 없다. 오직 죄를 더 지은 교사와 죄를 덜 지은 교사만 있을 뿐이다.

2017년 8월 5일 오후 2시 30분경, 전북 김제의 한 주택 차고에서 30년 경력의 S교사가 스스로 목숨을 끊었다. 전교생 19명, 교직원 10명 남짓한 시골의 작은 중학교에서 학생들을 가르치던 평범한 수학 교사였다. 동시에 사랑하는 아내와 함께 딸을 키우는 평범한 가장이었다. 오랫동안 노모를 극진히 모신 일로 효자상을 받은 적도 있었고, 졸업한 제자들이 찾아오면 열일 마다치 않고 나가 고민을 들어주기도 했다. S교사는 평소 학생들과 스스럼없이 지내는 편이었다. 위대한 교사까지는 아니더라도 꽤 괜찮은 교사라고는 할 수 있는 평범하고, 모범적인 사람이었다. 고인의 갑작스러운 부고에 제자들이 장례식장을 찾아와 그를 추모하고 가족들을 위로했다. S교사의 안타까운 죽음을 위로하는 문자 메시지와 전화가 미망인의 휴대폰에 쏟아졌다. 그에게 무슨 일이 있었기에 부인과 자녀, 보살핌이 필요한 노모, 그를 아끼던 제자들을 뒤로하게 만들었을까.

사건의 발단은 같은 해 4월 18일 저녁으로 거슬러 올라간다. S교사는 작은 중학교의 고경력 교사로 담당 과목을 가르치는 일 외에도 교감 대행까지 하고 있었다. 작은 학교에는 재정상의 이유로 교감이 없는 경우가 많다. 이런 경우에는 부장 교사가 교감 업무까지 맡게 되어 다른 교사들에 비해 업무가 과중해진다. S교사는 당일 함께 근무하던 국어 교사와 야간 자율학습 지도 중이었다. 야간 자율학습을 지도하기 위해 교실을 돌던 S교사는 한 1학년 여학생이 휴대폰 만지는 모습을 발견하고, 휴대폰 제출을 요구했다. 여학생은 과학 숙제를 위해 휴대폰 사용을 허락 받았는데 왜 그러느냐며 화를 냈다. 야간 자율학습 전에 과학 숙제를 하겠다는 이유로 휴대폰 사용 허락을 받았는데 S교사가 잠시 깜빡했던 것이다. 평소에도 거친 태도로 갈등을 만들곤 하던 학생이었다. 과격한 태도에 놀란 S교사는 잠시 학생과 팔을 잡고 실랑이를 했다. 휴대폰 제출을 거부하던 여학생은 억울한 감정이 폭발했는지 눈물을 흘리며 가방을 싸서 집으로 가버렸다. 학교에서 자습을 하고 있어야 할 아이가 갑자기 집에 왔으니 여학생의 부모는 놀라 물었고, 여학생은 상황을 모면하기 위해 '선생님이 나를 성추행해서 그냥 와버렸다'고 둘러댔다. 별 생각 없이 부모님의 추궁만 넘기고자 하는 생각에서 나온 말이었다.

사실, 이 1학년 여학생은 S교사와 문제가 생기기 전부터 이미 기분이 별로 좋지 않았다. 야간 자율학습 전에 2, 3학년 여학생 선배들과 다툼이 있었기 때문이다. 전교생이 19명밖에 안 되는 작은 학교에서 여학생은 전부 합쳐 8명에 불과했다. 같은 지역에서 오랫동안 함께 지내며 공부했기 때문에 미운 정, 고운 정이 많이 들었으리라. 한참 사춘기를 지나는 중학교 여학생들 사이에서의 다툼은 일상다반사였다. 야간 자율학습 전, 선배들과 다툼을 벌이다 체육 선생님에게 발각이 되어 꾸중을 들은 데다, 억지로 야간 자율학습을 하기 위해 자리에 앉아 있던 폭발 직전의 사춘기 소녀의 뇌관을 S교사가 자기도 모르게 건드린 것이다. 여학생이 멋대로 집으로 가버리고 난 뒤, 1학년 교실의 분위기는 냉랭해졌다. 함께 자습 지도를 하던 국어 교사는 아무래도 학생들을 귀가시키는 것이 좋겠다 판단했고, S교사와 상의 없이 1학년 아이들을 귀가시켰다. 그런데 낮부터 1학년 학생들과 다툼이 있었던 2, 3학년 학생들은 자기들보다 먼저 집에 가는 후배들이 고까웠다. 1학년들을 귀가시킨 사람이 누구인지 모르는 2, 3학년 학생들은 경력이 가장 많은 S교사가 1학년만 편애해서 집으로 보냈다고 오해하고 불쾌해했다. 이때까지만 하더라도 일이 어떤 방향으로 번지게 될지는 학교에 있던 그 누구도 예상하지 못했다.

19일 아침 일찍 전날 자율학습을 그만두고 나갔던 1학년 여학생의 학부모가 학교를 찾아왔다. 자녀가 교사에게 성추행을 당했으니 조치를 취해달라고 했다. 학교는 성추행 문제가 발생하면 인지하는 그 즉시 교육청과 수사기관에 보고하도록 되어 있다. 학교는 학교폭력 대응 매뉴얼대로 학생과 S교사를 분리하고 진상조사를 위해 학교의 여학생들만 따로 불러 모았다. 여학생들은 모두 어제 있었던 일로 S교사에게 기분이 좋지 않았다. 1학년 여학생은 S교사와 다툼으로 기분이 좋지 않았고, 2, 3학년 여학생들은 S교사가 1학년만 편애해서 자율학습을 면해주었다고 오해하고 있었다. 학생들의 진술을 받고 상황을 조사할 사람은 어제 학생들을 혼낸 체육 교사가 맡았다. S교사는 교감 대행자로 업무를 지시해야 할 때가 많았고, 체육 교사는 비슷한 나이의 동료 교사로부터 받는 지시가 자신의 생각과 달라 여러 차례 다툴 정도로 사이가 좋지 않았다.

"혹시 S 선생님에게 성적인 접촉을 당한 적이 있으면 모두 적어라."

사춘기 소녀들은 기분이 나쁜 상태에서 거친 감성으로 S교사의 행동들을 과장해서 말했다. 어제부터 계속 좋지 않았던 기분도 영향을 미쳤을 것이다. 여학생들은 S선생님에게 사과를 받고 싶다는 단순한 생각으로 다리를 떨면 복 나간다고 무릎을 툭 친 것을 허벅지를 만졌다고 진술했다. 열심히 하라는 의미로 어깨를 두드린 것도 성적인 접촉으로 불쾌했다고 말했다. S교사는 과거부터 아이들과 가까이 지내기 위해 남녀를 가리지 않고 친밀감의 표시로 가벼운 신체 접촉을 해왔다. 다만, 불편하거나 원하지 않으면 꼭 이야기를 해달라는 말도 잊지 않았다. 몇 해 전에는 교육청 주관 연수에서 가벼운 격려의 신체 접촉은 학생들과의 관계를 돈독하게 한다는 취지의 내용을 배운 적도 있었다.

원래 학교 성폭력 문제는 동료 교사가 조사할 수 없게 되어 있다. 여성가족부에서 제공하는 성희롱·성폭력 대응 매뉴얼은 문제 상황 발생시 동료 교사가 학생들의 상황을 조사하지 않도록 하고 있다. 동료 교사의 편견에 의해 사건 조사에 한계가 있을 수 있기 때문이다. 가해자와 피해자를 바로 격리하고 교육청과 관련 기관에서 사건을 조사하는 것이 원칙이다. 체육 교사가 학생들을 조사하는 것 역시 원칙적으로는 안 되는 일이었다. 학생들을 상대로 같은 학교 교사가 진상 조사를 하는 상황은 학교폭력에 해당한다. 학교폭력 대응 매뉴얼이 진상을 가려 학생들을 처벌하기 위한 것이 아니라 가능한 한 학생들과 부모들이 상호 합의하여 문제를 해결할 수 있도록 돕는 회복적 접근을 취하기 때문이다. S교사의 경우, 학교 관리자의 무관심과 체육 교사의 상황에 맞지 않는 개입으로 상황이 더 꼬였다.

체육 교사는 S교사를 학교 폭력과 성추행으로 교육청에 신고하고, 경찰서에는 성추행으로 신고했다. 막상 경찰들이 학교로 들이닥치자 학생들은 깜짝 놀랐다. S선생님에게 사과를 받고 싶었을 뿐, 이렇게까지 사건이 커질 줄은 몰랐던 것이다. 아이들은 바로 진술을 번복했고 선생님의 성추행은 사실이 아니라고 증언했다. 관할 경찰서는 사건을 가벼운 해프닝으로 파악하고 바로 혐의 없음으로 내사종결하고 해당 교육청에 고지했다. 그런데 경찰서와는 반대로 교육청은 추가 조사가 필요하다고 판단했다. 신고 나흘만인 4월 24일, S교사를 직위해제하고 전북교육연수원으로 대기발령 조치했다. 사실상 S교사를 학생들로부터 분리하고 징계 조치에 착수한 것이다. 깜짝 놀란 것은 아이들이었다. 자신들의 의도와는 달리 사건이 너무 커졌고, 자신들의 짧은 거짓말로 선생님이 고통을 겪게 된 것이 너무 미안해졌다. 4월 29일, 학생들과 학부모 20여 명은 S교사는 잘못이 없으니 징계를 철회해달라는 취지의 탄원서를 교육청에 제출했다. 이후에도 비슷한 취지의 탄원서를 여러 번 교육청에 제출했고, 아이들은 S교사에게 사과의 문자 메시지를 보냈다.

〔저희들 모두 이렇게 될 줄 몰랐어요. 저희를 위행 항상 신경써주시고 잘 해주시는 선생님이었는데 정말 죄송합니다.〕
〔고맙구나. 힘이 난다.〕

그럼에도 불구하고 S교사를 여러 차례 불러 대면 조사한 해당 교육청 학생인권센터는 7월 18일 S교사의 혐의가 인정된다는 취지의 결정통지문을 발송했다. 사실상 S교사를 유죄로 본 것이다. 경찰서에서도 혐의 없음으로 내사종결하고, 학생들과 학부모들도 죄가 없다고 처벌 철회를 청원했는데 받아들여지지 않았다. 반복되는 고강도 조사와 오해에 지친 경력 30년의 교사는 추가 조사를 앞두고 8월 5일 스스로 목을 맸다. 떠나기 전 마지막으로 여든이 넘은 노모와 함께 식사하며 용돈을 드리고, 자신의 방에서 가족에게 미안한 마음을 전하는 유서를 남겼다.

이 사건은 발생 초기부터 언론에 공개되어 여론의 뭇매를 불렀다. 시골 중학교 교사의 성추행 사건은 여론의 관심을 끌기에 충분했고, 언론은 사건을 선정적으로 보도했다. 인터넷 기사에는 S교사는 물론 교사집단 전체를 욕하는 댓글이 수없이 달렸다. S교사가 세상을 떠난 뒤, 유족은 S교사의 억울함을 풀고자 최선을 다했다. 청와대 청원을 올리고, 뉴스에 나와 인터뷰를 하고, 방송에도 나와 억울함을 호소했다. 교육청은 여론의 눈치를 보며 사건 종결에 급급해 학생들의 의견을 들어보지도 않고 S교사에게 굴욕적인 조치를 취했다고 비판 받았다. 당시 전북교육감은 국정감사에서 강한 비난을 받았고, 시민단체도 교육청의 성급한 조치에 유감을 표했다. 부교육감은 정부의 조사를 받았고, 지역 신문에도 학교와 교육청의 조치를 비판하는 기사가 실렸다. 그러나 S교사는 이미 세상을 떠난 뒤였고, 가족들의 억울함을 풀어줄 방법은 더 이상 없었다.

무엇이 문제였을까? S교사가 세상을 떠난 뒤, 다양한 원인 분석이 시도됐다. 학생들의 거짓말, 동료 교사의 부적절한 개입, 학교장의 책임 회피와 무능, 교육청의 성급한 조치, 학생인권센터의 과도한 조사, 언론의 선정적인 보도 등이 모두 도마 위에 올랐다. 모두 이 비극의 한 부분을 차지하고 있겠으나, 나는 우리 사회에 뿌리 깊이 박힌 교사에 대한 불신이 가장 큰 원인이라고 생각한다. 앞에서 교사들에 대한 학부모들의 불신을 이야기했다. 비슷한 종류의 교사에 대한 불신을 우리 사회는 모두 안고 있다. S교사와 관련된 모든 사람(학생, 학부모, 교육청 장학사, 학생 인권교육센터 조사관, 경찰, 기자)은 모두 일말의 교사 집단에 대한 불신을 갖고 있었을 것이다. 그래서 교사가 일으킨 문제는 일벌백계해야 하고, 죄를 지은 교사가 하는 말은 믿을 수가 없다고 생각했을 것이다. 이런 상황에서 문제의 책임 소재를 파악하는 것은 무의미하다. 특정한 개인이나 집단에 의해 발생한 문제가 아니라 작은 우연과 오해가 중첩되어 비극을 불렀다. 2020년 서울행정법원은 S교사의 죽음을 순직으로 인정하고 인사혁신처에 유족 급여를 지급하라고 판결했다. S교사의 억울함을 덜어주는 판결이었지만, 유족들은 그리 기쁘지 않다고 했다.

교사라서, 교사니까, 교사이기 때문에

많은 교사가 종종 억울한 대우를 받는다고 느낀다. 그렇다 하더라도 마냥 남 탓만 할 수는 없다. 교사에 대한 사회의 불신을 초래한 사람들 역시 과거의 교사들이기 때문이다. 여전히 매년 교사에 의한 학교 성폭력 문제는 끊이지 않고 있다. 영화 〈도가니〉로도 알려진 청각 장애 학생에 대한 교직원들의 성폭력 사건도 2000년대에 발생했다. 2017년에는 한 초등학교 여교사가 남학생이 잘 생겼다는 이유로 준강간하여 세간의 이목을 끌었다. 2018년에는 특수학교 교사가 여학생 여럿을 성폭행한 사실이 밝혀지기도 했다. 굳이 언론에 주목을 받은 교사들에 대해 이야기하지 않더라도 많은 사람이 학교에서 이상한 선생님을 만난 경험이 있을 것이다. 상황이 이러니 문제가 발생하면 시민들은 교사가 '또' 사고 쳤구나, 하고 생각하게 된다.

　교사에 대한 사회의 낮은 신뢰는 의욕 있는 교사를 움츠러들게 만든다. 교육적으로 새로운 시도를 하기보다는 무리 없이 안전한 방법을 선택하게 하고, 가능하면 튀지 않고 싶게 만든다. 괜히 학생들과 엮여서 문제를 만들고 싶지 않으니 말 한마디도 조심스럽다. 학생들과 자주 상담하고 가깝게 지내는 교사들은 문제를 만들 수 있으니 조심하라는 조언 아닌 조언을 듣는다. 학부모들은 더 이상 아이들을 잘 키우기 위해 의견을 나눌 수 있는 교육적 동반자가 아니라 잠재적인 민원인일 뿐이다. 교사들에게 학부모는 별 거 아닌 일로 학교에 간섭하고 작은 꼬투리라도 잡아서 곤란하게 만드는 사람들로 느껴진다. 열정적인 교사는 문제 소지가 다분한 교사가 되고, 처세에 능한 교사는 욕 안 먹을 정도만 하면서 조용히 지내기를 선택한다. 남들만큼만 하는 교사는 조용히 묻혀서 안정된 정년을 맞지만, 열심히 하려고 새로운 시도를 하다 오해를 산 교사는 대역 죄인이 된다.

　교사에 대한 낮은 신뢰는 많은 사회적 비용을 치르게 한다. 교사라면 누구나 알고 있는 심리학 용어 중 피그말리온 효과(Pygmalion effect)가 있다. 교사의 기대치에 따라 학생의 성취도가 달라진다는 이론이다. 교사가 학생들이 성장할 것이라는 기대를 품고 가르치면 의미 있는 성취를 얻을 가능성이 커지고, 학생들에 대한 기대치가 낮으면 성장할 가능성도 줄어든다. 학생의 타고난 능력도 중요하지만, 학생에 대한 기대치에 따라 교사가 들이는 노력, 학생의 반응, 상호작용이 달라져 학생들의 성과에 차이가 생긴다. 그래서 의식 있는 교사들은 항상 피그말리온 효과를 마음속에 품고 산다.

'내가 어떻게 생각하느냐에 따라 아이들의 미래가 달라진다. 내가 아이들을 믿고 열심히 가르치면 아이들도 성장할 것이다.'

이 이론을 시민들이 갖고 있는 교사에 대한 인식에 접목시켜 보자. 우리나라 시민들은 우리 사회의 교사 집단을 바라볼 때 어떤 것들을 먼저 떠올릴까? 교사들이 성장하고 발전하길 바라는 마음으로 바라볼까, 매일 분란을 일으키는 사고뭉치 문제아를 바라보는 마음으로 바라볼까. 나는 피그말리온 효과처럼 시민들이 우리 교사 집단을 바라보는 마음이 교사 집단의 변화에도 영향을 준다고 본다. 시민이 교사들을 앞으로 발전 가능하고 성장할 수 있는 조직으로 본다면 교사들은 그 신뢰에 보답하기 위해 애쓸 것이다. 반대로 교사들을 발전 가능성이라고는 찾아볼 수 없는 철밥통 적폐로 본다면 교사들은 그 기대대로 될 가능성이 크다. 굳이 피그말리온 효과를 갖다 붙이지 않더라도 학교와 시민 사이에는 신뢰가 전제되는 것이 이상적이다. 교사와 학생, 학부모가 서로 신뢰하고 교육활동에 최선을 다해도 아이들이 건강하게 자라서 훌륭한 시민이 될 수 있을지 장담할 수 없다. 이 와중에 서로에 대한 불신으로 오해와 반목을 일삼게 되면 교육에 써도 모자란 시간과 정력을 허비하게 된다. 그 피해는 오롯이 아직 어리고 나약한 아이들에게 전가된다.

오늘도 노력하고 있습니다

학교는 공고한 사회화 기관으로 우리나라에서 태어난 사람이라면 최소한 9년은 의무로 다녀야 하는 곳이다. 최근에는 홈스쿨링이나 대안학교 등이 제시되고 있으나 아직 일반화하기에는 무리가 있다. 학교는 국민이 신뢰하고 믿을 수 있는 기관이 되어야 한다. 지금처럼 이유도 모든 채 억지로 다녀야 하는 곳이 학교라면, 학교는 더 이상 존재 가치를 증명하기 어렵다. 인생의 가장 빛나는 시기를 신뢰할 수 없는 기관에서 억지로 보내야 한다면 그것은 너무 비극이다. 교사 또한 그 비극의 피해자다. 학생들은 10여 년이면 학교의 비극에서 벗어나 새로운 시도를 할 수 있다. 그러나 교사는 자발적으로 학교에 다시 돌아와 자신의 인생 중 절반을 낮은 신뢰로 가득 찬 환경에서 견뎌야 한다. 인생 중 절반을 의심하거나 의심받으면서 사는 것은 괴로운 일이다.

학교 저신뢰의 기회비용은 매우 값이 비싸다. 우리나라 대부분의 사람이 경험하고 연결되어 있는 학교에 대한 저신뢰는 사회 전체의 신뢰도에 영향을 준다. 사회의 신용도가 낮을수록 이를 보완하기 위해 다양한 비용이 지출된다. 그것은 계약서가 될 수도 있고, 감시 카메라가 될 수도 있고, 공증이 될 수도 있다. 신뢰도가 낮으니 피해를 줄이기 위해 다양한 안전장치를 만든다. 이런 안전장치는 모두 신뢰도가 높은 사회에서는 줄일 수 있는 기회비용이다. 공무원의 일탈이 심한 개발도상국에서는 부정부패를 줄이기 위해 다양한 비용을 추가적으로 지출할 수밖에 없다. 공무원을 감시하는 공무원, 경찰을 감시하는 경찰을 추가적으로 고용한다. 사회 전반의 신뢰도가 높으면 이런 추가적인 지출을 피할 수 있다. 학교에 대한 저신뢰로 발생하는 비용도 눈에 보이지는 않지만 실제로는 매우 크다고 할 수 있을 것이다.

학교에서 발생하는 문제의 원인을 사회나 학부모 탓으로만 돌릴 수는 없다. 농부는 밭을 탓하지 않고, 악공은 악기를 탓하지 않는다. 문제는 책임자에게 있는 것이지 그 대상에게 있는 것이 아니다. 우리는 시장에 가서 과일을 고를 때 장사꾼이 잘 익었다고, 맛있다고 하는 말을 무턱대고 믿지 않는다. 잘 익은 과일은 장사꾼의 말을 빌리지 않아도 그 성숙한 자태를 숨길 수 없다. 교사 집단도 마찬가지다. 우리가 잘 하고 있노라고, 열심히 하고 있노라고 주장하더라도 학부모와 학생에게 인정받지 못하면 한계가 있다. 충분히 신뢰를 얻으면 굳이 교사의 가치를 홍보하지 않아도 인정받을 수 있다. 잘 하고 열심히 하다 보면 언젠가 남들이 알아주기 마련이다. 그 과정에서 생기는 작은 오해나 갈등에 불평만 해서는 지금까지 쌓아온 불신을 없앨 수 없다. 학교가 아이들을 때리지 않기로 마음먹은 지 아직 30년이 채 되지 않았다. 일제강점기부터 시작하면 학교는 거의 100년 가까이 아이들을 체벌해왔다. 그동안의 한과 아픔을 삭이려면 적어도 그만큼의 시간과 노력이 필요하다.

4

학교 문제의 문제

"엿이나 먹어라!"

추운 날씨에도 불구하고 아침 일찍 20여 명의 학부모가 긴 복도에 모여 함께 외쳤다. 무리 안쪽의 어머니들 손에 들린 수박만한 은색 솥 안에는 짙은 갈색의 끈적한 것이 담겨 있었다. 새벽부터 무즙을 고아 엿을 만들어 솥 채로 들고 온 것이다. 사무실 안의 직원들은 곤혹스러운 표정을 지었고, 신문사에서 나온 기자들은 연신 플래시를 터뜨렸다. 두껍게 옷을 차려입은 고운 자태의 어머니들이 다시 한 번 크게 외쳤다.

"무즙으로 만든 엿 여기 있다! 엿 먹어 봐라!"

대한민국은 입시공화국

1964년 12월 22일, 서울시 교육위원회 앞에서 벌어진 일이다. 문제의 발단은 2주 전인 12월 7일 치러진 서울시 전기 중학 필답고사로 거슬러 올라간다. 당시만 해도 학생들은 중학교에 가기 위해서 중학교 입학시험을 치러야 했다. 이 시험은 경쟁이 상당히 치열해서 전체 150여 개 문제 중 몇 문제만 틀려도 당대의 명문 중학교에 입학이 어려웠다. 그런데 자연 과목 18번 문제에 오류가 있었다. 엿을 만드는 과정에서 엿기름 대신에 무엇을 이용할 수 있는지를 묻는 객관식 문제였다. 정답은 '디아스타아제'였는데, 오답 보기로 주어진 무즙 때문에 혼란이 발생했다. 엿기름을 대신할 수 있는 성분인 디아스타아제가 무즙에도 함유되어 있기 때문이다. 심지어 당시에는 일반 가정에서 무즙을 넣어 엿을 만드는 경우도 종종 있었다. 본인이 집에서 직접 무즙으로 엿을 만드는데, 무즙으로는 엿을 만들 수 없다고 하니 학부모 입장에서는 분통이 터질만하다. 단순히 문제에 오류가 있는 것을 넘어 자녀의 장래에 지대한 영향을 미치는 시험에서 발생한 일이니 가만히 있을 수 없었으리라. 학부모들은 분연히 뭉쳐 무즙도 정답으로 인정하라며 서울시 교육위원회 앞에서 시위를 시작했다.

처음에 무즙은 오답처리하기로 하였으나, 당시 교육감이었던 김원규가 12월 21일 저녁에 부모들에게 했다고 알려진 말이 불붙은 상황에 기름을 부었다.

"만약 무즙으로 엿을 만들 수 있다면 자연 18번 문제 때문에 떨어진 수험생은 구제하겠습니다."

교육감이 무심코 뱉은 말은 삽시간에 퍼졌다. 대한민국 학부모들은 예나 지금이나 자녀를 위해서라면 물불을 가리지 않았다. 교육감의 말이 떨어지기가 무섭게 밤새 무즙으로 엿을 만들어 다음날 새벽같이 서울시 교육위원회를 찾아온 것이다. 학부모들이 솥단지 채 엿을 들고 와 교육위원회에 항의하는 모습은 언론에 보도되어 세간의 큰 관심을 받았다. 이른 바 우리나라의 입시 혼란을 보여주는 예로 잘 알려진 '무즙파동'이다.

일제강점기와 한국전쟁을 치른 지 얼마 안 된 한국의 학교들은 학생들을 충분히 수용할만한 시설을 갖추지 못했다. 해방 이후 교육에 대한 국민의 관심은 지대했고, 학교 정책의 초안을 잡은 미군정 역시 교육정책 수립에 심혈을 기울였다. 최소한의 초등교육은 무상으로 이루어져야 한다는 것이 당시 모든 국민의 공통된 생각이었다. 이를 바탕으로 1946년 2월 21일 초등의무교육실시계획이 발표됐고, 1950년대 말이 되어서는 국민학교 완전취학이 이루어졌다. 중간에 한국전쟁 기간을 제외하면 약 10년 만에 이룬 성과다.

문제는 초등교육에 모든 재정과 노력을 쏟다 보니 중등교육까지는 지원할 여력이 못되었다는 점이다. 1960년에 초등교육 취학률은 거의 100%에 이르렀으나 중등교육(중학교와 고등학교를 모두 포함) 취학률은 26.9%에 불과했다. 학생들을 수용할 인적·물적 자원이 모두 부족했다. 지방 소재의 학교들이 학생들을 충분히 수용할 여력이 부족한 것은 매한 가지였지만, 수도권은 상황이 더 복잡했다. 소위 명문 중학교에 가기 위해 아이들이 국민학교부터 입시에 매달렸다. 학부모들도 어떻게 하면 아이들을 알려진 중학교에 보낼 수 있을까 머리를 싸맸다. 매해 중학교 입시는 세간의 관심을 끌었고, 입시 방법도 전국 학교 동일 출제·학교별 자율 출제, 국민학교 성적증명서 반영·미반영, 학과 내용 출제·미출제, 학교장 추천 반영·미반영, 무시험 전형 포함·미포함 등을 오가며 변화무쌍했다. 세월이 많이 흐른 지금 보아도, 그 혼란의 양상이 크게 달라진 것 같지는 않다.

무즙파동은 법정으로까지 번졌고, 1965년 3월 30일 고등법원은 자연 18번 문제로 입시에 탈락한 학생들을 구제해야 한다는 판결을 내렸다. 해당 학생들은 판결을 받기 전까지는 다른 학교를 다니다가 5월 12일 원래 지원했던 명문 중학교로 전학을 갔다. 교육법 시행령까지 수정하며 이루어진 전례 없는 파격이었다. 현재의 대입 시험에 비유하면 수능 점수의 변경으로 대학교를 옮긴 것과 마찬가지다. 그런데 그 와중에 다시 한번 웃지 못할 촌극이 벌어졌다. 판결에 의해 전학을 가게 된 학생들 틈에 끼어 전학을 가려던 21명의 부정이 발각된 것이다. 무즙파동으로 인한 전학 대상이 아닌 학생들이 마치 전학 대상인 것처럼 숨겨 전학을 시도했다. 그 안에는 청와대 비서관과 국회 관계자, 재벌과 국영기업체 임원들의 자녀가 포함되어 있어 일대 파란이 일었다. 결국 이 사건으로 당시 서울시 교육감, 문교부 차관, 청와대 비서관 등이 책임을 지고 옷을 벗었다.

이 사건 외에도 당시 중학교 입시와 관련된 사건과 혼란은 셀 수 없을 정도다. 시험 문제에 관한 혼란은 물론이요, 부정입시 시비도 끊임없었다. 하루에 5시간만 자면서 입시를 준비하는 어린이가 있는가 하면, 중등 입시의 실패를 비관한 음독자살도 많았다. 시험 스트레스를 이기지 못하고 가출하는 아이도 늘었다. 밤만 되면 꾸벅꾸벅 조는 아이를 깨우기 위해 목에 노끈을 졸라맸다는 사례가 신문에 소개되었다. 책상에서 공부를 하다 잠이 들어 고개가 떨어지면 목이 졸려 잠을 깨웠다. 어떤 부모는 자녀에게 "좋은 학교에 가지 못하면 집에서 쫓아내겠다"는 말을 서슴없이 했다. 6학년 아이들은 학교에서 매일같이 시험지를 풀며 입시를 준비했다. 교사들은 자녀를 제발 명문 중학교에 보내달라며 생떼를 부리는 부모를 대처하느라 진땀을 뺐다. 당시의 일선 국민학교는 현재의 고등학교가 대입을 중시하는 것처럼 아이들을 좋은 중학교에 보내는 것이 가장 중요한 과업 중 하나였다.

이 혼란은 1969년에 이르러 중학교 입시가 단계적으로 폐지되며 사라지는 수순을 밟는다. 중학교 입시로 인한 사회 혼란과 아이들이 받는 스트레스가 크다는 것이 이유였다. 당국은 중학교 서열화를 없애기 위해 당대에 꼽히던 명문 중학교 중 몇 군데는 아예 문을 닫아 버렸다. 말 그대로 폐교였다. 사람들은 중학교 무시험제도가 발표된 1968년 7월 15일을 가리켜 '7·15 어린이 해방'이라 불렀다. 아이들이 드디어 중입 시험의 고통에서 해방되었다는 것이다.

1960년대에 벌어진 일들이 전혀 먼 과거의 일처럼 느껴지지 않는다. 그것은 아마도 우리나라의 입시문제가 여전히 현재 진행형이기 때문일 것이다. 입시문제의 배경은 중학교 입시에서 대입으로 바뀌었으나, 그 안에서 벌어지는 갈등과 이를 둘러싼 해결책의 난맥상은 큰 변화가 없어 보인다. 해마다 여전히 수학능력시험과 대입 합격자 선정 방식에 대한 갈등과 혼란이 반복된다. 2018년에는 서울의 한 고등학교 교무부장이 같은 학교에 다니는 쌍둥이 자녀의 성적 향상을 위해 시험지를 빼돌린 사건이 크게 보도되기도 했다. 신문 사회면에는 잊을 만 하면 사회 고위층의 학력 위조와 입시 비리 의혹이 오르내린다. 과연 사회 고위층 중에 학력 위조와 논문 표절로부터 완전히 자유로운 사람이 얼마나 될지 의문이 들 정도이다.

입시 외에도 학교 관련 문제는 산더미처럼 쌓여 있다. 어떤 이는 주입식 교육이 가장 큰 문제라 하고, 어떤 이는 사교육이 가장 큰 문제라 하고, 어떤 이는 학력 저하가, 또 어떤 이는 과도한 경쟁이 문제라고 한다. 각계의 사람들이 주장하는 학교에 관련된 문제를 열거하기만 해도 이 책의 한 쪽을 채우고도 남을 것이다. 오히려 문제가 너무 많은 것이 문제처럼 보인다.

교육은 '100년지대계'라더니

우리 교육의 나아갈 방향을 제시하기 위해서는 문제를 잘 파악하는 것이 우선이다. 핵심적인 문제를 파악하기 위한 다양한 방법과 의견이 있겠으나, 여기에서는 2017년 제19대 대통령 선거 후보자들의 교육 관련 공약을 문제 파악의 교두보로 삼고자 한다. 대통령 후보자들은 유권자를 설득하기 위하여 가장 시대에 민감한 공약을 내세우는데, 공약을 개발하기 위해 다양한 분야의 전문가들이 참여한다. 대선 후보들의 공약은 현재 우리나라의 교육 문제를 파악하는 데 좋은 자료이다. 정치적 지향이 다른 다양한 후보들의 공약을 두루 살피면 특정 집단의 편향성에 빠지는 실수도 줄일 수 있다.

제19대 대통령 선거에 출마한 후보자는 총 15명이었다. 이 중 20% 이상의 득표를 한 후보자는 문재인(더불어민주당, 41.1%), 홍준표(자유한국당, 24%), 안철수(국민의당, 21.4%)로 총 세 명이다. 15명 후보자의 공약을 다 다루기에는 지면의 한계가 있으니 국민에게 가장 많은 선택을 받은 세 후보자의 공약을 중심으로 살펴보겠다. 각 후보의 교육정책 공약을

제19대 대통령 선거 공약 비교

후보	문재인	홍준표	안철수
슬로건	아이 키우기 좋은 대한민국	개천에서 용 나는 교육 희망사다리 구축	교육과 과학을 접목한 4차 산업혁명 대비
목표	· 인구 감소 방지를 통한 사회 활력 제고 · 아이 키우기 좋은 사회, 직장 환경 조성 · 부모의 육아 비용 부담 경감 · 국가가 교육을 완전히 책임지는 시대	교육격차 해소를 통해 개천에서 용이 날 수 있는 역동성 있는 사회 재건	교육 혁명 : 학제 개편으로 4차 산업혁명 대비 창의인재 양성
이행 방법	· 획기적인 교육재정 투자로 유아에서 대학교까지 공교육비용 국가 부담 · 0세부터 초등학교 6학년생 자녀의 돌봄 부담 해소 · 교실 혁명을 통한 사교육 경감 · 육아휴직 확대	· 돈이 없이 공부 못하는 학생이 없도록 4단계 희망사다리 교육지원제도 신설 · 사법고시 존치로 계층 이동의 사다리 제공 · 취업 후 상환 학자금 대출 무이자 전환 및 신용유의자 5.5만 명 채무 완화 · 대학 졸업 유예비 납부 없애 학생 부담 최소화 · 단계적 학제 개편 추진을 통한 교육체제 개편	· 교육부 폐지 · 4차 산업혁명 시대 문제 해결 능력 향성 : 창의교육, 인재양성 · 학제 개편 · 수능 자격고사제 전환 · 평생교육 대폭 강화

요약하면 위의 표와 같다.

세 후보자의 슬로건, 목표, 이행 방법을 보면, 각 후보자가 학교와 관련하여 어떤 문제의식을 크게 갖고 있는지 살펴볼 수 있다. 먼저, 가장 높은 득표율로 당선이 된 문재인 후보는 저출산을 가장 큰 문제로 삼았다. 아이를 키우기 위한 육아 비용이 너무 높아 결혼한 부부들이 자녀를 낳지 않는 것이 가장 큰 문제라는 것이다. 이 문제를 해결하기 위해 국가 예산을 활용하여 교육 비용 부담, 육아 비용 부담, 육아 휴직 확대 등을 해결책으로 제시했다. 대통령 선거가 이루어지던 2017년의 출산율은 1.05명으로 OECD 국가 중 가장 낮은 수치이고, 우리나라 역대 출산율 수치 중에서도 가장 낮은 수준이다. 2018년에는 출산율이 0.98명으로 떨어져 세계에서 거의 유일한 0명대 출산율 국가가 되었다. 저출산 문제는 장기적으로 국가의 생산인구를 감소시킨다는 점에서 정부가 대처해야 할 중요한 문제이다. 경제 영역에만 국한되는 문제도 아니다. 저출산의 원인은 미혼율 증가, 기혼자들의 자녀 출산 기피에 있다. 결혼과 자녀 양육에 드는 비용이 너무 크니 결혼과 출산을 포기하는 젊은이들이 나타난다. 경제적으로 풍부한 가정이라면 굳이 결혼을 기피하고, 자녀 출산을 걱정할 필요가 없다. 결혼과 육아가 삶의 행복 요인 중 하나라면 국민이 걱정 없이 결혼하고 자녀를 키울 수 있는 정책을 펴는 것도 중요하다.

홍준표 후보는 빈부격차, 계급갈등을 교육의 주요 문제로 삼은 듯 보인다. 태고부터 인류는 단 한 번도 완전한 평등사회를 경험해본 적이 없다. 평등의 개념과 범위에 따라 논의가 복잡해지고 길어짐으로 교사와 교육을 논하는 이 책에서 많은 것을 다룰 수는 없다는 점에 대한 양해를 바란다. 다만, 인류는 불평등을 해소하기 위해 발전해왔고, 학교가 부와 사회적 지위의 합리적인 재분배 장치로 기대되고 있음을 부정할 수는 없다. 출신 지역이나 부모의 조건이 다음 세대에 아무런 견제장치 없이 그대로 전달되는 것은 부조리하다. 자신의 실제 능력·노력과는 무관하게 부모의 신분이나 경제적 능력에 따라 모든 것이 결정된다면 억울한 일이다. 시민혁명과 민주주의, 자본주의 등의 등장으로 근대 이전에나 존재하던 신분제도는 사라졌다. 그러나 부모의 경제적 여건이 자녀의 교육 기회와 사회적 위치에 여전히 많은 영향을 미치고 있다. 교육을 통한 부와 사회적 지위의 공정하고 평등한 재분배를 주장하는 홍준표의 공약은 일리가 있다. 저소득층 자녀를 지원하는 4단계 희망사다리 제도, 사법고시 존치, 학비 부담 완화 등은 평등한 사회에 대한 국민의 바람에 응답한 것이라고 볼 수 있다.

안철수는 벤처기업가이자 교수 출신답게 과학 교육에 대한 지원과 4차 산업혁명에 대비한 인재 양성을 중심으로 공약을 준비했다. 그동안 교육 정책에 강력한 권한을 행사하던 교육부를 해체하고, 각계의 다양한 전문가들이 참여하는 국가교육위원회를 설치해서 합의를 바탕으로 한 장기적인 관점의 정책을 제시하자고 주장했다. 교육부 폐지는 이미 논의가 오래된 주장이다. 지역교육과 고등교육을 다양화, 자율화하자는 것이 교육부 폐지 주장의 요지이다. 표에는 없으나 문재인과 다른 후보들도 교육부 폐지와 비슷한 공약을 제시했다. 학제 개편은 현재의 '6-3-3' 학제를 '5-5-2' 학제로 개편하자는 것으로 독일, 프랑스의 학제를 참고한 것으로 보인다. 초등학교 교육기간을 줄이고, 중학교 기간을 적성과 진로를 충분히 탐색할 수 있도록 늘린 뒤, 고등학교는 취업이나 대학 진학을 위한 준비 기간으로 삼자는 것이다. 수능의 자격 고사 전환은 대학 입시 자율성의 대폭 확대를 의미한다. 수능을 졸업 자격시험으로 변경하면 학생 선발에서 대학의 자율성이 커지게 된다. 교육부 폐지, 수능 자격 고사제는 대학의 운영 자율성 강화로 이어진다. 다시 말해, 대학 운영에 자율성을 줄 테니 알아서 경쟁해서 성장하고 살아남으라는 의도가 숨겨져 있다. 안철수의 공약은 미래의 변화를 준비한다는 점에서 선도적인 면이 있으나 공약의 일관성이 보이지 않는 점이 아쉽다. 각각의 공약이 4차 산업혁명 대비에 어떤 도움을 줄 수 있는지에 대한 자세한 설명도 필요하다. 경제적인 측면에서 미래 사회에 필요한 인재를 양성하고자 했다는 점은 인정할 만하다.

이외에도 각 후보는 대입 제도 개선, 국·공립 유치원 확대, 교육 복지 강화를 모두 비슷한 공약으로 내세웠다. 여기에서 후보자들의 공약을 속속들이 살펴보기는 어려우나, 후보자들이 추구하는 가치관이 공약에 반영되었음을 발견할 수 있다. 문 후보는 복지적인 면에서 출산이 부담이 되지 않도록 돕는 정책을 제안했고, 홍 후보는 사회적인 면에서 평등을 추구하는 정책을, 안 후보는 경제적인 면에서의 미래 인재양성을 약속했다. 이 세 후보자의 공약에 공감하는 바도 있을 터이고, 비교적 다른 의견을 갖고 있는 이도 있을 것이다. 대통령 후보자들의 공약은 전문가 집단에 의해 작성되고, 각 전문가 집단은 국민의 선택을 받아야 하므로 민감하고 면밀하게 공약을 준비한다. 그런 점에서 세 후보자의 교육 공약은 최근에 우리 국민이 교육에 관해 어떤 관심사를 갖고 있고, 어떤 해결책을 바라는지 살펴보는 좋은 참고자료이다. 이 과정에서 독자에 따라 개별적으로 각 후보자의 공약에 동의 혹은 반대하는 부분이 존재하는 것은 아주 자연스러운 일이다.

솔직히 말해 나는 교사로서 이 세 후보자 모두의 공약이 불편하다. 공약에 동의하거나 반대하는 것이 아니라 불편하다. 후보자들의 공약은 모두 일장일단이 있으나, 교육을 목적이 아닌 수단으로 대하고 있다는 점에서 동일하기 때문이다. 문 후보의 공약은 교육보다 출산이 더 중요하다고 생각한다. 따라서 출산율을 높이기 위해 교육을 개선해야 하다고 주장한다. 홍 후보는 학교를 사회 유지와 기회 분배의 창구로 생각한다. 학교 안에서 어떤 일이 벌어지고 있는지보다는 얼마나 공정하게 사회적 분배가 이루어지느냐가 더 중요하다. 안 후보도 학교를 기업에 필요한 인재를 양성하고 선별하는 기관으로 보고 있다. 대학에 자율권을 주고, 학제를 개편하고, 평생교육을 진흥하겠다는 주장은 결국 기업의 입맛에 맞는 인재를 만들어내겠다는 것이다. 관점은 모두 다르지만 학교 안의 교육 상황, 학생의 학교 경험, 교사의 직업 인식, 학부모의 교육 만족도에는 관심이 없다. 학교 자체를 개선하고 발전시키기보다는 학교 밖 대상들의 필요를 충족시키기 위해 학교를 이용하겠다는 것이다.

독자 중 일부는 교육제도를 특정한 정책의 성과를 위한 수단으로 활용하는 것이 어쩌면 불편하지 않게 느껴질 수도 있다. 실제 학교에서는 비슷한 일이 무던히도 벌어지고 있기 때문이다. 우리나라의 교육과정에는 국어, 수학, 사회, 과학 등과 같이 잘 알려진 과목 이외에도 범교과 학습주제라는 것이 포함되어 있다. 인성, 안전·건강, 진로, 민주시민, 인권, 다문화, 통일, 독도, 경제·금융, 환경·지속가능 발전 교육이 거기에 포함된다. 「2009년 개정 교육과정」에는 범교과 학습주제가 무려 39개나 되었다가, 각각의 내용이 겹치고 너무 과다하다는 의견이 받아들여져 「2015년 개정 교육과정」에서 10개로 줄어들었다. 그러다가 2019년에는 난데없이 청렴교육이 포함되어 다시 11개로 늘어났다. 범교과 학습주제가 고무줄처럼 늘었다 줄었다 하는 것도 문제지만 각각의 내용이 정말 교육, 학생, 교사, 학교를 위한 것인지 고민해볼 필요가 있다. 범교과 학습주제에 포함된 주제들의 사회적 가치를 부정할 수는 없다. 다만, 교육을 신봉하는 교육자로서 특정한 가치관들이 부딪힐 때 어떤 가치관을 우선시해야 하는가를 문제 삼고 싶다. 요컨대, 교육기관이라고 불리는 학교는 정말 교육을 목적으로 하는 기관인가, 교육을 수단으로만 이용하는 기관인가?

누구를 위한 교육인가

아래 그림은 학교를 보는 두 개의 관점을 도식화한 것이다. 첫 번째 그림은 교육을 중심으로 학교를 보는 관점이다. 학교가 교육을 하는 기관이라면 교육과정, 교과, 규칙, 입시, 범교과 학습 등이 모두 교육을 중심으로 이루어져야 한다. 두 번째 그림은 교육을 수단으로 학교를 보는 관점이다. 두 번째 관점에서 학교는 교육과정, 교과, 규칙, 입시, 범교과 학습 등을 실현하기 위한 도구가 된다. 다양한 역할과 가치관이 학교에 반영되면서 학교는 점점 본연의 기능인 교육적 기능을 잃게 된다.

학교를 보는 두 개의 관점

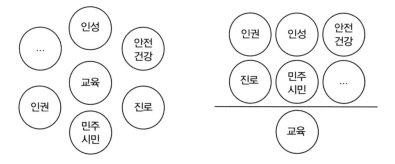

병원을 예로 들어보자. 병원의 존재 이유는 질병이나 질환에 대한 의료를 제공하고 환자의 건강회복을 돕는 것이다. 그러나 병원 역시 운영을 위해서는 돈을 벌어야 함으로 재정 관리도 해야 하고, 의료 전문가 양성을 위해 인턴과 레지던트 제도로 교육도 해야 하며, 새로운 치료법 개발을 위해 연구도 해야 한다. 그렇다고 만약 병원이 돈을 버는 데만 혈안이 되거나, 환자들은 뒷전으로 하고 수련의에게만 관심을 기울이거나, 오직 치료법 개발을 위해서만 자원을 활용한다면, 병원의 역할을 충실히 하고 있다고 말하기는 어려울 것이다. 학교도 마찬가지이다. 학교는 교육을 중심으로 다양한 역할을 수행해야 하는 공간이다. 학교가 짊어지고 있는 다른 역할들이 교육을 밀어내기 시작하는 순간부터 학교는 본래의 교육 기능을 잃게 된다. 이것은 마치 병원이 돈에만 혈안이 되거나, 법원이 권력 유지의 수단이 되거나, 은행이 재벌 그룹의 하수인이 되는 것과 다를 바 없다. 집중해야 할 본연의 기능을 잃고, 부차적인 일에 현혹되는 것이다.

다시 입시 문제로 돌아와 보자. 1960년대에 벌어졌던 입시 문제는 여전히 현재에도 비슷하게 발생하고 있다. 어떤 이들은 학벌주의가, 어떤 이들은 사교육이, 어떤 이들은 과도한 교육열이, 어떤 이들은 빈부격차가 문제라고 한다. 우리나라 학생들이 학교에서 입시를 준비하면 겪어야 하는 고통의 원인을 모조리 밝히기에는 한계가 있다. 다만, 학교와 관련되어 제기되는 문제들이 실제로 교육적인 문제인지 아닌지에 대해서는 고민해보기를 권한다. 우리나라의 입시가 문제가 되는 이유는 입시의 결과가 학생의 장래 사회적 신분에 지극히 중대한 영향을 미치기 때문이다. 이른바 학부중심사회로 불리는 문화 속에서 아이들은 출신 학부에 따라 장래의 기대 직업과 기대 수익이 달라진다. 내가 얻게 되는 학력은 내 명함이 되고 평생을 따라 다니며 나를 판단하는 지표로 작동한다. 물론, 학력이 나의 밝은 장래를 결정하는 충분조건이라고 할 수는 없다. 그러나 필요조건이 되는 경우가 대다수다. 학력에 따라서 사람을 차별하는 편견도 여전히 존재한다. 그렇다고 해서 입시와 관련된 이 문제들이 교육 문제는 아니다. 학벌중심사회와 학력에 따른 차별은 사회적 관점에서 보았을 때 원인과 해결책을 더 잘 유추할 수 있는 사회문제이다. 물론 사회문제를 해결하기 위해서 교육의 협조가 필요할 수도 있다. 그러나 사회문제를 마치 교육 문제인양 본질을 호도해서는 안 된다. 이는 마치 정치인의 권력 남용을 종교 문제로, 기업인의 횡령을 인권 문제로 보는 것과 다를 바 없다. 문제를 해결하기 위해서는 문제의 원인을 정확하게 파악해야 한다. 그리고 문제의 원인을 파악하는 첫 단계는 문제가 어떤 영역에서 다뤄져야 할지 판단하는 것이다.

학교가 혼란스럽고 항상 세간의 입방아에 오르내리는 이유는 학교가 교육 문제 이외에도 다양한 문제의 원인으로 지목받기 때문이다. 학생들이 수업을 즐겁게 듣지 못하거나, 교사가 학생들을 가르치는 데 큰 어려움이 있다면 이는 분명히 교육 문제라고 할 수 있다. 그러나 정치, 경제, 사회, 문화, 종교의 영역에서 발생하는 문제를 전적으로 학교의 탓으로만 돌릴 수는 없다. 물론, 사회는 일종의 유기체로 모든 영역이 복잡하게 연결되어 있으므로 사회에서 발생하는 문제들이 교육과 완전히 무관하다고 볼 수는 없다. 따라서 정치, 경제, 사회, 문화, 종교의 영역에서 발생한 문제를 해결하기 위해 교육이 협조할 수는 있다. 그러나 그렇다고 해서 그것이 교육의 문제가 되는 것은 아니다. 이것은 마치 병원에서 발생한 문제가 교육 문제가 되는 것과 비슷하다. 병원에서 의료 문제가 발생했을 때 이를 해결하고 예방하기 위해 학교가 협조해서 노력할 수는 있다. 그러나 그 협조와 노력에 참여한다고 병원의 문제가 교육 문제가 되는 것은 아니다. 마찬가지로 학교와 관련이 있다고 해서 모두 교육 문제가 되는 것은 아니며, 모두 학교의 책임도 아니다. 학교 문제의 문제는 교육 이외의 너무 많은 것이 학교를 문제시한다는 점이다. 병원이 의료를 최우선으로 하기에 의료기관이듯, 학교도 교육을 최우선으로 할 때 교육기관으로서 기능을 다 할 수 있다. 만약, 교육 이외의 다른 일들이 우선이 된다면, 학교는 교육기관으로서의 제 기능을 수행하기 어려워진다.

비교적 논의가 난해하게 느껴질 수도 있겠으나 요지는 간단하다. 나는 우리나라의 학교 문제가 교육을 도외시하기 때문에 발생한다고 본다. 겉으로는 교육 문제라고 떠들어대는 것이 대부분은 정치, 경제, 사회, 문화 문제인 경우가 많다. 사교육업자들은 이 미묘한 개념의 한계를 파고들어 영리를 추구한다. 냉정히 말해 학원에서 이루어지는 수업은 입시 준비이지, 교육이라고 보기 어렵다. 혹여 학원강사가 교육적인 목적을 신념으로 삼는다고 하더라고, 왜곡된 입시 제도의 강화에 기여한다는 비판을 면할 수 없다. 기업은 교육을 한다는 미명하에 자신들의 입맛에 맞는 인력을 양성하는 데만 관심이 있다. 평등을 추구한다는 사람은 학교를 자신들의 이데올로기를 실현하기 위한 도구로 본다. 지식인은 자신의 사회적 지위를 공고히 하기 위해 교육시스템을 이용한다. 이들은 의도적이든 비의도적이든 교육을 자신들의 목적을 달성하기 위해 수단시한다는 공통점이 있다.

교육 문제는 교육을 중심으로 해결해야 한다. 아이들이 어떻게 하면 학교에 즐겁게 다닐 수 있고, 교사들이 어떻게 하면 학생들을 가르치는 보람을 느낄 수 있고, 학부모들이 어떻게 하면 학교를 믿고 아이들을 보낼 수 있을지를 고민하면 학교는 발전할 것이다. 그러나 지금처럼 교육 바깥에 있는 사람들에 이리 휘둘리고 저리 휘둘리다가는 학교가 진짜 교육기관이 될 날은 오지 않을 것이다. 우리나라의 교육정책을 선정하고 집행하는 교육부만 보더라도 상황이 빤하다. 거기에 교육자들이 얼마나 되는가? 우리나라 교육과정 연구의 핵심이 되는 교육과정연구원과 교육평가원은 또 어떠한가. 거기에 교육자들이 얼마나 되는가? 지역에서 학교를 지원한다고 하는 교육청은 어떤가. 거기에 교육자들이 얼마나 되는가? 교육에 관심 있고 교육을 연구하는 사람들 말고, 학생들과 매일 교실에서 부딪히는 교육자 말이다. 교육 관린 종사자들이나 연구원들을 모두 비하하자는 것은 아니다. 그러나 그들이 학교 발전을 목표로 한다면 교사, 학생, 학부모의 목소리에 귀 기울이는 일을 게을리해서는 안 된다.

2장

교사패싱

1
어쩌다가 교사

어려서 나는 글을 쓰는 작가가 되고 싶었다. 문학청년에 대한 환상도 있었다. 고등학교 친구들과 함께 책을 읽고, 글을 쓰는 동아리를 직접 개설해서 운영하기도 했다. 소설가와 시인을 꿈꾸는 친구들이 서로 습작을 돌려 읽는 모임이었다. 그때 썼던 글, 친구들과 나눴던 대화는 이제 먼 일이 되었지만 서로 공유했던 순수한 열정은 아직 기억에 남아있다. 작가의 꿈은 학년이 올라가면서 포기했다. 글쟁이는 굶어죽기 십상이라는 사실을 알게 되었다. 돌이켜보면 훌륭한 글을 쓸 만한 재능도 없었던 듯하다.

작가가 되는 것은 포기했지만, 가능하면 사회에 보탬이 되는 직업을 선택하고 싶었다. 당시나 지금이나 나는 친구들과 대화를 나누다가 종종 혼자 진지해질 때가 많다. 그러면 친구들은 내가 '진지병'에 걸렸다며 농담을 한다. 진지병은 때와 장소를 가리지 않고 대화 주제를 진지하게 만드는 사람들의 성격을 장난삼아 부르는 말이다. 친구들은 농담 삼아 하는 말이지만, 진지병이라는 말이 싫지 않았다. 나는 삶을 진중하게 살고 싶다. 누군가는 삶을 즐기며 살고, 누군가는 삶에 대해 사색하기를 즐기고, 누군가는 편안하게 살고 싶어 한다. 나는 나의 삶과 내가 하는 일에 대해서 깊이 고민하고 통찰하는 사람이 되고 싶다.

　삶에 대해 진지한 태도는 직업 선택에도 영향을 미쳤다. 돈만 많이 버는 직업, 겉만 화려한 직업, 취미처럼 할 수 있는 직업은 고려대상이 아니었다. 주어진 정보와 좁은 소견 사이에서 고민한 결과 나는 교사가 되기로 마음을 먹었다. 〈누가복음〉에 이르기를 죄인 한 사람이 회개하면 하늘에서는 회개할 것 없는 의인 아흔아홉으로 말미암아 기뻐하는 것보다 더하다 했다. 내가 선생으로서 누군가 단 한 명에게라도 선한 영향을 미칠 수 있다면 의미 있는 삶이라고 말할 수 있을 것 같았다. 이왕이면 머리가 커져서 고집이 생기는 사춘기 청소년보다는 초등학교 아이를 가르칠 때, 변화를 가져올 수 있는 가능성이 더 크지 않을까 하고 생각했다.
　그러나 그 기대는 초등학교 교사가 되기 위해 입학한 교육대학교 생활의 첫날부터 처참히 무너졌다. 한창 진지한 태도가 무르익었던 나는 대학교 1학년 때 처음 만난 학우들에게 이런 질문을 던졌다.

　"어쩌다가 선생님이 되려고 마음먹었니?"
　"나중에 졸업하면 어떤 선생님이 되고 싶니?"
　"좋은 선생님이 되려면 어떤 사람이 되어야 할까?"
　"우리가 예비 교사로서 이 사회에 기여할 수 방법은 없을까?"

스타크래프트와 싸이월드가 유행하던 시절 나의 질문은 오고 가는 술 잔 속에서 가볍게 묻혔다. 혈기왕성하게 즐겨야 할 대학생활을 진지한 질문으로 채울 수는 없는 노릇이었다. 그래도 다행히 마음 넓은 학우들을 만나 따돌림을 당하거나 괴롭힘을 당하지는 않았다. 오히려 그들은 넓은 마음으로 나를 품어주었고 이해해주었다. 다만, 그들의 호의와는 무관하게 타고난 호기심과 외로움은 계속해서 나를 괴롭혔다. 나는 좋은 교사가 되어 사회에 기여하고자 하는 마음으로 대학에 왔는데, 왜 비슷한 관심사로 대화할 수 있는 친구가 없을까? 때로는 내가 이상한 사람처럼 느껴졌고, 때로는 동기들이 밉기도 했다.

이 소외감과 괴리감은 교사가 된 뒤에도 사라지지 않았다. 교사들이 모여서 하는 이야기의 주제가 대부분 육아, 입시, 부동산, 재테크, 맛집, 연예인 등의 신변잡기로만 느껴졌다. 학생들 욕을 하거나, 학부모 욕을 할 때는 듣고 있기가 곤혹스러웠다. 이제 와서 돌이켜보면 동료 교사들의 이야기가 꼭 그렇게 가벼운 것만은 아니었다. 학생과 교육에 대해서 진지하게 이야기할 때도 있었고, 학부모를 진심으로 걱정할 때도 있었다. 다만, 동료 교사들에 대한 내 기대가 너무 현실과 달랐다. 패기 넘쳤던 젊은 시절의 나는 학교에서는 순수하게 교육적인 이야기만 나눠야 한다고 생각했다. 돌이켜보면 너무 꼰대같은 생각이었다.

여전히 나는 학교에서 교육에 관한 대화가 더 늘어야 한다고 생각한다. 그래도 이제는 교육과 관련되지 않은 주제로 대화를 나눌 수 있을 만큼 여유가 생겼다. 그러다 보니 교사들의 대화에 어느 정도는 참여할 수 있게 되었고, 그 안에서 재미있는 사실을 하나 발견했다. 교사 간의 세대 차이가 매우 크다는 점이다. 세대 차이는 직종을 막론하고 존재한다. 그러나 교직 내의 세대 차이는 다른 직종에 비해 더 커 보인다.

급여와 고용안정성, 그리고 교육공무원

학교 밖에서 보기에는 다 같은 교사로 보일지 모르지만, 우리나라의 교사들은 99학번을 전후로 차이가 있다. 99학번은 1997년 외환위기를 경험하고 대학교에 입학한 최초의 세대이다. IMF 외환위기 이후 한국 사회의 고용안정성은 급격히 떨어졌고, 직업 시장에도 큰 변화가 생겼다. 1998~1999년에 대학을 졸업한 이른바 IMF 세대는 전에 없던 취업 장벽에 부딪혔다. 실업률은 외환위기 이전 3.1%에서 8.1%로 치솟았다. 수많은 기업이 도산하는 가운데 명문대 간판을 바탕으로 한 스펙 경쟁이 치열해지기 시작한 시기도 이때다. 취업문이 좁아졌으니 어떻게 해서든 남들보다 더 나은 커리어를 보여주기 위한 무한 경쟁이 시작됐다. 이와 같은 사회적 변화는 입시를 준비하는 고등학생들에게도 영향을 미쳤다. 대학교만 나오면 어떻게든 취업이 되던 것은 과거의 일이 되었다. 장래를 담보할 수 없는 기초학문에 대한 기피현상이 나타났고, 성적이 좋은 학생들은 비교적 취업이 안정적으로 보장되는 의·치·한의·약대로 몰렸다.

급변하는 직업 시장과 진학 환경 속에서 예비 교사를 양성하는 교대와 사대의 사회적 지위도 재고되었다. 직업 공무원의 안정성에 대한 호감이 높아짐에 따라 교사에 대한 직업적 인식도 달라졌다. 이전까지와는 다른 인재들이 직업적 안정성을 바라보고 교대와 사대에 몰리기 시작했다. 특히 교원 양성 체제 특성상 취업률이 사대와는 비교할 수 없을 정도로 높은 교대에는 최고 명문대에 입학하고도 남을 성적의 학생들이 입학했다. 사범대학의 경우 IMF 외환위기 이전에도 중등교사 임용은 경쟁률이 매우 높은 편이었다. 비교적 높은 직업 안정성이 각광받기 시작하면서 사범대에도 우수한 학생들이 몰렸다. 외환위기 전까지만 하더라도 우리 사회 내에서 교사에 대한 사회·경제적인 보상은 자랑할 수 있는 수준이 아니었다. 그런데 외환위기 이후 고용안정성이 약화되면

교사의 급여와 4년대 졸 초임, 과장 초임 평균 비교(1996~2010년)

(단위 : 원)

구분	초임 (9호봉)	15년 경력 (25호봉)	최고 호봉 (40호봉)	4년대졸 초임 평균	과장 초임
1996	504,000	926,500	1,424,000	1,256,000	2,166,000
1997	529,200	972,800	1,495,200	1,292,000	2,233,000
1998	529,200	972,800	1,495,200	1,250,200	2,142,800
1999	529,000	972,800	1,495,200	1,318,800	2,198,100
2000	545,100	1,002,000	1,540,100	1,411,000	2,355,800
2001	695,500	1,278,500	1,965,000	1,531,000	2,505,300
2002	776,500	1,427,400	2,193,900	1,637,000	2,594,300
2003	819,200	1,505,900	2,314,600	1,754,000	2,791,200
2004	864,300	1,588,700	2,441,900	1,708,000	2,877,000
2005	885,000	1,626,800	2,500,500	1,824,000	2,903,000
2006	1,136,700	2,078,100	3,177,700	1,879,000	3,010,000
2007	1,154,900	2,111,300	3,228,500	1,983,000	3,129,000
2008	1,175,700	2,149,300	3,286,600	2,034,000	3,498,000
2009	1,175,700	2,149,300	3,286,600	2,188,000	3,552,000
2010	1,175,700	2,149,300	3,286,600	2,297,000	3,776,000

출처: 공무원 보수규정, 한국 경영자 총회 임금조정 실태조사,
노동부 임금구조기본통계조사보고서, 상여금 월할분 포함

서 그에 비해 안정적인 교사직을 비롯한 공무원이 좋은 직업으로 주목받기 시작했다. 교사에 대한 경제적 보상은 이전과 크게 다를 바 없었지만, 좋은 직업을 구하기가 어려워지니 교사에 대한 사회적 인식이 달라진 것이다. 우리 사회에서 교사를 포함해 공무원만한 직업을 찾기 어려워졌다.

앞에 나온 표는 1996년부터 2010년까지의 교사 봉급과 일반 4년대졸 초임 평균을 비교한 자료이다. 제시된 자료에서 교사의 봉급에 각종 수당은 제외되어 있음으로 단순비교는 불가능하다. 교사는 표에서 제시된 봉급에 1.6배를 하면 실제로 받는 급여액과 비슷해진다. 일반적인 기업의 경우 사원에서 과장으로 진급하는 데 10년이 안 걸린다. 교사의 경우, 승진에 대한 부담이 적고 퇴사율이 매우 낮으므로 같은 경력의 일반 회사원들과 연봉을 비교하기는 무리가 있다. 일반 기업에서 15년 정도 근무를 하면 부장 직급정도에 올라선다고 하지만, 그 15년 동안 고용안정성을 유지하는 것이 쉬운 일이 아니다. 그러나 교사의 경우에는 경력 15년이 되건, 경력 30년이 넘어 최고 호봉에 도달하건, 퇴직에 대한 부담이 거의 없다. 다만, 교사 초임은 일반 대졸자 초임 평균을 넘어선 적이 없으며, 급여 차이는 경력이 쌓일수록 더 커진다. 교사직의 고용안정성이 일반 기업에 다니는 직장인들에 비해 훨씬 높은 것은 사실이다. 개인이 비슷한 능력을 갖고 있다고 할 때 IMF 경제위기 이전의 학생들은 직업으로서 공무원에 대해 매력을 크게 느끼지 않았다. 당시만 하더라도 평생직장 개념이 아직 남아있을 때라 퇴직에 대한 부담이 지금보다는 낮았고, 일반 직장의 급여는 비교할 수 없이 많았다.

교사와 일반 직장인의 임금을 비교할 수 있는 다른 지표로 민간 임금

한국노동연구원 : 연도별 민관 보수수준 실태조사 비교

공무원 보수의 민간임금 접근율(민간=100)

출처 : 「민관 보수수준 실태조사」, 각 년도

접근율이 있다. 민간 임금 접근율은 일반 직장인들의 평균 임금을 100
으로 보았을 때 공무원들의 평균 임금이 어느 정도인지를 비율로 보여
준다. 표에서 보는 바와 같이 공무원 보수는 민간 임금을 넘어선 적이
없다. 그러나 경제위기 이후 어려움을 극복해나가던 시기인 2000년대
초반에는 공무원이 받는 임금수준이 일반 기업에 비해 그리 낮지 않았
음을 확인할 수 있다. 이후 2000년대 후반을 지나 경제가 비교적 안정
되면서 공무원 보수의 민간임금 접근율도 다시 떨어진다. 경제가 안정
되면서 직장인들에게 안정적인 보수를 줄 수 있는 회사의 비율이 늘어
나기 시작했다고 볼 수 있다.

그렇다고 고용 안정률이 IMF 경제위기 이전으로 완전히 돌아갔다고
보기는 어렵다. 경제위기 이후 성장률과 실업률은 어느 정도 회복되는
추세를 보이지만, 청년층의 고용률은 지속적으로 하락하는 모습을 보이
기 때문이다. 2000년대 초반 경제는 전반적으로 안정되어갔지만, 청년

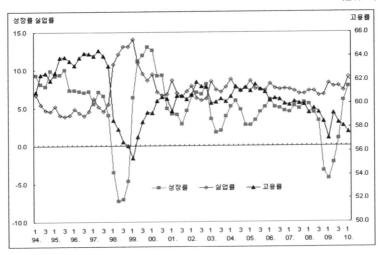

청년층(20~29세)의 성장률, 실업률, 고용률 추이

(단위 : %)

자료 : 통계청. 「경제활동인구조사」 원자료. 각 년도. 한국은행 「국민계정」 각 년도.

층은 취업이 더 힘들어졌다. 2000년대에 대학을 다니고, 졸업한 청년들에게는 급여보다는 고용안정성이 더 중요해지기 시작했다.

교사라는 직업

IMF 이전의 교사 특성에 대해서 파악하려면 당시 사회에서 사대와 교대가 어떤 위치를 점유하고 있었는지 살펴볼 필요가 있다. 1970년대부터 1990년대까지 우리나라는 다른 나라들과 비교해도 유래를 찾아보기 힘들 정도의 가파른 경제성장을 경험했다. 일제강점기와 제2차 세계대전 이후, 심지어 내전까지 거친 나라 중 이만큼의 성장을 이룬 나라는 우리나라 말고는 없다. 일본제국에 점령당했던 동남아시아의 나라들과 비교해보면 우리나라의 경제적 성취가 얼마나 놀라운 것인지 짐작할 수 있다. 한국전쟁으로 모든 것이 망가진 나라가 수십 년 만에 선진국들과 어깨를 나란히 하는 경제대국이 되었다. 이 놀라운 경제적 발전의 명암에 대한 논란은 현재도 분분하다. 우리나라의 경제발전이 국가주도의 불도저식 개발계획 덕인지, 국민의 타고난 부지런함과 성실함 덕인지, 혹은 20세기 초반 경제 대공황 이후 이어진 전 세계적인 경제적 활황의 흐름을 잘 탄 것인지는 논의가 더 필요하다. 다만, 지속적으로 경제적인 성장을 이루던 우리나라에서 교사라는 직업이 능력 있는 젊은이들에게 그리 매력적인 직업이 아니었던 것만은 자명하다.

앞에서 살펴본 바와 같은 IMF 경제위기 이전만 하더라도 교사를 포함한 공무원은 그리 매력적인 직업이 아니었다. 그럼에도 불구하고 국가의 입장에서는 가능한 한 수준 높은 교육을 국민에게 제공해서 인재를 양성해야 할 필요가 있었다. 교육은 백년지대계라든지, 우리나라의 유일한 자원은 사람이라든지, 역량 중심의 교육을 통해 인재를 길러야 한다든지 하는 말도 모두 그런 맥락에서 나온 것이다. 아무리 위정자가 뛰어난 정치를 하더라도 국민의 의식수준이 함께 향상되지 않으면 국가가 발전하기 어렵다. 그리고 우수한 교육을 제공하기 위해서는 우수한 교사 인력의 확보는 무엇보다 중요하다.

우수한 교사 인력의 확보를 위해 과거 정부는 인재들을 교사로 확보하기 위해 다양한 정책을 폈다. 1989년까지만 하더라도 국공립 사범대학과 교육대학의 입학금과 수업료는 모두 무료였다. 우수한 학생들의 학비를 면제해주는 대신 졸업 후에 교사로서 일정 기간 의무 근무하게 했다. 1990년 10월 헌법재판소가 국공립 사대나 교대 졸업자 우선 채용을 규정한 교육공무원법 제11조 1항에 위헌 결정을 내리기 전까지 국공립 사범대학을 나온 학생들은 졸업 뒤에 특별한 추가 과정 없이 대부분 임용이 되었다. '중등 교원 공개 임용 시험'이 시작된 것은 1991년부터이다. 초등 교사의 경우 지속적으로 공급이 수요를 따라가지 못해 2000년대 중반까지 대부분 지역의 임용 시험이 미달이었다. 다시 말해, 2000년대 중반까지 교대를 나온 초등 교사들은 특별한 노력이 없이도 대부분 임용이 될 수 있었다. 심지어 교대의 경우 학생하사관후보생(RNTC) 제도가 1990년까지 유지되었다. 대학교에서 공부하는 동안 군사학을 이수하고, 방학 동안 입영훈련을 받으면 졸업과 동시에 예비역 하사로 인정되어 군복무 의무가 해소되는 파격적인 제도였다. IMF 경제위기 이전까지는 이러한 혜택을 보고 오는 학생도 많았다.

대부분 가정에서 일반 대학의 학비를 댈 수 없거나, 빨리 취업을 해서 안정적으로 경제활동을 해야 하는 학생들이 교사가 되었다. 과거의 교대나 사범대가 만만하다고 할 수는 없으나 현재에 비하면 입학이 수월했던 것은 사실이다. 1990년대까지의 교·사대는 지방거점 대학이나 서울 소재 4년제 대학의 마지노선이 되는 학교들과 입학성적이 비슷했다고 볼 수 있다. 만약 지금처럼 교·사대에 우수한 인재가 몰렸다면 당시와 같은 파격적인 지원은 없었을 것이다. 정부에서는 가능한 한 다양한 혜택을 통해 우수한 인재들을 교사로 양성하고자 했고, 긴 경제호황기에서 우수한 학생들은 굳이 박봉의 공무원을 선택할 이유가 없었다.

경제위기 이후 직업의 안정성을 찾아 온 학생들로 인해 교·사대의 합격자 입시점수는 매우 높아졌다. 1990년 후반부터 대학 배치표에서 교·사대의 순위가 눈에 띄게 오르기 시작했다. 예나 지금이나 높은 연봉을 보장하는 의·치·한의·약대와 명문대의 위상은 크게 바뀌지 않았다. 이공계 대학과 순수 인문계열의 대학들의 순위는 낮아졌고, 그 간극을 교·사대가 치고 올라왔다. 과거에는 경제적으로 어려운 가정의 학생들이 교·사대에 많이 진학을 했으나, 경제위기 이후에는 가정의 경제 사정과 상관없이 안정적인 직장을 바라보고 진학하는 학생이 많아졌다. 사회의 전반적인 고용안정성이 낮아지면서 교사의 사회적 지위와 고용환경, 급여 수준도 과거에 비해 높은 평가를 받기 시작했다.

경제위기 이후 발령받은 교사들 사이에는 공통적으로 통하는 이야기가 하나 있다. 조금만 더 공부를 했더라면 의대나 약대를 갔을 것이라는 것이다. 혹은 조금만 더 높은 점수를 받았으면 최상위 명문대에 진학할 수 있었을 것이라는 이야기도 많이 한다. 더 나아가 최상위 명문대에도 합격했으나 직업적인 안정성과 일과 삶의 균형(워라밸, Work-life balance)을 쫓아 교사가 되었다는 이야기를 하는 교사들도 있다. 2000년대 후반부터 교사가 된 사람들은 기본적으로 직업선택에 있어서 고용의 안정성에 더 무게를 둔다. 취업이 어렵다는 현실이 그들로 하여금 교사를 선택하게 만들었기 때문이다. 지금 교사가 되는 젊은 교사들은 수능시험을 조금만 더 잘 보았더라면 교사가 되지 않았을 것이다. 충분히 더 많은 연봉을 받는 전공으로도 진학할 수 있었을 것이다.

그렇다고 후배 교사들이 자신의 직업에 대한 충실도가 낮은 것은 아니다. 어려서부터 모범생의 삶을 살아온 젊은 교사들은 자기가 맡은 일에 최선을 다하는 습관이 있다. 다른 사람들에게 비판받는 경험을 많이 해보지 않은 이들은 항상 자신이 맡은 일은 최선을 다해서 완수하고자 한다. 다른 사람에게 비판받지 않을 정도로 업무를 수행하고자 하는 능력과 의지가 있다. 이들이 일을 열심히 하는 이유는 다른 사람에게 인정받고자 하는 바도 있지만 스스로에 대한 높은 기대가 더 크다. 항상 성공하는 경험을 해온 이들은 교사로서도 잘 하고자 하는 목표가 크다. 그 과정에서 스스로 만족할 수 있을 정도로 업무에 최선을 다하고자 하는 성향이 있다.

여타의 직업처럼 선배 교사와 후배 교사 간에는 세대 차이가 있다. 세대별로 교사가 된 이유가 다르고, 직업에 대한 기대가 다르다. 외환위기를 전후로 한 교직의 사회적 위상 변화는 이러한 세대 차이를 더 크게 만들었다. 그래서 선배들은 종종 후배들을 이해하기 어렵고, 후배들은 종종 선배가 답답하다고 여긴다. 이러한 세대 차이를 메꿀 수 있는 방법은 직업에 대해 함께 고민하고 생각을 나누는 것이다. 세대 차이가 있더라도 같은 직업에 종사하는 사람들은 비슷한 고민을 안고 있기 마련이다. 교사에게는 교육적인 고민이 공통된 화두가 될 것이다. 선배들은 교육적인 면에서 발전된 모습을 보이고, 후배들에게 나눠줄만한 노하우가 있어야 한다. 후배들은 선배들의 훌륭한 점을 배우고 개선하고자 하는 겸손함이 있어야 한다. 그런데 선배가 배울 점이 없거나, 후배가 겸손하지 못하면 소통은 어려워진다. 선배들은 꾸준히 자기 연찬하여 후배들에게 나눠줄 수 있는 전문 지식을 갖추도록 꾸준히 노력해야 한다. 후배들도 교직의 전문성을 발전하기 위해 노력하고, 선배들과 자주 소통하여 교직의 노하우와 전통이 전수될 수 있게 해야 한다.

이 관계에서 더 큰 책임을 지는 사람은 마땅히 선배 교사들이어야 한다. 윗물이 맑아야 아랫물이 맑다. 후배들이 선배를 잘 따르고 훌륭하게 성장한다면, 교직 문화를 잘 닦아놓은 선배들 덕이다. 반대로 후배들이 갈팡질팡하고 교사로서 어려움을 겪는다면 선배들은 책임의식을 느껴야 한다. 선배로서 후배 탓을 하는 것은 부끄러운 일이다. 후배의 부족함을 찾아 꾸짖기보다는 후배들의 존경을 받는 선배가 되도록 노력하자. 후배들은 선배들이 일궈놓은 지식과 문화를 단순히 받아들일 것만이 아니라 더 발전시켜 다음의 후배들에게 나누고자 애써야 한다.

2

무기력한 교사를 만드는 학교

　지금은 덜 하지만 2010년대 중반까지만 하더라도 초등학교에서 수요일은 배구의 날이었다. 대개 초등학교의 수요일은 2시면 수업이 모두 끝난다. 학생들을 집으로 보낸 교사들은 옷을 운동복으로 갈아입는다. 신발까지 배구화로 갈아 신으면 수요일의 주요 행사에 참여할 준비가 다 된다. 리시브부터 시작해서 블로킹, 릴레이, 스파이크까지 기본 기술 연습을 마치면 연습게임으로 넘어간다. 이 연습게임의 양상이 매우 독특한데, 모르는 사람이 보면 일종의 희극으로 보일 지경이다. 관리자급의 선수가 좋은 플레이를 펼치면 여기저기서 '나이스!' 하는 소리가 들린다. 남자 교사가 실수를 하면 은근한 부담이 그를 짓누른다. 여교사가 많은 초등학교 특성상 남교사의 실력이 배구의 승패를 가르기 때문이다. 그래도 1990년대처럼 배구 못한다고 대놓고 험담을 하지는 않으니 다행이다. 평생 운동과는 담 쌓고 살았을 것으로 보이는 가냘픈 여교사는 네트를 넘길 힘이 없어서 코트 한 가운데로 들어와서 서브를 한다. 그래도 배구 못한다고 그녀들을 핍박하는 사람은 없다. 그녀들이 없으면 팀 구성 자체가 안 되기 때문이다. 그렇게 때론 혹독한 분위기에서, 때론 화기애애한 분위기에서 공이 오간다. 오고 가는 배구공을 보고 있노라면, 이 활동의 목적은 무엇인가 하는 의문이 든다.

배구는 죄가 없다. 직원들이 친목을 도모하기 위해 가벼운 스포츠를 즐기는 문화는 어느 직장에나 존재한다. 문제는 이 배구가 사회적 교류 이상을 넘어 교육 활동에 지장을 초래할 때 발생한다. 교사의 급여는 국민의 세금으로 주어진다. 국민의 세금으로 주어지는 월급을 받는 대신 교사들은 주 40시간 동안 학교에서 교육적인 일에 종사하도록 되어있다. 이 40시간 안에는 실제로 아이들을 가르치는 시간도 포함되어 있지만, 아이들이 학교에 없는 시간도 포함되어 있다. 학교가 교육을 하는 곳이고, 교사가 아이들을 가르치게 되어 있다면 아이들이 없는 시간도 마땅히 더 나은 교육을 위해 준비하는 시간이 되어야 한다. 그것은 교재 연구가 될 수도 있고, 각종 연구회에 참여하는 것이 될 수도 있고, 교구 개발이 될 수도 있다. 방편은 다양하겠으나, 수업 혹은 학생들의 발전을 위해 시간을 아껴 써야 교사의 직분을 다 했다고 볼 수 있다.

많은 교사가 과도한 행정업무로 인한 고통을 호소하는데, 그 호소와 고통이 설득력이 있으려면 교사가 교육자로서의 직분을 다 하고 있어야 한다. 만약 쏟아지는 행정업무를 처리하느라 수업 준비를 할 수 없어서 아이들이 피해를 보는 상황이라는 데 국민이 동의한다면, 교사에게 지지를 보내줄 것이다. 세금을 내는 국민도, 그 세금에서 월급을 받는 교사도 그러한 상황을 바라지 않기 때문이다. 그러나 고용된 시간을 교육

이외의 것으로 채운다면 국민이 교사들을 믿고 지지해줄 이유가 없다. 추측건대, 아마도 교사들이 행정업무를 더 잘하기를 바라는 집단은 교육부를 위시한 관리기관뿐일 것이다. 그들은 교사가 행정업무를 많이 할수록 학교 운영에 필요한 인건비를 줄일 수 있다고 생각하는 듯하다. 교육의 질적 저하는 관리기관에서는 관심 밖의 문제로 보인다. 그 와중에 모든 피해는 학생과 학부모가 보게 되고, 그 피해로 인한 원망의 대상은 교사가 된다. 사고는 대표가 치고, 종업원들이 나와서 사과하는 대기업의 모습과 닮았다.

배구는 죄가 없다

다시 배구 문제로 돌아와 보자. 근무시간에 교사가 배구를 해도 되는가 하는 문제는 초등학교에서는 케케묵은 논란이다. 학생들에게 배구를 가르칠 시간은 고작해야 일 년에 몇 시간 안 될 텐데, 굳이 매주 하는 운동 시간을 '배구 연수'라고 부르는 것도 어색하다. 실상은 매해 몇 차례씩 펼쳐지는 '교사 배구대회'에서 우승하기 위해 근무시간에도 배구를 하지만, 어쨌든 면피할 명분이 필요한 것이다. 교사들의 배구 외유는 더이상 숨겨진 문제도 아니다. 2013년에는 '승진을 위해서 초등 교사는 배구를 해야 한다'는 기사가 나와 논란이 된 적이 있다. 2016년에는 주말에도 교사들이 배구 삼매경에 빠져 있다는 보도가 있어 비판을 받았다. 2017년 말, 포항에서 발생한 지진으로 큰 재난상황에 많은 국민이 걱정에 휩싸였는데, 청주의 교사들이 배구대회를 강행해서 문제가 됐다. 심지어 2017년에는 시민단체들이 나서서 초등학교에서 배구를 금지하라는 성명을 내기도 했다.

　그러나 자세히 들여다보면 배구 문제의 본질은 배구가 아니다. 합리적으로 생각해도 학교에서 배구를 더 이상 해야 할 이유가 하나도 없는데 계속 되는 건 조직문화가 비뚤어져 있기 때문이다. 교장, 교감은 과거 체육관도 없던 땡볕에서 노지배구를 하던 시절의 추억에 빠져 오늘도 교직원들을 체육관으로 모은다. 중견 교사는 배구가 자신을 승진시켜줄 황금 동아줄이 되리라는 기대에 부풀어 리시브에 몸을 날린다. 젊은 교사들은 선배들의 문화를 비판적으로 바라볼 용기 없이 순응하며 "마이 볼!"을 외친다. 젊은 교사들은 안정적인 직장을 찾아왔을 뿐이니 굳이 긁어 부스럼을 만들고 싶지 않아 한다. 각각의 이해관계가 배구공처럼 통통 튀기고 부딪히는 코트 안에서 다양한 세대의 교사들이 모여 파이팅을 외친다. 축사를 하러 학교 강당을 찾은 교육청의 높으신 분께서는 동료 직원들이 이렇게 잘 뭉치는 학교는 없다며 실없는 칭찬을 늘어놓는다. 결국 이 모든 피해는 학생들에게 돌아갈 예정이다. 오늘 배구공을 받느라 바쁜 교사들은 내일의 수업을 준비할 시간이 부족하기 때문이다.

교실 밖 조직문화

　이러한 병폐를 멈추기 위해, 누군가는 문제를 제기해야 마땅하다. 그러나 군대와 같은 상명하복 식 문화가 잔재하는 학교에서는 누구도 비뚤어진 문화에 반기를 들기 어렵다. 비단 배구 문제뿐만 아니라 학교 안의 모든 의사결정 과정에는 이러한 상명하복 식 문화가 내재되어 있다.

관리자들은 교사의 의견을 듣겠다며 불러서 결국에는 자신들이 하고 싶은 대로 일을 진행한다. 학교 자치를 강조하면서도 정작 학교도 교육청에서 시키는 대로 할 수밖에 없는 상황이 많기 때문일까? 교사들도 괜한 반대의견을 냈다가 불이익을 받을 수 있으니 조용히 시키는 대로만 일을 처리할 때가 많다. 상황이 이러하니 학교는 작년에 했던 일을 그대로 반복하는 재탕 집단이 되고, 변화는 없는 고인물이 된다. 세상과 그 세상을 사는 아이들은 하루가 다르게 변하는데 학교는 10년 전, 20년 전에 운영되던 그 모습 그대로다.

2008년 발표된 한 연구는 초등학교 조직문화의 특성을 크게 세 가지로 정리했다.[1] 첫째, 초등학교 교사들은 다양한 의사결정 과정에선 각종 의사결정기구를 만들어서 대표들에게 결정권을 넘겨주어 결정하려고 한다. 둘째, 사적인 관계를 이용해서 의사결정에 참여하려고 한다. 셋째, 학교장이 단독으로 결정한 사항에 대해 순응하려고 한다. 2014년에 발표된 다른 연구는 초등학교 조직문화의 특성을 의례화의 만연, 동학년 조직의 활성화, 강박적인 보여주기 문화, 개인주의와 관료주의 속에서의 역할 긴장 등으로 제시했다.[2]

이러한 특성들은 초등학교 교사들의 독특한 근무 환경에 그 뿌리를 두고 있다. 일반적인 직장과 달리 초등학교 교사는 발령 첫 해부터 교실이라는 독립적인 공간에서 학급운영과 수업이라는 개별적인 업무를 부여 받는다. 초등학교 교사의 교실 내 독립성은 강한 개인주의로 이어진

---

1) 고연숙, 김병찬(2008). 「초등학교 교사들의 의사결정 참여에 관한 질적 사례」
2) 왕한신(2014). 「우리나라 초등학교 조직문화 연구」

다. 자신이 맡은 학급에 신경을 많이 쓰는 것은 학급의 운영자로서 중요한 임무가 된다. 하지만 다른 학급에 대한 간섭은 일종의 월권행위로 오해받을 수 있다. 이런 상황이 초등학교 내에서 교사들의 소통을 가로막는 장해물이 된다. 다만, 독특하게 초등학교 내에서 동 학년 조직은 특별한 지위를 점유하고 있는데, 그 이유는 각 학급운영은 상호간섭하지 않는다는 대원칙이 있지만 학사운영과 행정업무는 주로 학년 단위로 이어지기 때문이다. 학급운영의 자율성은 인정하되, 학년 업무 수행의 효율성을 위해 동 학년 조직이 강화되는 것이다. 초등학교 교사는 학급운영과 동 학년 조직에서 이루어지는 협의에만 충실해도 크게 무리 없는 직장생활이 가능하다.

학교 전체에 영향을 미치는 학교운영에 관한 사항이나 교육부가 시달하는 거시적인 정책 관련 내용은 초등학교 교사들에게는 관심 밖이 된다. 앞서 소개한 연구에서 보이듯 학교운영은 합리적인 토의가 아닌 암묵적인 인간관계에 의해 이루어지기 때문에 학교운영에 대한 효능감을 느끼지 못한다. 쉽게 말해, 말 해봤자 먹히지 않고 어차피 교장 마음대로 된다는 것이다. 교육부에서 내려오는 정책들도 마찬가지이다. 일선 교사들의 의견 수렴이라는 형식적인 절차조차도 거치지 않고 매일 수십 개씩 내려오는 공문과 지침은 교사를 무기력하게 만든다. 교육부와 교육청은 교사가 교실에서 교육을 잘 하도록 돕는 기관이 아니라, 상부기관으로서 교사들에게 업무를 지시하고 감독하는 기관으로 역할하고 있다. 교사는 교실 안에서는 제왕이지만, 교실 밖에서는 무기력한 말단 공무원일 뿐이다. 이런 상황에서 만들어진 낮은 효능감은 교사로 하여금 학교 문화와 학교운영에 대해 무관심하게 만든다. 변화와 혁신을 요구해봤자 먹히지 않는다. 더럽고 아니꼬운 꼴을 보아도 잠깐만 참으면 된다. 교실로 돌아가면 다시 내 세상이다.

중등학교 조직문화는 초등학교와는 조금 다른 양상을 보인다. 2001년 한국교육개발원에서 발표한 연구에서는 중등학교의 조직문화 특성을 인간관계 지향, 경계 유지, 방어와 보수, 무력감 혹은 체념으로 제시하고 있다. 중등학교 교사들은 학생들과의 정서적인 교감을 통해 보람을 느끼고, 이를 통해서 학생을 교육하려는 경향이 있다. 초등학교에 비해 통제가 어려운 중등학생들을 관리할 수 있는 적절한 제도가 없는 상태에서 관계를 통해 수업을 할 수 있는 정도의 분위기를 조성하고 유지하려 한다. 중등교사들의 관계 지향은 대개 학생들을 대상으로 한다. 경계 유지는 초등학교 교사들이 갖고 있는 개인주의와 비슷하다. 다만, 동 학년 조직이 강화되어 있는 초등학교에 비해 중등교사는 개인주의가 더 강해 보인다. 교무실이라는 공간에서 함께 근무는 하고 있지만 수업을 위해 각각 소통할 수 있는 시간이 적고, 개별 교사의 역량이 더 중요한 수업의 특성상 서로 간섭하지 않으려는 경향이 있다. 교사로서의 역량은 연수나 장학 같은 공식적인 창구보다는 개인적인 시행착오, 연찬활동, 모임, 대화 등의 비공식적인 창구를 통해 향상된다. 중등교사의 방어적 특성은 활용 가능한 자원의 부족, 독립적으로는 활동하기 어려운 학교의 운영 방식, 제약 사항이 많은 정책과 제도에 기인한다. 중등교사들은 초임 몇 년간은 스스로 생존하기 위해 외부의 지원 없이 고군분투하는 경향이 있다. 인고의 마음가짐으로 초임기를 버텨 어느 정도 적응이 이루어지면 상호 불간섭적인 문화 내에서 자신의 교육방식을 반복한다. 중등학교 교사들 역시 초등학교 교사와 비슷하게 학교운영, 교육정책 등의 과정에서 주체로 인정받지 못한다는 생각으로 무력과 체념에 빠져있는 경우가 많다.

경영학에는 KPI(Key Performance Index)라는 개념이 있다. 기업의 성과를 측정하기 위한 주요 지표를 의미한다. 예를 들어, 특정 회사의 운영 상황은 매출, 객수, 객단가, 구매주기, 적극구매고객, 신규고객, 순수익, 주가 등의 다양한 지표로 나타나기 마련이다. 이렇게 다양하게 나타나는 지표 중 회사의 목표와 발전에 맞는 주요 지표가 KPI가 된다. 엉뚱한 기준을 주요 지표로 삼으면 회사가 산으로 가기 때문에 KPI는 회사의 존망을 이끄는 중요한 기준이 된다. 예를 들어, 상품의 마진이 마이너스인 상황에서 판매율을 KPI로 잡으면 물건을 팔면 팔수록 손해이기 때문에 회사는 망하게 된다. 고객의 만족도를 고려하지 않은 채 마케팅을 바탕으로 한 판매율에만 목을 매면, 단기적으로는 돈을 벌 수 있지만 장기적으로는 시장에서 외면받는다.

학교 역시 마찬가지이다. 잘못된 KPI를 선정하면 학교가 산으로 간다. 학교의 특성상 학교의 성과와 역할을 모두 수치화하기는 어렵다. 교육부와 교육청의 지침을 단순히 따르거나, 교장의 지시를 잘 따르거나, 동료 교사들과 잘 어울리거나, 배구대회에서 우승하는 것을 주요 지표로 삼으면 학교의 조직문화는 망가진다. 망가진 조직문화는 교사의 자존감과 효능감을 낮춰 무기력과 우울을 부른다. 아무리 아이들을 교육적으로 열심히 가르쳐봤자 보상이 이루어지지 않고, 알아주지 않는다면 열심히 노력할 필요가 없어진다. 학교와 교사의 본분이 교육이라면 교육을 열심히 하는 교사가 더 인정받고 사랑받아야 한다. 겉으로는 학교가 교육을 하는 곳이네, 선생님이 교육을 해야 하네, 선생님의 수준이 학교 교육의 수준이네 떠들어봤자, 행정업무 잘 하고 배구 잘 하고 아부 잘 하는 교사가 승진하고 더 인정받으면 의미가 없다. 만약, 이 글을 읽고 있는 교사 중 아이들을 교육적으로 가르치려고 무수한 노력을 해보았으나 학교에서 인정받지 못해 억울해 본 이가 있다면 너무 서운해하지 말기를 바란다. 이미 그 학교는 잘못된 KPI로 헤매는 중이니까. 아니, 아예 적절한 평가 기준, 즉 추구하는 가치로서의 KPI가 없는 경우가 대다수이다.

무엇보다 가장 크게 비판을 받아야 할 기관은 교육부다. 세종시에 위치한 교육부의 전체 직원은 약 600여 명이다. 유초중등학교 교원 수는 약 50만 명에 이른다. 학교에서 아이들을 가르치는 교원 수가 교육부 직원 수의 약 1천 배에 이른다. 교원 수에 비해 0.1%가 안 되는 인원이 학교 문화에는 무관심한 채 학교의 모든 정책을 지휘하고 있으니, 교사들이 무기력함에 빠질 수밖에 없다. 물론, 교육부가 교사들의 목소리에 귀 기울이고자 하는 노력이 전무하다고는 할 수 없다. 다양한 통로를 통해 교사들과 함께하려는 노력 모두를 폄훼할 수는 없겠으나, 우리 교육의 질은 정책이나 제도가 아닌 교사의 역량에 의해 발현되고 평가받을 수 있음을 기억해주길 바란다. 교사가 교육의 최전선에 있다면, 그들의 능력과 심리 상태, 그들의 조직문화에 대한 정부와 교육부의 비상한 관심이 필요하다. 기운 빠지고 우울한 병사들을 데리고 전쟁을 치를 수는 없다. 교사들이 스스로에 대해 교육자로서의 자부심이 넘치는 문화가 만들어질 때 우리 학교도 존경받고 사랑받을 수 있게 된다.

3

외면받는 교원단체

　교사패싱에는 여러 가지 원인이 있겠지만, 교원단체들에도 어느 정도 책임이 있다. 연대하는 집단은 패싱낭할 수 없다. 우리 사회는 민주주의 사회이고 사회 의제와 정책 결정에 여러 단체가 영향력을 미친다. 그것은 정당이 될 수도 있고, 시민단체가 될 수도 있고, 특정 이익집단이 될 수도 있다. 국가를 운영하는 정부는 행정을 집행함에 있어 정치적인 결정을 내린다. 정치적인 결정이란 다양한 집단의 주장과 이익, 정부의 국정 기조를 잘 융합한 판단을 의미한다. 예를 들어, 진보적인 정부에서 기본소득을 도입하려는 의제를 설정하더라도 여당, 시민단체, 언론, 기업 등 각계각층의 의견을 수렴해야 실제 정책 집행이 가능하다. 여론의 지지를 무시한 행정집행은 다음 선거의 패배를 의미하기 때문이다. 반대로, 보수적인 정부에서 신자유주의적인 정책을 도입하려고 해도 국민의 눈치를 볼 수밖에 없다. 이유는 마찬가지이다. 잠시 정권을 잡았다고 해서 정책을 독선적으로 밀어붙이면 다음을 기약할 수 없다. 그런 점에서 교사들 역시 충분히 연대하고 같은 목소리를 낸다면 충분히 정치적인 영향을 미칠 수 있는 집단이다. 현재 많은 교사가 교원단체에 매달 꼬박꼬박 회비를 빠지지 않고 내고 있음에도 정치, 경제, 언론 모두에게 패싱당하는 이유는 교원단체의 정치적인 영향력이 적기 때문이다. 교사가 교원단체 가입을 꺼리는 이유 중 하나는 교원단체가 자신의 목소리를 충분히 대변하지 못한다고 생각하기 때문이다.

우리나라 교원 수는 약 50만 명에 이른다. 통계 방식에 따라 다르지만, 우리나라 전체 국가 공무원 수의 30%를 넘는 어마어마한 숫자이다. 우리나라의 소방인력은 5만 명을 조금 넘고, 경찰인력은 12만 명에 못미친다. 가장 인원이 많은 일반 행정직과 지방 공무원이 전체 공무원 수의 절반 정도를 차지하고, 그다음이 교원이다. 우리나라 공무직 중 그어느 집단도 이 정도로 인원이 많지 않다. 우리가 살고 있는 마을을 생각해보면 쉽게 이해가 된다. 도시의 한 마을에 초등학교 하나, 중학교 하나, 고등학교 하나씩 있다고 가정해보자. 학교별로 교원이 50명이라고만 쳐도 한 마을에 교원이 150명이다. 한 마을을 직업군으로만 나눠보았을 때 교원 수 만큼의 인원을 확보하는 동질 집단은 많지 않다. 규모로만 보면 교사 집단은 절대 패싱하기 어려운 집단이다.

혹자는 교원들의 낮은 노동조합 가입률을 문제 삼는다. 우리나라에서 점유율이 가장 큰 노동조합은 전국교직원노동조합(이하 '전교조')다. 2020년 전교조 가입자 수는 약 5만 명으로 추산된다. 다른 노동조합의 규모와 전교조의 규모를 비교해보면 교사들의 노조 가입 정도를 쉽게 파악할 수 있다. 우리나라의 민간 노조 조직률은 약 10% 내외다. 민간

교원노조 가입률

	노동조합수	조합원수	조직률	가입대상 교원(천 명)
1999	2	87,668	26.4	331
2000	2	106,060	31.6	336
2001	2	113,056	33.1	342
2002	2	118,435	32.8	361
2003	2	120060	32.0	375
2004	2	105,000	27.3	384
2005	2	106,209	27.0	393
2006	9	104,280	25.8	404
2007	9	98,649	24.0	411
2008	10	92,877	22.2	419
2009	11	82,234	20.7	398
2010	11	75,425	19.0	396
2011	11	74,465	18.0	396
2012	11	69,656	17.3	402
2013	10	68,748	16.8	410
2014	10	60,120	14.5	415
2015	10	60,284	14.5	414
2016	10	7,291	1.8	463
2017	12	7,096	1.5	467
2018	15	9,261	2.0	467
2019	23	14,516	3.1	468

출처 : 고용노동부

기업에서 노조가 조직되면 평균적으로 10명 중 한 명 정도 가입을 한다고 보면 된다. 종업원이 300명이 넘는 대기업의 노조 가입률은 60% 내외이고, 규모가 작아질수록 노조 가입률은 떨어진다. 2020년 현재 법외노조로 분류되어 있는 전교조를 포함한 교원들의 노조 가입률은 15% 내외로 예상된다. (전교조가 법외노조 통보를 받은 2016년 이후에는 고용노동부의 통계에 반영되지 않아 정확한 인원을 추계하기는 어렵다.) 교원의 노조 가입률은 대기업에 비하면 낮은 편이지만, 국가 평균으로 낮다고 보기는 어렵다.

교원들의 노조 가입률이 가장 높았던 시기는 2001년으로, 가입률이 33.1%에 달했다. 이후 교원 노조 가입률은 지속적인 하락 추세이다. 교원의 노조 가입률은 대기업에 비하면 낮은 편인지만 평균적으로 보면 낮지 않다. 전교조가 소속되어 있는 전국민주노동조합총연맹(이하 '민노총')의 총 가입자는 약 100만 명이다. 민노총을 이루는 주요 세력은 18만 명의 전국금속노동조합, 20만 명의 전국공공운수노동조합, 14만 명의 전국공무원노동조합과 5만 명의 전교조다. 전교조는 민노총 내에서 소규모 노조들에 비하면 세력이 훨씬 크지만, 다른 큰 노조들에 비하면 세가 약하다. 그래서 개별 사안에 대해 대다수 교원 사이에서 갈등이 있더라도 민노총의 기조와 방향을 따라가는 경우가 많아 보인다. 예를 들어, 학교 비정규직과 교원들 사이에 갈등이 발생하는 사안에서 의견을 내지 못하거나 비정규직 노조의 의견을 동조하는 경우가 그렇다.

노동자로서의 교사

전교조의 딜레마는 단순하다. 노동조합의 큰 흐름과 교원의 이익 증진 사이에서 선택의 기로에 놓일 때가 많고, 민노총에 소속된 이상 민노총의 의견을 따라가게 될 때가 많다. 일반 교사들은 교육자로서의 이익을 증진시킬 수 있으리라는 기대로 노조에 가입한다. 이와 관련해서 가장 오래된 이슈는 행정업무 경감일 것이다. 행정업무가 경감된다고 해서 교육의 질이 무조건 높아지리라고 볼 수는 없다. 행정업무 경감으로 발생한 여분의 시간을 교육적인 방향으로 활용하고자 노력하는 교사도 있을 것이나, 개인 성향에 따라 편의주의적 태만에 빠지는 교사도 있을 수 있다. 행정부가 교원들의 업무경감 요구를 무시하고, 국민이 교사들의 요구에 적극적인 성원을 보내지 않는 이유가 여기에 있다. 행정업무를 줄여준다고 해서 우리 아이들의 배움의 질이 향상되리라는 주장을 어떻게 믿는가. 그럼에도 불구하고 대다수 교사는 여전히 불필요한 행정업무의 경감을 염원한다. 행정업무 경감이 교육의 질 향상에 직접적으로 이어지지 않는다고 하더라도, 지금처럼 바빠서는 원하는 수준의 교육을 시도하는 것 자체가 구조적으로 불가능하기 때문이다. 잡일로 쉴 틈 없이 바쁜 요리사에게 창의적인 요리를 기대할 수는 없다. 전교조가 행정업무 경감과 같은 교사들의 관심사에서 지속적인 성과를 보였다면 이렇게 교원노조 가입률이 하락하지는 않았을 것이다.

그렇다고 전교조가 교사들의 의견을 무시하고, 독단적으로만 운영해 온 것은 아니다. 권위주의와 획일주의로 찌들었던 학교가 많은 부분 민주적으로 변했고, 촌지 문화를 퇴출시켰고, 과정 중심의 교육이 뿌리를 내릴 수 있게 도왔고, 「학생인권조례」 제정에 기여했고, 무상급식 실현에 한몫했고, 국정 교과서 도입 저지를 위해 노력했고, 광우병 수입 반대 운동을 했고, 개인정보보호를 위해 NEIS 도입을 반대했고, 교원평가 도입 저지를 위해 노력했고, 반미 교육에 앞장섰으며, 북한과의 관계 개선을 위한 교육도 했고, 페미니즘도 적극 지지하고, 성적 소수자의 인권도 빼먹지 않고 챙기고 있다. 독자는 바로 전교조의 성과를 열거하는 바로 앞의 문장을 읽으면서 뭔지 모를 긴장감을 느꼈을 것이다. 전교조의 성과 중 어떤 것들은 논란의 여지가 없는 시민 모두의 지지를 받을 수 있는 것이었고, 어떤 것들은 교사 내부에서도 갈등의 요소가 발생할 수 있는 것들이다. 요컨대, 전교조의 어떤 정책들은 많은 교원의 지지를 받아 가입률 향상에 기여했고, 어떤 정책들은 진보의 가치를 실현하기 위해 애쓰는 동안 가입률 하락을 감내해야 했다. 여기에서 진보와 보수의 개념과 역사를 크게 다룰 수는 없다. 사회 개선을 위한 교사의 정치적 역할에 대한 논의도 여기에서 다루기에는 너무 큰 주제이다. 다만, 현재 우리 나라의 모든 교사가 진보주의자가 아니라는 점은 명확하다.

전교조 노조 가입률의 정점은 2001년의 33.1%이었다. 36년만의 민주당 계열 대통령 김대중의 취임 2년차인 1999년에 전교조는 합법노조로 인정받았다. 전교조의 합법적 지위 인정과 진보 정권에 대한 기대로 가입자 수는 상승했다. 이때가 전교조의 화양연화로, 교사 노조가 높은 가입률을 바탕으로 강한 영향력을 행사할 수 있었던 시기다. 2001년 전교조 대표를 지낸 이수호는 민노총 대표까지 지냈다. 몇 년간 정점의 가입률을 유지하던 전교조는 가입률을 더 높이지 못하고, 2004년부터 지속적으로 하락하기 시작한다. 혹자는 전교조가 법외노조 통보를 받으면서 활동이 위축되었다고 생각할 수 있는데, 사실이 아니다. 전교조가 법외노조 통보를 받은 것은 이미 가입자 수가 반 토막이 된 2013년이다. 전교조 가입자 수가 하락한 이유는 전교조의 활동이 일반 다수 국민에게 의문을 불러일으켰기 때문이다. 1990년대처럼 전교조가 기존의 보수적인 교사들과는 다른, 진보적이고 민주적인 교사 집단의 이미지를 갖고 있을 때도 가입이 이 정도로 꺼려지지는 않았다. 오히려 2000년대 전까지만 해도 전교조는 민주주의 실현에 불이익을 무릅 쓰고 앞장서는 교사들의 이미지가 있었다.

전교조에 대한 국민의 지지가 하락하기 시작한 것은 NEIS(National Education Information System, 교육 행정 정보 시스템) 도입, 교원능력개발평가 도입, 반미통일교육 등으로 당시 노무현 대통령과 각을 세우던 2003년 전후이다. 김대중에 이어 민주당 계열로 당선된 노무현과 전교조는 범진보라는 스탠스를 공유했지만, 서로 지향점이 다른 부분이 많았다. 노무현은 국회의원 시절부터 정보화에 관심이 많았고, 학생 정보의 체계적인 관리를 위해 NEIS 도입을 적극 추진했다. 교원능력개발평가는 꽤 오랫동안 도입 논의가 있어왔다. 노무현은 전교조가 학교 내에서 반미교육을 하는 사례가 있다는 보고를 받고 우려를 표했다. 전교조는 학생들의 개인정보보호를 내세워 NEIS 도입을 반대했고, 교원평가는 교육의 본질을 해친다는 점에서 반대했다. 노무현이 언급한 반미교육은 반전평화교육이라고 주장했다. 여기에서 어느 의견이 더 합리적이고, 옳은가에 대해서는 판단할 수 없다. 각기 주장의 근거와 실제를 완전히 파악하는 것만으로도 많은 지면이 필요하다. 각자가 나름대로 합리성이 있으며, 결론에는 결국 개인의 가치 판단에 맡겨야 하는 부분이 많은 문제다.

그러나 전교조의 지향점이 모든 국민의 동의를 받기는 어렵게 된 것이 사실이고, 이 점은 일반 교사들의 가입을 주저하게 만들었다. 지속적인 가입률 하락에도 불구하고 전교조의 운영 방향이 크게 달라지지 않은 것은 전교조의 운영 방향이 더욱 선명해졌음을 보여준다. 전교조는 교사 전체의 의견을 대변하는 단체가 아닌, 매우 진보적인 교사들의 목소리를 대변하는 단체가 되었다. 근래 전교조의 목표는 더 많은 교원을 회원으로 확보하는 것이 아니라, 자신들이 옳다고 생각하는 노동계의 목소리를 더 크게 내는 것으로 보인다. 전교조의 활동과 선택 자체를 비난할 수는 없다. 그들 역시 많은 논의와 협의를 통해 단체의 운영 방향을 결정했을 것이기 때문이다. 그래도 전교조의 가능성과 역할의 무게에 비해 회원 수가 줄어드는 점은 아쉽다.

교원단체의 진보에 전교조가 있다면 반대편에는 한국교원단체총연합(이하 '교총')이 있다. 1946년 일제청산과 교육개혁을 목표로 하는 좌익 성향의 조선교육자연합회가 먼저 창설되었다. 미군정청은 이들의 요구를 무시하고 학교 내 식민지 관행을 이어갔는데, 좌익 성향의 조선교육자연합회에 대응하기 위한 목적으로 1947년 만들어진 것이 교총의 모태가 되는 조선교육연합회다. 조선교육자연합회는 불법단체로 지목되어 철저한 탄압을 받았고, 조선교육연합회는 교육자들의 사상적 단결을 목표로 크게 성장했다. 1948년 대한민국 정부가 수립되면서 대한교육연합회('대한교련')로 명칭을 변경했다. 겉으로는 교원의 전문성 신장을 내세웠으나, 실상은 이후 40여 년간 이어진 독재 권력 아래서 교원들의 사상과 활동을 통제하는 준정부기관의 역할을 해왔다. 이와 같은 태생적 특성은 1989년 전교조가 출범할 때까지 이어져 정부의 수하 노릇을 하는 어용단체라는 비판을 지속적으로 받았다. 전교조의 등장으로 대한교련은 유일한 교원단체로 누려오던 특권에 대한 위기의식을 느꼈고,

단체의 위상과 역할에 대한 변화를 도모한다는 의미로 현재의 이름으로 명칭을 변경했다. 독재 정권의 몰락 덕분인지, 전교조에 대한 견제 의식의 발로인지, 교총으로 이름을 바꾼 뒤에는 비교적 정부의 의견과 다른 독자적인 주장을 내세우는 모습을 보여주기도 한다.

교총이 현재 부딪히고 있는 위기 역시 전교조와 비슷하다. 현재 50대 이상 교사 중 교총에 가입한 비율은 80%로 매우 높다. 그러나 연령대가 낮아질수록 가입률은 떨어져서 20대 교사에 이르면 가입 비율이 10%를 조금 넘는 수준에서 그친다. 교총의 주요 구성원은 교감, 교장급의 관리자들이고 대부분의 의사 결정도 이들을 중심으로 이루어진다. 일반 교사들이 교총에 가입하는 이유도 교총 회원으로 활동하면, 승진에 대한 이익을 받을 수 있을 것이라는 기대 때문이다. 실제로 교총 활동을 통해 관리자급의 교원들과 교류할 수 있을 뿐만 아니라, 승진 가산점이 주어지는 다양한 연구대회에도 참가가 가능하다. 교총의 독특한 특징 중 하나는 지역별 단체가 모두 개별 단체라는 점이다. 전교조처럼 전국 단위의 운영조직이 있는 것이 아니라, 일종의 지역별 단체의 연합 형태다. 이러하다 보니 지역별 교총 회장은 퇴임한 교장들이 노리는 은퇴 후 제2의 목표가 되기도 한다. 교총 지부회장은 지역사회 내에서는 대접받는 자리다.

최근 교총은 교권의 신장과 보호를 위한 목소리와 정책을 주로 내고 있다. 어떤 교사들은 교총 회원들에게 제공되는 각종 교권 관련 상담, 교권 침해 상황에 대한 혜택을 보고 가입한다. 어떤 교사들은 선배들이 다 가입하라고 하니 별 생각 없이 가입한다. 어떤 교사들은 교총 주관 배구 대회에 참가하기 위해 가입한다. 사실 이런 가입 이유들은 모두 옛

날이야기다. 요즘 젊은 2,30대 교사들은 교권 침해가 걱정되면 보험에 가입하고, 문제가 생기면 직접 변호사를 찾아간다. 배구? 취미 생활이 입신양명에 도움이 되리라 생각하는 교사는 이제 별로 없다. 과거, 내가 처음 교사로 발령받았을 때 많은 선배가 승진하려면 배구를 꼭 해야 한다고 조언을 해주곤 했다. 지금은 아무도 그런 조언을 하지 않고, 그런 조언을 곧이 곧대로 들을 후배들도 없다.

전교조와 교총의 공통된 난점은 젊은 세대일수록 가입을 꺼린다는 점이다. 전교조의 활동과 노선은 젊은 교사들이 보기에는 부담스럽고 과격하다. 애초에 모든 노동운동은 타인에 대한 연민을 기반으로 한다. 서양의 노동운동은 매우 어린 나이의 소년, 소년들이 형언할 수 없는 가혹한 환경에서 노동착취를 당하는 모습에 대한 반발로 시작됐다. 우리나라 노동운동의 정신으로 남은 전태일도 평화시장에서 폐병에 걸려가며 일하는 어린 소녀들의 모습이 너무 가슴 아파 노동운동에 헌신했다. 노동운동이 많은 이에게 지지받고 응원받았던 이유는 그들이 처한 처지가 같은 인간으로서 연민을 불러일으키기 때문이다. 연민은 공감이 되고, 분노가 되고, 응원이 되고, 동참이 되어 운동으로 표출된다.

그런데 현재 교사들의 사회·경제적인 지위가 타인들의 연민을 불러일으킬만한가? 고등학교 성적 3% 이내에 들어야 교·사대에 진학할 수 있고, 임용이 되면 7급 공무원 대우를 받을 수 있다. 외벌이로는 우리나라 연봉 순위 중 상위 20%에 속하고, 부부교사가 되어 맞벌이를 하면 가계소득은 상위 5%에 속한다. 이러한 상황에서 교사들의 직업적 권리만을 강하게 주장하는 것이 일반 대중에게 얼마나 설득력이 있을지 의문이다. 게다가 2000년대 초반에 보여준 과감한 진보운동들은 무난하고 안정적인 직장을 찾아온 젊은 교사들에게는 부담스럽다. 보수 정권의 탄압으로 전교조가 많은 고초를 겪었고, 겪고 있는 것도 사실이나, 보수 정부가 없었다고 가정해도 전교조가 과거와 같은 세를 지속적으로 유지했을지는 의문이다. 전교조는 진보적인 생각을 가진 교사들에게는 대안이 되지만, 모든 교사에게 설득력 있어 보이지는 않는다. 교총은 이미지가 너무 낡고 고루하다.

　다행히 2020년 현재는 다양한 대안 단체가 속속 나타나고 있다. 고용노동부에서 발표한 교원노동조합 조직만 20개가 넘는다. 통계에 포함되지 않은 단체들까지 합치면 그 수는 훨씬 많을 것이다. 연대하는 집단은 패싱당할 수 없다. 교사패싱의 가장 큰 원인은 교사 연대의 실패이고, 교사 연대의 실패 이유는 두 거대 교원단체가 회원 수 확보에 실패했기 때문이다. 특단의 대처가 없는 한 두 단체는 점점 축소될 것이다. 교사패싱 극복의 가장 현실적인 대안이 될 수 있는 두 단체의 축소는 교사 입장에서 매우 안타까울 수밖에 없다. 그러나 겉으로 보기에 회원 수 축소의 추세는 견고하고, 변화의 기미는 잘 보이지 않는다. 이제 갈 길 잃은 교사들은 교사패싱을 넘어서기 위해 대안 연대를 찾기 시작할 것이고, 현재는 여기저기에서 그 대안 연대의 움직임이 나타나는 시기다. 교원단체의 군웅할거 시대에 교사들의 마음을 담고자 하는 단체는 노동만 바라볼 것도 아니요, 승진만 바라봐서도 안 될 것이다. 교육을 중심으로 교사, 학생, 학부모의 마음을 모두 품을 수 있는 단체를 꿈꿔본다.

4

교권은 없다

"씨발, 하기 싫다고요! 다 죽여 버릴 거야!"

5학년 태영이의 분노에 찬 목소리에도 김 선생님은 놀라지 않았다. 한두 번 있었던 일이 아니니까.

"태영아, 지난번에도 친구들 때려서 이제 사이좋게 지내기로 약속했잖아. 오늘도 가만히 있던 지아는 왜 때렸어. 그러면 안 돼요."

"지아가 먼저 재수 없게 쳐다 봤어!"

태영이는 씩씩 거리며 건너편에서 울고 있는 지아를 노려보았다.

"선생님도 싫고! 애들도 다 싫어! 다 죽여 버릴 거야!"

잠시라도 화를 가라앉혀야겠다고 생각한 김 선생님은 태영이의 손을 잡았다.

"자, 일단 화부터 가라앉히자. 선생님이랑 같이 심호흡하기. 하나, 둘."

"싫어! 꺼져! 교장한테 갈 거야!"

선생님의 손을 쑥 뿌리친 태영이는 교실 문을 박차고 나가서 복도를 전력 질주했다. 계단을 쿵쾅쿵쾅 내려간 아이는 교장실로 쑥 들어갔고, 선생님은 태영이를 뒤따랐다.

"태영이 또 왔구나? 김 선생님, 태영이는 내가 이야기해 볼 테니 가서 교실의 아이들 먼저 챙기세요. 하교할 시간이잖아요."

교장 선생님께 죄송한 표정으로 인사를 한 김 선생님은 교실로 돌아가 놀란 아이들을 다독거리며 수업을 마무리하고 하교시켰다. 그래도 지난번처럼 침을 뱉거나, 책상과 의자를 던지지는 않아서 다행이었다. 저학년 때부터 화를 참지 못해 이런저런 갈등을 빚던 태영이에게 교장 선생님은 힘들 때마다 찾아오라고 말해 직접 챙겨주고 있었다. 아이들을 하교시키고 태영이는 상담 후에 바로 하교시켰다는 교장 선생님의 연락이 왔다. 문제는 한 시간 뒤에 벌어졌다. 태영이 부모가 학교로 찾아온 것이다.

"교장 나와! 누가 우리 애 때렸어!"

태영이 부모는 아이의 기분을 가라앉히기 위해 손을 잡은 것을 담임의 폭행이라고 주장했다. 태영이 부모가 학교에 찾아온 것도 처음이 아니었지만, 이번에는 왠지 심각해보였다. 담임선생님에게 심한 욕을 하고 치료비를 내놓지 않으면 고소하겠다고 위협했다. 며칠 뒤 학교폭력위원회와 교권보호위원회가 동시에 열렸다. 누구도 책임을 질 수 없는 상황에서 관련자들은 책임회피에 급급했고, 교육청에서 찾아온 장학사들은 검사가 범인을 취조하듯 선생님을 조사했다. 스트레스를 견디지 못한 선생님은 정신과 상담을 받다가 병휴직에 들어갔다. 학교에서는 교육청, 교장, 교감을 포함해 누구도 지켜주지 않으니 교권 보험에 들어야 한다는 이야기, 태영이 부모 뒤에 교사로부터 합의금을 뜯어내도록 부추기는 브로커가 있다는 이야기, 자리를 비운 김 선생님을 대신할 태영이의 다음 타깃은 누가 되느냐는 이야기, 중고등학교처럼 학생에게 실제로 맞지는 않아서 다행이라는 이야기가 돌았다. 김 선생님의 아픔과 고통은 누구도 해결해줄 방법을 몰랐다.

교권의 의미

이 이야기에 대한 독자들의 반응이 궁금하다. 학교 사정을 잘 모르는 학교 밖 사람들은 과장이 심하다고 생각할지 모르겠다. 그러나 장담하건대, 교사라면 모두 비슷한 일을 겪었거나 곁에서 지켜본 경험이 있을 것이다. 어떤 교사는 이 정도야 일상다반사라고 생각할 수도 있다. 이야기는 실제 나의 동료 교사가 겪은 이야기를 짧게 줄인 것이다. 개인적으로 보일 수 있는 이야기를 공개한 이유는 이런 사례가 특정인을 파악할 수 없을 정도로 광범위하게 일어나고 있기 때문이다. 이른바 교권침해 사례로 세간에 오르내리는 전형적인 일들이다.

여러 기사와 통계자료를 통해 교권 침해가 어제오늘의 일이 아님을 대부분 공감할 것이다. 학교에서 교사가 겪는 어려움에 대한 반응은 사람마다 다르다. 누군가는 학교가 무너지고 있다 말하고, 누군가는 자업자득이라 말한다. 학생들의 인권 향상 과정에서 겪을 수밖에 없는 시행착오로 보는 사람도 있고, 교사가 과거에 학생들에게 행사했던 폭력을 되돌려 받는 것이라 말하는 사람도 있다. 교사는 자신들이 호구가 되었고, 아무도 보호해줄 사람이 없다며 자조적인 목소리를 낸다. 교총에서는 교권강화를 단체의 핵심 목표로 잡고, 헌법에 '교권 존중'을 명시해야 한다고 주장한다. 전교조 역시 교권 상담실을 운영하고 있다. 일부 언론은 교원단체의 주장을 집단이기주의라고 부른다.

사회의 구성원마다 교권침해에 대한 반응이 다른 이유는 교권에 대한 해석이 서로 다르기 때문이다. '교권'은 그다지 의미가 명확한 용어가 아니다. 안 그래도 의미가 불분명한 단어를 집단마다 다른 의미로 해석하고 사용하니 문제해결 단계로 넘어가지 못한다. 이 책에서는 교권 침해의 분류에 대해 자세히 알아보거나 현실적인 해결책을 살펴보지는 않을 것이다. 이미 많은 담론과 제안이 논의 중이거나 검토되고 있기 때문이다. 다만, 다양한 논의의 근간이 되는 교권의 개념에 대해 더 자세히 살펴보고자 한다. 교권의 개념에 대한 논의는 교사가 겪고 있는 문제를 정확하게 파악하도록 해주고, 불확실한 용어 사용에서 오는 소통의 한계를 극복할 수 있게 해준다.

교권에 대한 개념적 접근은 크게 세 가지로 나눌 수 있다. 첫째는 '교원의 권위'다. 교원이 학생들에 대해 갖는 지적·인간적·사회적 권위에 대한 인정을 의미한다. 둘째는 '교원의 인권'이다. 교사 역시 인간으로서 학생을 포함한 모든 인간과 동등하게 천부인권을 누릴 수 있어야 한다. 셋째는 '교원의 교육권'이다. 법적으로 인정받는 수업권과 생활지도권을 의미한다. 세 가지 구분은 중첩되는 부분이 있으나 비교적 교권 개념에 대해 엄밀한 접근을 가능하게 한다는 점에서 의의가 있다. 이 세 가지 개념을 차례로 더 자세히 알아보자.

교원의 권위

첫째, 교원의 권위는 법적으로 인정받는 수업권, 학생통제권 이전에 스승과 제자 사이에 발생하는 교육의 특수성을 기반으로 한다. 교육에 대한 전통적인 접근 방식에서 교원의 권위에 대한 실마리를 찾을 수 있다. 애초에 교육이라는 것은 상류층의 향유거리이거나 특정 종교집단의 전유물이었다. 산업혁명과 시민혁명을 거치면서 공립학교 체제가 도입되기 이전까지 무엇인가를 배운다는 것은 그럴만한 사회·정치·경제·문화적 지위가 보장된 지배층에 한정된 일이었다. School의 어원이 되는 그리스어 Scholé는 '한가함', '조용하고 평화로운 자유 시간', '여가'를 의미한다. 여가를 누릴만한 계층에서 한가한 시간에 하던 것이 공부이고 교육이었다. 서양 문화의 근원으로 여겨지는 그리스에서 참정권을 지닌 인구는 20% 미만이었다. 나머지는 모두 노예이거나 외국인이었다. 그리스를 정복하고 서양을 천 년 넘게 지배한 로마의 시민권자는 10%가 안 되었다. 중세 이전의 서양에서 태어난 열 명 중 아홉 명은 평생 시민권자들의 노예로 살다가 삶을 마감했다. 인류 역사의 지식을 배운다는 것은 그들에게는 상상조차 할 수 없는 일이었다. 서양 역사에서 시민권을 넘어 귀족으로 그 범위를 좁히면 전체 인구 중 교육을 경험할 수 있는 인구는 1%가 채 안 된다.

동양의 경우에는 왕족과 그 친척, 행정부의 관리들까지만 상류층에 포함된다. 나머지 90% 이상의 국민은 대부분 농민이었다. 우리나라는 조선 초기까지만 해도 양반의 비율이 10%를 넘지 않았다. 조선의 고관대작들은 노비를 수천 명씩 거느린 경우도 있었다. 신분은 선비이더라도 경제적인 어려움으로 공부를 할 수 없는 경우도 많았다. 이런 경우에는 신분만 선비일 뿐 글자를 들여다볼 시간 없이 농사일로 하루를 보냈다. 조선후기에 과거제도에 대한 수요가 크게 오르고 서당이 늘어나기 전까지만 해도 글을 배우는 것은 양반 자제들에게나 해당하는 일이었다. 고려시대까지는 글을 가르치는 기관 자체가 적었다.

동서양을 막론하고 공립학교 체제 이전 교육의 공통점은 자발적 계약 관계라 할 수 있다. 지금은 전 세계 국가 대부분이 의무교육제도를 도입하고 있어 교사와 학생 모두에게 교육제도에 대한 선택권이 없다. 교사가 된 이상 주어진 아이들을 어떻게든 가르쳐야 하고, 아이들도 좋든 싫든 학교에 가야 한다. 이 과정에서 전통적인 교육 관계에서 존재하던 자발적 계약이 사라져 버렸다. 공교육 체제 이전에는 선생님에게 배움을 요청하고 허락받는 과정과 학생에게 공부를 권하고 제자로 거두는 과정이 존재했다. 이것은 일종의 암묵적인 계약으로 스승과 세자 사이의 적당한 긴장감을 유지하는 기제가 되었다. 이 긴장감의 주도권은 대부분 스승이 쥐고 있었다. 현대처럼 학생이 교사가 마음에 안 든다고 학교를 옮기거나 이사를 가기는 어려웠다. 마을에 아이들을 가르칠 만한 지성인은 많지 않았고, 스승의 눈 밖에 나면 평생 공부할 기회를 놓칠 수도 있었다. 스승에게는 제자가 예의를 갖추지 않으면 내쫓을 수 있는 강력한 권한이 있었다. 스승이 갖는 권위의 원천은 교사와 학생 사이의 격차에 있다. 스승이 학생에 비해 더 깊고 풍부한 지식을 지녀 그 격차를 보일 때, 권위가 형성된다. 전통적인 교육 관계에서 제자가 스승에게 부여하는 권위는 보다 성숙한 인간에 대한 경외임과 동시에 지성에 대한 찬사였다.

교원의 인권

둘째, 교원의 인권은 교사가 학생들 혹은 학부모, 관리자와 함께 인간으로서 동일한 대우를 받아야 할 권리를 의미한다. 특정한 직업이나 역할, 관료제 내에서의 지위를 부여받기 이전에 우리는 모두 평등한 인간이다. 따라서 인간이기에 주어지는 당연한 권리를 동등하게 보장받을 권리가 있다. 성별·종교·정치적 견해·신분·지위에 관계없이 우리 모두는 존엄하고 평등한 권리를 누릴 자격이 있다. 교사가 학생들의 인권을 존중하여 폭언이나 폭행, 차별을 할 수 없듯이 교사 역시 학교 구성원에게 부당한 대우를 받아서는 안 된다. 앞서 살펴본 사례에서 학생과 학부모가 교사에게 퍼부은 폭언은 교권 침해나 법적 책임을 묻기 전에 교사에 대한 인권 침해다. 아울러 교육청 장학사나 학교 관리자 역시 교사에게 폭언이나 폭행, 차별을 해서는 안 된다. 학생들의 교사에 대한 인권 침해 역시 교육자라는 이유로 무조건 감내할 이유가 없다. 학생들도 어려서부터 교사를 포함한 타인의 인권을 존중하는 법을 배워야 한다.

인권의 종류에 대한 구분은 이론이 많으나 대개 자유권, 사회권, 평등권의 세 가지가 제시된다. 자유권은 신체의 자유, 표현의 자유, 사상의 자유, 정보의 자유 등을 포함하는 개념으로 국가나 특정 집단으로부터 간섭받지 않을 권리를 의미한다. 사회권은 모든 사람이 자신이 속한 공동체 내에서 사람답게 살 수 있는 권리를 보장받을 권리를 의미한다. 사회권은 생존권으로 분류되기도 하는데 노동에 관한 권리, 주거·의료·문화·교육에 관한 권리가 모두 여기에 포함된다. 평등권은 개인의 특성이나 경력에 의해 부당한 대우를 받지 않을 권리를 의미한다. 사회가 다변화되고 복잡화됨에 따라 소수자들의 인권이 탄압받는 경우가 발생하는데, 평등권이 침해되는 사례라고 할 수 있다. 세 가지 종류의 인권은 명확히 구분되기보다는 상호 보완되고 겹치는 부분이 존재한다. 이밖에도 생존권, 안전권 등이 인권의 한 부분으로 포함되기도 한다.

　교사 역시 직업인으로 교사이기 이전에 한 인간으로서 열거한 권리들을 보장받아야 한다. 그중에서도 자유권의 하나로 간주되는 참정권에 대해 짚고 넘어가자. 현대 사회에서 정치와 사상에 대한 표현의 자유와 참정의 자유는 기본권의 하나다. 그러나 교사는 국가공무원법의 적용을 받아 특정한 정당을 지지하는 정치운동이 금지되어 있다. 공무원으로서 행정의 편향되지 않은 집행을 위하여 업무상으로 정치적 중립을 견지하는 것은 중요한 의무이다. 그러나 업무 이외의 상황에서까지 정치적 중립을 강요하는 것은 과도한 인권 침해다. 대부분의 OECD 가입국은 공무원의 정당 가입을 허용하고 있다. 이제는 과거 독재시대에 정치적 중립이라는 이름으로 과하게 강요된 참정권 제한에 대한 재고가 필요하다.

　덧붙여, 교사들 역시 참정권을 과하게 해석해서 불필요한 오해를 불러일으키지 않도록 주의해야 한다. 교사가 정당 가입을 허가받는다 하더라도, 학교에서 학생들을 가르치는 공무 중에 편향된 정치적 발언을 해서는 절대 안 된다. 학생들에게 지지하는 정당의 정치적 내용을 전달하려면 반드시 기계적으로 반대파의 주장에 대해 동일하게 다뤄줘야 한다. 동시에 학생들의 정치적 결정권을 침해하거나 암묵적 영향을 미칠 수 있는 발언도 주의해야 한다. 교사들에게 기대되는 정치적 중립 의무는 언론인들에게 기대되는 그것과 비슷하다. 우리는 특정 정당만을 지지하는 언론을 신뢰하지 않는다. 기자 개인이 작성하는 기사에서 정치적 중립을 지킨다면, 개인 생활에서 어떤 정당을 지지할지는 자유이다.

개인으로서의 자유와 직업인으로서의 의무는 구분되어야 한다. 마찬가지로 교사가 정치적 자유를 보장받으려면 학교에서 아이들을 가르칠 때 반드시 기계적 중립을 지켜야 한다. 교사가 정치적 중립을 지키지 못하면 정당 가입에 대한 권리 보장은 국민의 지지를 받기 어렵다.

교원의 교육권

셋째는 교원의 교육권으로, 법적으로 보장받는 교원의 교육 활동권을 의미한다. 여기에서 교육권이란 법적으로 국가로부터 허락받은 권한 내에서 학생들을 지도하고 가르칠 권리를 의미한다. 이를 뒷받침하는 법 조항들은 다음과 같다.

헌법
제10조 모든 국민은 인간으로서의 존엄과 가치를 가지며, 행복을 추구할 권리를 가진다. 국가는 개인이 가지는 불가침의 기본적 인권을 확인하고 이를 보장할 의무를 진다.
제31조 ① 모든 국민은 능력에 따라 균등하게 교육을 받을 권리를 가진다.
② 모든 국민은 그 보호하는 자녀에게 적어도 초등교육과 법률이 정하는 교육을 받게 할 의무를 진다.
③ 의무교육은 무상으로 한다.
④ 교육의 자주성 · 전문성 · 정치적 중립성 및 대학의 자율성은 법률이 정하는 바에 의하여 보장된다.

⑤ 국가는 평생교육을 진흥하여야 한다.

⑥ 학교교육 및 평생교육을 포함한 교육제도와 그 운영, 교육재정 및 교원의 지위에 관한 기본적인 사항은 법률로 정한다.

교육기본법

제14조(교원) ① 학교교육에서 교원(敎員)의 전문성은 존중되며, 교원의 경제적 · 사회적 지위는 우대되고 그 신분은 보장된다.

② 교원은 교육자로서 갖추어야 할 품성과 자질을 향상시키기 위하여 노력하여야 한다.

③ 교원은 교육자로서의 윤리의식을 확립하고, 이를 바탕으로 학생에게 학습윤리를 지도하고 지식을 습득하게 하며, 학생 개개인의 적성을 계발할 수 있도록 노력하여야 한다.

④ 교원은 특정한 정당이나 정파를 지지하거나 반대하기 위하여 학생을 지도하거나 선동하여서는 아니 된다.

⑤ 교원은 법률로 정하는 바에 따라 다른 공직에 취임할 수 있다.

⑥ 교원의 임용 · 복무 · 보수 및 연금 등에 관하여 필요한 사항은 따로 법률로 정한다.

교육공무원법

제43조(교권의 존중과 신분보장) ① 교권(敎權)은 존중되어야 하며, 교원은 그 전문적 지위나 신분에 영향을 미치는 부당한 간섭을 받지 아니한다.

② 교육공무원은 형의 선고나 징계처분 또는 이 법에서 정하는 사유에

의하지 아니하고는 본인의 의사에 반하여 강임 · 휴직 또는 면직을 당하지 아니한다.

③ 교육공무원은 권고에 의하여 사직을 당하지 아니한다.

제48조(교원의 불체포특권) 교원은 현행범인인 경우를 제외하고는 소속 학교의 장의 동의 없이 학원 안에서 체포되지 아니한다.

헌법 제10조는 국민의 인권을 보장하는 조항으로 교원의 국민으로서의 행복추구권을 보장한다. 헌법 제31조는 교육에 관한 조항으로 교육의 자주성 · 전문성 · 정치적 중립성을 보장한다고 명시되어 있다. 여기에서 말하는 교육은 유치원부터 대학교까지의 모든 교육제도를 말한다. 교총은 헌법 제31조 6항에 교권에 관한 내용을 명시해야 한다고 오랫동안 주장해오고 있으나 난망한 일이다. 그 이유는 뒤에서 차차 알아볼 것이다. 교육기본법 제14조 1항에서는 교원의 전문성에 대한 존중을 명시하고 있다. 그러나 이어지는 법조문과 같이 학교 체제 보장을 위한 전문적 · 사회적 지위의 보장에 관한 조항일 뿐, 교권에 관한 내용으로 확대해석하기에는 무리가 있다. 교육공무원법 제43조 1항에서 마침내 교권이 등장한다. 교육기본법 제14조 1항의 연장선에 있는 조항으로 교권에 대한 존중의 필요성을 제시하고 있다. 이를 제외하면 교육과 관련된 법률 어디에도 실제로 교권이 무엇을 의미하는지, 교권의 범위가 어디까지인지에 대해 명확한 범위와 한계를 규정한 법규가 없다. 각 시 · 도 교육청의 조례안과 교육부에서 발간한 「교육활동 보호 매뉴얼」에서는 교권에 대해 개념적 정의를 내리고 있다. 그러나 상위법에서 명시하지 않는 개념을 하위 조례와 관련 행정 매뉴얼에서 언급하는 논리적 오점이 있다. 이 논리적 한계는 교권을 명시적으로 주장하지 못하게 하는 걸림돌이 된다.

법적 교육권에 대해서 조금 더 자세히 살펴보아야 교권이 법조문에 정의되거나 포함되기 어려운 현실적 한계를 이해할 수 있다. 교육권은 국민의 기본권 중 하나로 헌법 제31조에 명기된 대로 능력에 따라 차별받지 않고 균등하게 교육 '받을' 권리를 의미한다. 여기에서 교육받을 권리의 대상은 국민이 되고, 교육받을 권리에 대해서는 국가가 보장해주어야 한다. 교육을 받을 권리는 보장되지만, 교육을 할 권리는 법조문 내에 정의되어 있지 않다. 그도 그러할 것이 교육 '할' 권리의 보장은 학교를 포함한 교육체제의 오용과 남용을 가져올 수 있기 때문이다. 북한의 상황을 보자. 독재 정권은 국가의 권위를 내세워 독재에 필요한 사상과 논리를 교육이라는 이름으로 학생들에게 주입할 수 있다. 따라서 국민이 원하는 교육을 국가가 보장해주어야 할 필요는 있으나, 국가가 주체가 되어 교육할 권리를 적극적으로 인정하기는 어렵다.

그러나 친권으로서 부모가 자녀를 교육할 권리는 인정하는 것이 다수설이다. 스승과 제자는 암묵적 계약으로 이루어지는 관계인 데 비해 부모와 자녀의 관계는 선택권이 없는 태생적 관계이기 때문이다. 따라서 국가와 학교가 행사하는 가르칠 권리는 부모의 친권(가르칠 권리)을 대행하는 셈이다. 이러한 관점에서 기실 의무교육의 의미는 무상교육에 더 가깝다. 학생들에게 의무교육을 법적으로 부과하기는 학생의 자율권을 침해한다는 점에서 한계가 있다. 다만, 학생들의 교육받을 권리를 보장해주기 위해 무상교육을 실시하고, 가능한 한 차별을 줄이기 위해 의무교육이라는 타협적인 접근을 취하는 것이다. 또한, 홈스쿨링과 대안교육을 포함한 제도권 밖의 교육에 대한 정당성도 이와 같은 논리의 연장에서 이해할 수 있다. 교육받을 권리를 보장받는 아이에게 교육의 방식을 선택할 권리도 존재한다. 정리하면, 교육권은 교육받을 권리를 의미한다. 국가와 성인들은 나이가 어린 아이들이 교육받을 권리를 보장받을 수 있도록 애써야 한다. 이 관점에서 학교와 교사는 학생의 권리를 보장해주기 위한 보조적인 체제가 된다. 보조적인 체제 내의 구성원들이 당위적으로 내세우는 교권(가르칠 권리)을 법조항에 명시하기 어려운 이유가 여기에 있다. 학생들의 자유권을 포함한 인권 침해의 소지가 있기 때문이다.

여기까지 교권에 대한 세 가지 접근 방법을 살펴보았다. 정부가 교사들의 교권을 적극적으로 보장해주기 어려운 이유도 이해가 될 것이다. 교사의 교권이 강화될수록 학생 인권 침해 문제가 대두된다. 우리는 1900년대 일제시대부터 1980년대 독재의 종말까지 장구한 학생 인권 침해의 역사를 가졌다. 2010년에 「학생 인권 조례」가 제정된 이유도 여기에 있다. 더 이상은 학생들에 대한 인권 침해 행위를 묵과할 수 없게 된 것이다. 학교는 100년 가까운 학생 인권 침해 역사를 벗어나기 위해 애쓰고 있다. 이 과정에서 학생의 인권과 부딪히고, 반론이 생길 수 있는 교사의 권리를 행정부가 적극적으로 옹호하기에는 한계가 있다. 학교에 대한 국민의 감정이 긍정적이지 않으니 상황은 더 어렵다. 교사의 권리에 대한 문제의식이 싹트기 시작한 것도 사실은 2000년대 초반 학생 인권에 대한 목소리가 높아지면서부터이다. 그 전까지만 해도 아이들은 맞으면서 학교에 다녔다. 학생의 인권과 교사의 권리는 저울 위의 양 접시처럼 균형 잡기 어려운 문제다.

교권의 세 가지 개념 중 뒤의 두 가지 개념은 현재 학교 현장에서 적용하기에는 한계가 있다. 그 이유를 차례대로 살펴보자. 교권의 두 번째 개념인 교사의 인권은 보장받아야 마땅하다. 신분과 지위를 막론하고 우리 모두 동등한 인간이기 때문이다. 그러나 교사의 인권에 관한 논의는 교육 범주 밖의 문제이다. 인권을 논하기 위해 꼭 학생과 교사를 나눌 필요가 없다. 세 번째 개념인 법적인 교육권(교사가 학생을 가르칠 권리)은 논리가 빈약하다. 교육받을 권리가 가르칠 권리에 선행하기 때문이다. '나는 국가의 명을 받아 너희를 가르칠 권리가 있다!'는 주장은 어불성설이다. '국가의 대리인으로 학부모가 허용한 범위 내에서 여러분을 가르칩니다'는 가능하다. 교권이라는 용어의 모호성이 교사의 권리 주장을 더욱 어렵게 만든다. 교권은 언론에서 '교권 침해' 사례를 자극적으로 다룰 때나 쓰는 말이지 그다지 논리적인 개념이 아니다. 사회 각계에서 교권 문제에 큰 관심을 갖지 않는 이유도 여기에 있다. 기본적인 주장 자체가 비논리적이기 때문이다. 교사에게 교권(가르칠 권리)은 없다. 억울해 할 일이 아니다. 모호한 용어 사용에서 벗어나면 될 일이다. 교사의 권리 향상을 위해 논리적이고 현실적인 대안을 찾아야 한다.

교권 개념 중 첫 번째인 '교원의 권위'를 그 대안으로 제시하고자 한다. 제도에 기대서는 학생들의 진정한 존경과 사랑을 받을 수 없다. 교사는 학생들과의 '차이'를 통해 그 존재가치를 증명할 수 있다. 교사는 학생들에 비해 무엇인가를 더 많이 알고 있거나, 더 잘 가르치거나, 더 훌륭해야 한다. 인터넷에 모든 정보가 공개된 세상에서는 획득하고 증명하기 쉽지 않은 특성들이다. 교사들이 알고 있는 정보보다 더 자세한 내용이 인터넷에 이미 무료로 공개되어 있고, 나보다 수업을 잘 하는 교사들의 동영상이 넘쳐난다. 부단한 노력이 없이는 이들을 넘어서기 어렵다. 그러나 꼭 그것만이 해결책은 아니다. 과거 우리가 학교에 다니던 시절로 시간을 되돌려보면 새로운 해결책이 보인다. 우리는 선생님들에게 무엇을 배웠나? 국어 문법과 수학 공식, 영어 단어만을 배웠나? 그렇지 않다. 선생님의 말투와 태도, 학생의 실수를 이해하는 인내, 격려와 응원의 우아한 품위가 더 기억에 남는다. 근의 공식은 까먹어도 선생님이 내게 주었던 따뜻한 말 한마디는 잊히지 않는다.

흔히들 교사는 교과를 가르친다고 생각하지만, 그것이 전부는 아니다. 교사는 학생들에게 의식적이든 무의식적이든 삶의 방식을 가르친다. 교사가 어떻게 말하고 행동하는지 학생들은 자기도 모르게 배워간다. 자신의 실수를 인내해주는 어른을 만나면 타인에 대해 포용성 있는 사람이 되고, 겁박하고 위협하는 어른을 만나면 폭력적인 사람이 된다. 겉으로는 수업 잘 하는 교사를 학생들이 따르는 것처럼 보이지만, 실제로는 자기를 이해해주는 교사에게 마음을 연다. 학생에게 어른으로서 인정받고 존경받을 때 진정한 교권이 생겨난다. 그래서 교사는 교과와 태도에서 모두 본이 되어야 한다. 학생들과의 상호 존중하는 관계에서 발생하는 권위는 힘이나 법률보다 더 신뢰할 수 있고 내구성이 강하다. 그뿐만 아니라 학생과의 좋은 관계는 교사의 리더십을 도울 자산이자, 미래 사회를 가꿀 인재를 양성하는 지름길이다.

3장

학교의 역사

1
—
과거의 교육자, 현재의 교사

  트워킹(twerking)을 들어보았는가? 2013년 MTV 뮤직비디오 어워드
는 마일리 사이러스와 로빈 시크의 선정적인 공연으로 많은 논란을 불
렀다. 두 가수가 함께 부른 노래는 이미 선정적인 뮤직비디오로 대중의
흥미를 끌었던 로빈 시크의 〈블러드 라인스(Blurred Lines)〉였다. 미국 대
중가요의 선정성 문제는 어제오늘의 문제가 아니지만, 이번 공연은 그
중에서도 도를 넘었다는 비난을 받았다. 그 비난의 중심에는 한때 미국
의 국민 여동생이었다가 이제는 기행으로 이름을 날리는 마일리 사이러
스가 있었다. 마일리는 이 공연에서 전라를 연상시키는 피부색의 비키
니를 입고 성적으로 어필하는 몸짓을 보였다. 가장 큰 비난을 받은 장면
은 로빈에게 등을 보이고 허리를 90도로 숙인 채 엉덩이를 흔드는 트워
킹이었다. 당시 마일리는 이제 갓 성인이 된 스무 살이었고, 열여섯 살
이나 많은 남자가수 앞에서 성행위를 연상시키는 춤을 춘 행위는 미국

에서도 많은 학부모의 비난을 불렀다. 이제는 노이즈마케팅의 전형으로 꼽히는 이 사건으로 트워킹이라는 춤이 우리나라에까지 알려졌다.

트워킹은 여성의 둔부를 이용하여 성적 매력을 강조하는 야한 춤으로 우리나라 사람들에게 알려져 있다. 그도 그럴 것이 트워킹 하면 여성이 뒷모습을 보이고 무릎을 굽혀 자세를 낮춘 뒤 허리를 꺾어 올려 둔부를 격하게 흔드는 장면이 떠오르기 때문이다. 이 춤의 자극적인 인상은 우리나라에서도 유행을 만들었고, 방송이나 소셜 미디어에서 많은 사람이 트워킹을 따라 하게 만들었다. 댄서들은 자기표현 방식의 하나로 트워킹을 했고, 개그맨들은 트워킹을 희화화하여 웃음의 소재로 삼았다. 사람들은 재미 삼아서 춤을 따라 해보기도 하고, 일종의 멋으로 받아들이기도 했다. 어떤 이들은 청소년들이 보기에는 너무 부적절한 춤이라며 제재를 요청했다. 대부분의 사람은 트워킹을 여성의 신체를 성적으로만 표현하는 춤의 하나로 생각하며 찬성하거나 반대했다. 트워킹은 2010년대 미국 팝컬쳐를 지배하는 하나의 상징이 되었고, 우리나라 사람들도 즐겨보는 미국 팝 영상에서는 트워킹을 하지 않는 영상을 찾아보기 어려운 수준이 되었다. 이 과정에서 우리나라 사람들은 트워킹을 여전히 미국에서 건너온 서양식 야한 춤으로만 인식하는 것 같다. 그러나 트워킹 안에는 더욱 복잡한 논란과 재미있는 역사가 숨겨져 있다.

트워킹이 처음 시작된 곳은 재즈의 고향 뉴올리언스다. 뉴올리언스는 1700년대 미국에 노예로 팔려온 흑인들을 중심으로 만들어진 도시 중 가장 오래된 도시다. 현재도 도시 인구 중 흑인 비율이 절반을 넘는다. 미국 전체 흑인의 비율이 20%가 안 되는 점을 감안하면 이 도시에 얼마나 많은 흑인이 모여 사는지 짐작할 수 있다. 뉴올리언스의 흑인들은 아프리카로부터 이어지는 그들만의 전통문화를 나름대로 재해석하여 예술로 승화시켰다. 그중 가장 잘 알려진 것이 재즈다. 재즈는 미국을 넘어 전 세계의 음악가들에게 강한 인상을 주었고, 현재는 세계 대중문화의 주류로 자리 잡은 힙합에도 많은 영향을 미쳤다. 뉴올리언스는 여전히 미국 흑인 문화의 중심지 중 하나고, 그 중심에는 클럽이 있다. 뉴올리언스 클럽 곳곳에서 펼쳐지던 흑인 음악가들의 엇박자 공연이 재즈로 발전했고, 흑인들이 엉덩이를 흔들며 추던 춤이 트워킹으로 발전했다. 재즈만의 독특한 리듬감을 아프리카계 민속음악의 역사에서 떼어볼 수 없듯, 트워킹의 개성도 아프리카계 미국인들의 역사와 문화로부터 떼어서 이야기할 수 없다.

어떤 흑인들은 다른 피부색의 인종이 추는 춤은 결코 트워킹이 될 수 없다고까지 주장한다. 트워킹은 단순히 둔부를 흔들며 성적인 매력을 강조하는 춤이 아니라 흑인들의 유전자 속에 남아있는 아프리카 문화의 표현이라는 것이다. 실제로 서아프리카의 많은 나라에서는 둔부를 흔드는 다양한 방식의 전통 춤이 남아있다. 서양식 가스펠이 아프리카 음악의 영향을 받아 재즈로 발전했다는 주장처럼, 트워킹 역시 아프리카 흑인들의 문화에 뿌리가 있다. 트워킹이 흑인들에게 더욱 사랑받는 이유는 그것이 흑인 여성들의 신체 특성에 잘 맞고, 인종주의로 인한 아픔을 승화시킬 수 있는 수단의 하나로 여겨지기 때문이다. 다른 인종에 비해 둔부가 발달한 흑인의 신체적 특성은 다른 인종이 따라 하기 힘든 표현의 격차를 만든다. 세계적 유행이 된 트워킹은 오래 노예 역사와 인종차별로 인한 아픔을 공유하는 흑인 사회에 일종의 공동체적 자부심을 준다. 한때는 노예였던 그들의 문화가 이제는 전 세계에 영향을 미치는 것이다. 다른 인종은 신체적 특성과 몸에 내재된 리듬감의 차이로 흑인만큼 트워킹으로 강한 표현을 하기 어렵다. 유행이 된 트워킹이 흑인들로부터 시작됐고, 그것을 제대로 할 수 있는 것은 흑인 여성들뿐이다. 혹여 겉으로 보기에 흑인들만큼 표현력이 있더라도 트워킹에 연결된 아프리카 문화에 대한 이해가 없으면 제대로 된 트워킹이 아니다. 우리가 보기에 단순히 야해 보이기만 하는 춤이 실제로는 아프리카계 미국인들의 문화와 자부심의 표현인 것이다. 그래서 미국에서 이루어지는 트워킹 강습의 시작은 아프리카 전통 춤의 역사에서 시작된다.

교사의 존재론에 대해 이야기하는 이 책에서 낯선 트워킹을 길게 설명한 이유는 역사와 문화의 중요성을 설명하기 위해서이다. 우리나라 사람들은 주입식 교육의 폐해로 역사 하면 암기의 고통을 먼저 떠올린다. 그러나 역사를 제대로 알지 못하면 현재의 우리 모습을 정확히 파악하기 불가능하다. 미국의 노예사와 아프리카 흑인들의 전통문화를 제대로 알지 못하면 트워킹을 단순히 야한 춤으로만 오해할 수 있다. 맥락을 모른 채 트워킹의 겉모습만 따라하면 인종차별자로 오해를 받거나, 무지로 인한 실수를 범할 수 있다. 최근에도 우리나라에는 연예인들이 우스꽝스러운 흑인 분장을 하고 방송에 나와 인종차별로 비난을 받는 경우가 종종 있었다. 우리나라가 미국에 비해 인종차별 문제가 덜 한 것은 사실이다. 인종차별은 우리나라 문제는 아니라고 생각할 수 있다. 그러나 일본인이나 중국인이 한복을 입고 그들의 방송에서 희화화하는 장면을 한 번 상상해보자. 우리나라의 역사와 문화에 대한 정확한 이해 없이 그들의 입맛대로 희화화하는 것을 마냥 웃어넘기기는 어렵다. 마찬가지로 우리 역시 특정 대상의 정체성을 정확하게 이해하기 위해서는 그 뒤에 숨겨진 역사와 문화를 제대로 이해하기 위한 노력을 해야 한다.

'교사'라는 직업의 출발점

역사와 문화의 이해에 대한 중요성은 우리나라의 교사들에게도 동일하게 적용할 수 있다. 교사란 무엇인가? 교사의 기원은 무엇인가? 교사는 어떤 발전 과정을 거쳤는가? 현재의 교사는 교육의 역사적 맥락 위에서 어떤 위치에 있는가? 이와 같은 교사의 존재론적인 질문에 대한 답을 찾기 위해서는 심도 깊은 연구와 해석이 필요하다. 이 책에서 이러한 질문들에 대한 깊이 있는 답을 모두 내놓기에는 한계가 있다. 그러나 교사의 존재와 관련된 질문을 거론하고 그에 대한 답을 찾기 위한 기본적인 역사적 배경을 살펴보는 정도는 가능하다. 교사라는 직업이 어떤 역사적 맥락에서 발생했고, 어떤 과정을 거쳐 변화했고, 그것들이 현재에 어떤 영향을 미치고 있는지를 살펴보는 과정은 교사라는 직업의 전체 특성과 문화를 살펴보는 일이자 동시에 교직에 몸담고 있는 개인의 정체성과 역할에 대해 고민해보는 전제가 될 수 있다. 집단은 소속된 개인에게 정체성을 부여하고, 개인은 집단의 문화와 역사를 형성하는 매개이다. 교직의 역사에 대한 고민은 결국 교사 개인의 존재와 역할에 대한 고민과 다름없다.

교사의 역사를 학교의 역사와 떼어서 생각할 수 없다. 시중의 교육사 전공서적들은 교육의 역사를 전달할 때, 우리나라의 상고시대와 고대 그리스시대를 논의의 시작점으로 삼는다. 이러한 접근법은 교육의 역사를 살핀다는 점에서 하등 문제가 없다. 애초에 교육이라는 현상은 인류가 태동하면서 거의 동시에 발생했다고 보는 것이 옳다. 원시인이 같은 부족원이나 자녀에게 돌도끼 만드는 방법과 움집 짓는 법을 가르치는 장면을 상상해보자. 아직 우리가 현대 학교에서 배우는 것만큼 발달된 지식을 전달하는 것은 아니나, 분명히 교육이 이루어지고 있는 것으로 간주할 수 있다. 교육사 전공서적들이 특정 시기를 그 논의의 시작점으로 잡는 이유는 그것이 교육의 태초 시작점이 아니라, 기술된 역사로서 연구 가능한 자료들이 현존하기 때문이다. 장기적으로는 그리스를 역사의 시작점으로 잡는 서양 중심의 역사관을 넘어 균형 있는 역사관을 갖기 위해 아시아, 중동, 아프리카, 아메리카 대륙 등에서 시대별로 어떤 교육이 이루어졌는지 살피는 노력도 필요하다.

상고시대와 그리스를 중심으로 시작으로 하는 전통적인 교육사 접근 방식은 교사의 존재에 대해 고민해보기 위한 이 책의 목적과 맞지 않다. 공교육이 실현되기 이전의 교육자들과 현재 공교육제도 내의 교사들은 그 특성과 역할이 다르기 때문이다. 어떤 이들은 이와 같은 접근법에 거부감을 느낄지 모르겠다. 마치 교사들은 교육자가 아니라는 주장처럼 들릴 수 있기 때문이다. 그렇지는 않다. 교사 역시 교육자의 범주에 들 수 있다. 다만, 과거와 현재의 삶의 양식과 사회 체제·문화가 변화했듯이, 교육의 양태도 달라졌다. 그러면서 교육을 담당하는 사람들의 사회적 성격과 역할도 달라졌다. 이것은 마치 과거의 왕과 현재의 대통령이 어떻게 다르냐와 비슷한 주제다. 둘 다 정치의 정점에 서 있지만, 두 지위의 역할을 동일하게 보기는 어렵다. 마찬가지로 사회의 변화에 발맞추어 교육자의 성격과 역할도 변화했다. 이 차이를 살펴보는 것 역시 교사의 존재론을 살피는 의미 있는 방식이다. 이러한 논의의 연장에서 나는 과거의 교육자들과 현재의 공교육 교사들 사이의 차이점을 크게 세 가지로 제시하고자 한다. 자발성 여부, 교육 대상, 고용 방식이 그것이다.

자발성

첫째, 교육의 자발성 여부이다. 본디 공교육 이전의 교육은 자발성이 가장 큰 특성이었다. 서당을 예로 들어보자. 공부를 하고자 하는 학생은 서당을 찾고 훈장의 허락을 받아 공부를 시작한다. 서당을 찾아오는 학생도 배우고자 하는 자발적 의지가 있고, 훈장 역시 학생을 가르치고자 하는 자발적인 의지가 있어야 교육적 관계가 성립된다. 이것은 일종의 암묵적 계약으로, 둘 중 어느 한쪽이라도 자발성이 결여되면 성립할 수 없는 관계다. 물론, 그들의 의도가 완전히 자발적이라고 보기는 어려울 수도 있다. 학생은 부모의 강권을 이기지 못해서 서당에 나갈 수도 있고, 훈장은 생계를 위해 아이들을 가르칠 수도 있다. 그러나 의무교육이 도입된 현재의 공교육에 비하면 그 자발성이 더욱 큰 것이 사실이다.

현대의 공교육에서는 학생과 교사 모두의 자발석 계약 관계가 제도적으로 배제되어 있다. 학생은 법적으로 강제된 의무교육을 이수하기 위해 학교에 나가고, 교사 역시 학생을 선택할 권리가 없다. 과거 교육적 관계가 양방향의 선택을 전제로 한 자발적 관계라면, 현재의 교육적 관계는 학교 교육에 참여하는 학생과 교사라는 두 주체 모두에게 선택권이 주어지지 않는다. 학생에게 교사를 선택할 권한이 없고, 교사도 학생을 선택할 권리가 없다. 이 둘을 엮어주는 선택권은 사실상 국가가 보유하고 있다고 볼 수 있다. 이 과정에서 전통적인 스승의 권위와 제자의 의무가 무너진다. 과거 서당과 같은 전통적인 교육에서 이루어지던 암묵적인 계약을 바탕으로 한 교육적 관계는 상호에 대한 헌신과 예의를 중시한다. 그렇지 않으면 언제든지 관계가 끊어질 수 있기 때문이다. 그러나 현대의 공교육은 이러한 과정을 소거하여 학생도 교사를 존경할 필요를 느끼지 않고, 교사도 학생을 책임져야 할 필요를 느끼지 않는다. 어차피 법적인 의무로 맺어진 관계에 불과하기 때문이다. 이 과정에서 실제로 관계의 책임을 져야 할 국가는 뒷전으로 물러나고, 관계의 고통은 당사자인 학생과 교사가 오롯이 책임지는 비뚤어진 상황이 발생한다.

교육의 대상

둘째, 교육의 대상이 다르다. 공교육 이전의 교육은 사회 지배층이 주요 대상이었다. 서양의 경우 중세시대 이전까지는 귀족과 시민 계급에 해당하는 사람들만이 교육의 혜택을 받을 수 있었다. 형편이 되는 가정에서는 개인교사를 구해 학생을 맡겼다. 알려진 지식인이 세운 아카데미아로 찾아가서 교육을 받기도 했다. 로마의 경우, 제정 시기에는 가정교육이 강조되었고, 공화정부터는 황제의 명으로 학교가 세워졌다는 기록이 있으나 이 역시 상류층에 국한되었다. 상류층 중에도 여자 아이들은 일정 단계 이상의 교육을 받을 수 없었다. 일반인들이나 노예들은 교육의 대상에서 전적으로 배제되었다.

중세시대에 와서는 그 양상이 조금 달라진다. 사회지도층을 양성하거나, 학문 자체를 추구하는 교육에서 벗어나 종교지도자를 양성하기 위한 교육이 크게 강화된다. 중세시대의 성직자들 역시 사회지도층이라는 점에서 교육 대상 측면에서는 이전과 크게 차이가 없다. 이와 같은 상류 계층 중심의 교육은 공립학교와 의무교육 개념이 대두되는 19세기 전후까지 지속되었다. 이와 같은 상황은 우리나라도 크게 다르지 않았다. 고려시대부터 과거제도를 중심으로 한 교육기관이 운영되기는 했으나 대부분 양반 자제들을 위한 교육기관이었다. 서당과 같은 기초 교육기관에는 평민 자제들이 함께 공부하기도 했으나, 양반 자제들이 과거를 목표로 다니는 고급 서당에 비해 교육내용의 수준이 낮았다. 대부분의 여자 아이들은 가정에서 언문(한글)을 배우는 수준에서 교육을 마쳤다. 성별과 계급의 구분 없이 모든 사람이 교육의 수혜를 받기 시작한 것은 19세기 서양에서 의무교육과 공립학교 제도가 도입되기 시작하면서부터다. 이때부터 현대적인 의미의 공교육이 시작되었다고 볼 수 있다.

고용의 방식

셋째, 고용의 방식이다. 교사에 대한 고용 방식은 개인 고용에서 국가 고용의 확대로 볼 수 있다. 의무교육이 도입되기 전의 대부분의 교육은 현재의 관점에서는 대부분 사교육이다. 고대 그리스에는 시민들을 위한 어느 정도 확립된 학교과정이 있었으나 학비를 낼 수 없으면 학교에 다닐 수 없었다. 로마시대에는 황제의 명으로 정부가 유능한 학자들을 교사로 고용하거나 장학금을 주는 제도가 있었으나 소수의 최고 지식인들을 위한 제도로 보편적이지 않았다. 중세시대에 들어서는 교회가 교육의 중심이 되었으나 이 역시 학비를 내지 않으면 다닐 수 없었다. 중세 말에는 시장경제의 발달로 의회에서 교원을 고용하는 경우가 있었으나,

대부분의 학교가 사립이었고 학비를 낼 수 없는 계층은 여전히 학교에 다닐 수 없었다. 초창기 대학 역시 현재와 비교해도 학비가 싸지 않았다. 인류 역사상 대부분의 경우 교육은 도제식이었다. 학비를 낼 수 있는 상류계층은 개인교사를 고용했고, 그렇지 않은 경우에는 배움의 대가로 오랜 기간 노동력을 제공해야 했다.

우리나라에서는 통일신라의 국학, 고려의 국자감, 조선의 성균관 같은 최고위 교육기관이 정부의 지원으로 운영되었다. 그러나 지방의 교육기관들은 대부분 정부로부터의 지원을 기대할 수 없었다. 귀족의 자제로 출중한 재능을 인정받아 최고위 교육기관의 수학 기회를 얻지 못한 대부분의 사람은 사비를 들여 교육을 받았다. 고려시대부터 중국의 영향을 받아 유교를 국가 운영의 이념으로 삼으면서 교육제도를 정비하고 공부를 장려하는 문화가 있었으나, 모든 교육기관을 정부 지원으로 운영하기에는 역부족이었다. 초급교육을 담당하던 고구려의 경학, 통일신라의 향학, 고려의 경당, 조선의 서당은 대부분 학생들이 학비를 내거나, 마을에서 운영비를 댔다. 이 같은 상황은 일제강점기 조선 총독부가 신민 통치의 수단으로 학교 제도를 이용하기 위해 교원들을 양성하고 정부에서 고용하기 전까지 이어졌다. 아이러니하게도 우리나라는 일제가 조선을 통치하기 위한 수단으로 현대적인 교육제도를 도입하면서 교원이 정부에 의해 고용되기 시작했다. 일제 이전까지 우리나라 대부분의 교육 역시 현재의 관점에서는 사교육에 가깝다.

과거의 교육자들과 현재 공교육제도 내의 교사들을 구분하는 이유는 현대의 교사들을 공교육제도와 떼어놓고 이야기할 수 없기 때문이다.

교육은 인류가 존재하던 시기부터 우리와 함께했지만 교육의 외양은 끊임없이 변화했고, 현재도 변화 중이다. 21세기 현재의 교사들은 공교육 제도 안에서 교육을 하고 있고, 그 제도를 정확하게 이해하지 않고서는 자신의 존재를 파악하기가 어렵다. 현재 교사가 처한 상황과 문제, 해결책을 살펴보기 위해서는 공교육제도의 역사를 이해하는 것이 먼저이고, 그 첫 번째 시작은 공교육 도입 이전과 이후의 교육을 분리해서 보는 것이다. 과거의 교육과 현재의 교육을 동일하게 보는 것은 아프리카의 전통 민속춤과 현재의 트워킹을 동일하게 보는 것과 같은 오류를 범하게 한다. 모두 춤으로 분류할 수 있고, 그 특성에 공통점이 있을 수 있으나 각각의 신체 표현은 다른 역사와 문화적 맥락 위에서 발현되고 있다. 과거의 교육과 현대의 공교육을 동일하게 보면, 현대의 교사들에게 훈장의 역할, 소피스트의 역할을 기대하는 오류를 범하게 된다. 과거 교육자와 현재 교사의 교육에 내한 자발성 여부, 교육의 대상, 고용의 형태가 완전히 다른데도 불구하고 말이다.

이어지는 장에서는 서양의 공교육 역사와 우리나라의 공교육의 역사에 대해 알아보겠다. 의무교육의 역사에 대한 공부는 21세기를 사는 교사의 정체성을 살피는 교두보이자, 나아갈 길을 밝혀주는 나침반이 되어줄 것이다. 공교육의 역사에 대해 알아보는 과정은 교사의 존재론적인 질문에 대한 답을 구하는 과정에 다름 아니다. 공교육의 역사가 내 직업의 역사이기 때문이다.

2

공교육의 태동

얼핏 보기에도 제법 덩치가 되어 보이는 사제는 짐짓 망설였다가, 가차 없이 비텐베르크 교회 대문에 못질을 해대기 시작했다. 밤새워 쓴 제법 긴 글의 벽보가 햇살에 반짝였다. 벽보를 고정하기 위해 쿵쿵 못질을 해대던 사제는 몇 해 전 스승님이 건넸던 말이 떠올랐다.

"여보게, 자네는 일을 너무 어렵게 만드는 경향이 있어."

그래도 어쩔 수 없는 노릇이었다. 논리적으로 그릇된 교회의 문제적 작태를 마냥 보고만 있을 수만은 없었다. 이것은 단순히 신학적 논박이 아닌, 양심의 문제였다. 아무 생각 없이 면죄부를 사들이는 것만으로도 모든 죄가 사해지리라 믿는 민중을 그대로 보고 있을 수 없었다. 현세에서 제대로 된 회개 없이 면죄부만 믿는 대중이 사후 심판대에서 지옥행을 받는다면 누가 책임진단 말인가. 불현듯 떠오른 스승님의 고언에 입맛이 씁쓸했지만, 타고난 불꽃 같은 성정으로 입 다물고 있을 수만은 없었다. 할 말은 해야 직성이 풀리는 성격이었다. 벽보를 붙이는 데는 시간이 많이 필요치 않았다. 사제는 바로 자리를 떴고, 사람들은 벽보에 별 관심을 보이지 않았다. 벽보에는 평민들은 읽을 수 없는 라틴어로 교황청의 면죄부 판매를 비판하는 95개의 문장이 차례로 적혀 있었다. 1517년 10월 31일, 종교개혁의 시작을 알리는 마르틴 루터의 '95개조 반박문' 게재 사건이었다.

교회 문에 벽보를 붙인 것이 루터가 최초는 아니었다. 당시 교회 대문은 일종의 게시판으로, 사람들에게 알려야 할 것이 생기면 벽보로 게재하곤 했다. 그래도 당시 고위 사제이자 신학교 교수로 많은 신망을 받고 있던 루터가 교황청을 정면으로 반박하는 벽보는 큰 파급을 불렀다. 처음에는 어려운 라틴어로 쓰인 글을 이해할 수 있는 이가 많지 않아, 별 반응을 얻지 못했다. 그러나 그 글에서 주장하는 내용의 파격성과 논리성은 사람들의 이목을 끌기 시작했고, 한 달이 안 돼 루터의 글은 순식간에 독일어권 전역으로 퍼졌다. 50년 전에 발명된 구텐베르크의 인쇄술 덕에 루터의 글이 단 시간에 많은 사람에게 닿을 수 있었다. 당시만 하더라도 성경을 읽을 수 있는 권리는 고위 사제나 귀족에게만 한정되어 있었고, 민중은 교회의 말을 하나님의 말처럼 따랐다. 그러나 중세 말 교회에 나타난 여러 문제로 사람들의 불만은 나날이 커져갔고, 존경받는 성직자였던 루터의 속 시원한 교회 비판은 민중의 큰 지지를 받았다. 당시 교회의 문제는 성직 매매, 성적 타락, 교권주의, 금전 숭배, 교회의 사유화, 도덕적 타락, 교회 패권주의, 성직자의 낮은 성경 이해 등 이루 헤아릴 수 없을 정도였다. 루터의 과감한 비판 이후로 교회 개혁에 대한 목소리는 커졌고, 세상은 점점 더 종교로부터 자유로워졌다.

교육에 대한 시대적 요구

공교육의 역사에 대해서 이야기해보자 해놓고 뜬금없이 종교개혁의 시발점을 먼저 언급하는 데는 나름의 이유가 있다. 모든 제도는 큰 역사의 흐름 속에서 발현된다. 현대 민주주의를 18세기 시민혁명과 떼어놓고 이야기할 수 없고, 인권의 가치를 20세기 세계대전과 분리하여 이야기할 수 없으며, 우리나라의 의무복무제를 1950년 한국전쟁과 유리해서 이야기할 수 없다. 공교육제도 역시 마찬가지다. 공교육 역사를 제대로 이해하기 위해서는 공교육에 대한 사회적 요구가 어떻게 제도화되어가는지 그 과정을 살펴야 한다. 시대정신과 사회 변화는 공교육의 제도화에 영향을 미쳤다. 공교육은 명확히 근세 이후의 산물이며, 공교육의 출현은 근세 시대정신의 반영이다. 중세 이후의 시대 변화를 선도한 큰 사건들을 살피는 일은 세계 역사의 한 페이지를 개괄적으로 살피는 작업이자, 공교육의 바탕을 뒤적이는 일이다. 아울러 교사로서 내 직업이 어떤 역사적 배경과 사회적 요구를 바탕으로 만들어졌는지를 톺아보는 일이다. 종교개혁은 근세의 시작을 알리는 혁명적 사건으로 공교육제도의 역사적 배경을 살피는 시발점으로 삼기에 적합하다. 교사라는 직업을 제대로 이해하기 위해 우리는 종교개혁 이후 사회의 변화, 사회의 변화가 교육에 미친 영향, 교육에 대한 새로운 요구가 제도화되어가는 과정을 차례로 살펴볼 것이다.

1453년, 오스만 제국에 의해 동로마 제국이 멸망하면서 중세는 공식적으로 막을 내렸다. 유럽 가톨릭의 방패막이 역할을 하던 동로마 제국의 멸망으로, 유럽은 중동을 포함한 더 넓은 세계의 문화와 직접 교류할 수 있게 되었다. 모든 것이 주님의 말씀으로 귀결되던 세상은 막을 내리고, 세상과 삶에 대한 질문들이 이제 새로운 답을 요구했다. 14세기 피렌체를 중심으로 시작한 르네상스는 사람들의 합리성과 탈종교화에 대한 갈망을 부추겼고, 사람들의 생각은 점점 더 자유로워졌다. 레오나르도 다빈치와 같은 천재들의 등장으로 실증주의와 과학주의에 대한 관심은 더해갔다. 예전에는 주님의 말씀대로만 살면 되었는데, 이제는 세상과 삶에 대한 질문이 주님의 답만으로는 해결되지 않았다. 이 같은 큰 변화의 물결을 대변하는 핵심 사건이 바로 종교개혁이었다. 종교개혁 이전까지 대중은 교회가 아무리 부패해도, 어떤 잘못을 저질러도 감히 반론을 제기하거나, 교회의 뜻을 거스르지 못했다. 교황이 황제보다 높은 지위에서 세상의 모든 권력을 쥐고 있던 시기였다. 그러나 종교개혁 이후 사람들은 교회도 틀렸다고 말할 수 있게 되었다. 교회에 대한 의심과 회의는 자연주의, 계몽주의, 합리주의, 과학적 실리주의의 발현으로 이어졌다. 새로운 세상에 대한 민중의 요구는 정치권으로 이어져 시민혁명으로 분출되었다.

시민혁명은 모든 사람이 공히 자유롭고 평등하다는 생각을 기반으로 한다. 성경이 세상을 지배하는 세상에서는 신분제도가 당연하게 받아들여졌다. 태어나면서부터 부여받은 신분은 우리가 이해할 수 있든 없든 모두 숨겨진 주님의 의도 하에 이루어진 것이다. 평민으로 태어나 굶주리고 착취당하며 살아도 세상에 대한 불만을 갖는 것은 죄악이고 무의미했다. 세상에 대한 불만을 품고 저항하는 것은 단순히 사회에 대한 저항이 아닌 신의 뜻에 대한 저항이었다. 현세의 고생은 감내하고 인내해야 하는 것이었다. 원죄를 타고난 인간은 평생을 회개하면서 살아야 한다. 그런 뒤에도 사후 천국에 갈 수 있을지 장담할 수 없다. 마르틴 루터도 죽기 전에 유언으로 이르기를 주님 앞에 모든 인간은 거지에 불과하다 했다. 평생을 회개하면서 살아도 주님의 뜻 앞에서는 거지꼴을 면키 어려운 것이다. 그러나 종교개혁 이후 사람들은 가톨릭을 넘어서 새로운 세상을 상상할 수 있게 되었다. 성직자도, 왕도, 귀족도 하나님의 뜻으로 거역할 수 없이 부여받은 지위가 아니라 언제든지 전복 가능한 대상이 되었다. 굶주림과 삶의 고통, 지배자들의 부조리는 더 이상 인내해야 할 대상이 아니라 뒤엎어야 할 대상이 되었다. 자유와 평등에 대한 갈구는 1688년 영국 시민혁명, 1776년 미국 독립혁명, 1789년 프랑스 시민혁명으로 나타났다. 바야흐로 신분제도가 붕괴하기 시작했다.

정치적으로 시민혁명이 활발하게 진행되는 동안 경제적으로는 산업혁명이 진행되었다. 16세기 이후 농업 기술의 발달로 식량이 풍부해져 인구가 급속도로 증가하기 시작했다. 신분제도의 붕괴로 자유로운 농민들과 부르주아들이 나타나기 시작했고, 경제적으로 자유롭고 안정된 인구의 증가는 상품에 대한 수요 증가로 이어졌다. 가장 먼저 부흥한 것은 면직물 공업이었다. 인구가 늘어나면서 사람들이 입을 옷을 만드는 면에 대한 수요가 커졌다. 이전에는 사람들이 하나하나 실을 직조해서 만들었으나, 기술의 발달로 면을 더 빨리 만들어낼 수 있는 다양한 기기들이 개발된다. 증기기관이 도입되면서 기기들의 생산성은 전과 비교할 수 없이 증대됐다. 동시에 석탄 활용 기술이 발달하여 증기기관을 돌릴 수 있는 연료의 공급도 원활해졌다. 석탄 이용 기술이 발달하기 전까지

인류의 주요 연료원은 목재였다. 제련 기술이 발달하면서 기관차, 건축물, 교량 등에 필요한 순도 높은 철의 공급도 원활해졌다. 공장이 세워지면서 사람들은 일자리를 찾아 도시로 모여들었다. 의학의 발달로 인간의 수명이 길어지면서 인구는 점점 더 늘어났다. 늘어난 인구는 다시 시장의 수요로 이어져 경제에 활기를 불어넣었다. 그러나 장점만 있었던 것은 아니다. 도시와 공장의 발달로 노동자 계급이 등장하기 시작했는데, 시장경제 활성화를 빌미로 한 부르주아를 지원하기 위한 법률은 활발하게 제정되었으나 노동자들의 권리를 보장하는 정책은 미흡했다. 미성년자들마저 탄광이나 공장에서 하루 12시간이 넘는 수준의 고강도 노동을 강요받았다.

종교개혁, 시민혁명, 산업혁명으로 이어지는 급박한 사회 변화 속에서 사람들은 더 많은 자유와 더 큰 평등을 요구하기 시작했다. 과거에는 교육을 꿈꾸지도 못했던 평민들도 배우고자 하는 열망을 표출했다. 계몽주의자들은 교육을 통해서 세상을 변혁하고 발전시킬 수 있다고 믿었고, 국민에 대한 교육을 강조했다. 정부와 부르주아 입장에서도 교육 제도의 발달을 환영했다. 학교는 부모가 밤늦게까지 일하는 동안 아이들을 맡아줄 수 있는 기관이었다. 그리고 그 아이들이 자라면 배우지 못한 아이들에 비해 더 나은 노동력을 제공할 수 있었다. 종교개혁 이후 세(勢)가 흔들리기는 했지만, 교회는 여전히 시민들에게 교육을 제공하고자 노력했다. 성경을 읽을 수 있는 인구가 늘어나야 복음을 전파할 수 있었기 때문이다. 절대왕정이 무너지고 입헌정치가 시작되면서 교육에 대한 공공성 논의가 시작됐다. 이전까지 특권층에게만 주어지던 교육의 기회가 모든 국민에게 보장되어야 한다는 주장이 힘을 얻기 시작했다.

공익을 목적으로, 공적인 주체에 의해, 공적인 재원을 바탕으로, 공적인 절차로 운영되는 이른바 공교육 개념이 나타난 것이다. 공교육의 시초가 어디냐 하는 문제의 답을 찾기는 그리 쉽지 않다. 국가에 의해 운영되고 관리되는 공교육은 어느 순간 세상에 짠하고 나타나지 않았다. 그것은 어떤 때는 뜬구름 잡는 생각처럼 취급되었다가, 금세 잊힐 선언이었다가, 작은 지역의 국소적인 시도였다가, 국민 모두의 권리가 되었다. 우리가 할 수 있는 일은 기록된 역사 속에서 현재 우리가 경험하는 학교의 형성에 영향을 미친 중요한 사건들을 살펴보는 것이다.

공교육의 출발

공교육의 시초를 살필 때 가장 먼저 언급되는 것은 1642년 발표된 고타 교육령이다. 독일 내의 작은 고타 공국의 영주였던 에른스트 공은 루터의 종교개혁 정신을 이어받아 중앙집권적 교육 시행령을 내린다. 고타는 1524년에 이미 마르틴 루터의 요청을 받아들여 최초의 현대적 공립학교를 세워서 운영한 경험이 있었고, 이 경험을 이제 영토 전체에 도입하고자 했다. 고타 교육령에는 현대 공교육의 기초가 되는 의무교육, 학급편성, 학교관리, 교육법, 교수법 등이 체계적으로 망라되어 있었다. 에른스트 공의 목표는 교사의 경제적, 사회적 지위를 향상시켜 교육에만 몰두할 수 있는 환경을 만드는 것이었다. 고타 공국의 공교육 도입 시도는 차츰 유럽 전반으로 퍼졌고, 유럽 각국의 시민은 공교육의 도입을 국가에 요구하기 시작했다. 고타의 공교육 도입은 스코틀랜드, 프러시아, 오스트리아, 헝가리아, 보헤미아 왕국을 거쳐 유럽 전반으로 퍼졌다. 1794년 현재의 독일령인 프로이센의 프리드리히 빌헬름 2세는 이전까지 교회의 관리 하에 있던 교육을 국가의 관리로 이전하도록 명한다. 고타와 같은 작은 지역 단위를 넘어 국가 단위의 공교육을 도입하는 최초의 시도였다. 프랑스는 1860년에 나폴레옹에 의해 국가교육제도가 도입되었고, 영국은 1870년 의무교육제도를 도입했다. 일본은 1868년 메이지 유신과 함께 프러시아의 공교육을 모델 삼아 의무교육을 도입했다. 유럽에서 시작된 공교육제도는 남미, 아시아, 아프리카를 순서로 전 세계로 퍼져 나갔다. 우리나라는 1953년에 전 국민 의무교육을 도입했고, 중국은 1986년에야 9년제 의무교육이 성립되었다. 부탄, 오만을 포함한 몇몇 나라는 아직도 공교육제도가 도입되지 않고 있다.

공교육의 시초를 미국으로 보는 주장도 있다. 고타 교육령이 발표되던 1642년, 미국의 매사추세츠 주도 공교육 이념을 바탕으로 한 교육령을 발표했다. 고타 교육령이 중앙집권적이고 전제적인 성격을 띤다면, 매사추세츠 교육령은 민주적이고 지방분권적인 성격을 띤다. 고타 교육령이 현대의 국가 수준 교육과정에 가까울 정도로 세부적인 사항들을 규정한데 반해, 매사추세츠 교육령은 국가가 학교를 설립하고 아동에게 무상교육을 제공해야 한다는 수준의 개괄적인 교육법에 가까웠다. 매사추세츠 교육령은 청교도가 종교 박해를 피해 북미로 이주해온 지 얼마 되지 않아 발표한 내용으로 일종의 선언적인 성격이 강했다. 매사추세츠 교육령 발표 이전부터 이미 이주민들은 근세식 공립학교를 세워서 운영하고 있었으나 수준이 높지 않았고, 아직 모든 아이가 학교의 혜택을 받지도 못했다. 공교육제도 도입 초기부터 중앙집권적인 공교육을 지향한 유럽과 지방분권적인 공교육을 지향한 미국의 교육제도 차이는 현재까지 남아 있다. 현재 유럽의 교육 시스템은 미국에 비하면 여전히 중앙집권적 색채가 강하다. 미국은 각 주의 교육적 자율을 강조하는 문화 덕에 주별로, 학교별로 교육 내용 차이가 큰데, 여기에서 발생하는 사회적 비용을 줄이기 위해 '공통핵심교육기준(CCSS, Common Core State Standard)'를 도입한 것이 2010년이다. 우리나라는 유럽 공교육의 영향을 많이 받은 일제를 통해 현대적인 공교육이 많이 도입되었다. 그래서 우리나라의 학교 제도도 여전히 중앙집권적인 특성이 강하게 남아있다.

이로써 인류에 공교육이 도입되기 시작한 역사적 배경과 흐름을 간략하게 살펴보았다. 자세한 공교육의 도입 절차와 과정 등을 살펴보는 것은 많은 노력과 시간을 요구하는 일로 이 책에서 추구하는 방향과 범위를 넘어선다. 다음 기회에 공교육의 역사에 대해 더 자세히 논할 수 있기를 바란다. 다만, 공교육 역사를 살펴보는 장을 닫기 전에 독자에게 묻고 싶은 것이 있다. 공교육제도의 도입은 교육적이었는가? 공교육이 도입될 때 가장 큰 영향을 미친 최우선 가치가 교육이었는가? 초기 공교육 도입 시기의 교사들은 교육을 최우선으로 주문 받았는가? 그렇다고 보기 어렵다. 공교육제도는 교육을 전면에 내세우고 있으나 시민을 양성하고 사회화시키기를 바라는 정치적 요구, 노동자의 자녀를 보육하거나 다음 노동자 세대를 양성하기를 바라는 경제적 요구, 신자를 늘리기 위한 종교(문화)적 요구에 더 많은 영향을 받았다. 공교육제도가 도입되기 이전의 교육은 특권층에 한정되어 있었으나, 오히려 다른 가치들로부터의 간섭에서는 자유로웠다. 부유한 귀족 자제들이 여흥 삼아 즐기던 것이 교육이었으니, 스승에게 가르침을 받는 동안 다른 가치들에 대해서는 잠시 신경을 꺼두어도 문제가 되지 않았다. 그러나 공교육제도는 다양한 사회적 요구 속에서 도입되었고, 그 초창기부터 다양한 가치와 집단들의 간섭으로부터 자유롭지 못했다. 학교가 도구화 되고, 교사는 교육보다는 다른 가치들의 주장을 실현시키는 대리자가 되었다.

공교육의 태생적인 한계는 현재의 학교와 교사에게도 영향을 미치고 있다. 학교가 교육을 제대로 하지 못하게 온갖 세력이 간섭하고 방해하는 이유가 여기에 있다. 공교육제도 속의 학교는 애초에 시작부터 교육을 중심에 두지 않았다. 공교육 초기의 교사들 역시 교육을 중심으로 아이들을 가르치기는 어려웠다. 그렇게 공교육이 태동한 후 교사는 언제나 공교육제도의 고용인이었을 뿐, 제도의 주체, 고용주가 되어본 적이 없다. 공교육 도입 이전부터 존재하던 대학은 자율성을 크게 인정받은 데 반해, 그 이전 단계의 교육 기관들이 정책적으로 무시당하는 이유도 역사 속에 이유가 있다. 교사패싱은 현재만의 문제가 아니라, 근대 학교의 시작부터 함께 해온 뿌리 깊은 문제다. 문제의 해결은 현재와 현재를 만드는 과거에 대한 통렬한 자각에서 시작된다. 학교 내외의 무시와 패싱으로 괴롭고 지친 교사들이 있다면 너무 서운해하지 않길 바란다. 애초에 교사는 그런 대상이었다. 다만, 그 억울한 처사에 익숙해지지 말고, 바꾸기 위해 연구하고 노력하는 불꽃 같은 정신을 갖추기를 바란다. 다른 나라에 비해 우수한 능력을 갖춘 대한민국의 교사들은 그럴만한 능력이 있다.

3

한국의 공교육

근대 서양 함선의 위력은 실로 대단했다. 대항해시대, 유럽 열강들은 바다를 누비며 전 세계를 식민지화하기 시작했고 그 원동력은 산업혁명의 모든 기술을 집약한 군함에 있었다. 배에 장착된 증기기관은 전에 없는 기동력을 부여했으며, 철강 산업의 발달은 군함의 외피를 화살이나 조총으로는 뚫을 수 없을 정도로 강하게 해주었다. 갑판에 설치한 신식 회전형 포탑은 배의 운행 방향과 상관없이 다양한 방향으로의 공격을 가능하게 해주었고, 사거리 역시 아시아의 재래식 무기와는 비교할 수 없이 넓었다. 19세기에 도입된 프로펠러 추진 방식은 더 큰 배를, 더 빨리 움직일 수 있게 해주었다. 강력한 전함을 내세운 유럽 열강들은 거침없이 아시아로 진격해왔다. 중국은 1840년과 1856년에 아편전쟁에서 영국에 뼈아픈 패배를 당해 강제 개항 당했고, 현재의 베트남, 캄보디아, 라오스에 해당하는 인도차이나 반도는 1862년 프랑스의 식민지가 되었다. 일본은 19세기 중반 유럽 열강들과의 불평등 조약을 경험한 뒤, 1868년 메이지 유신을 통해 근대 국가로의 변화를 도모했다. 조선 역시 바쁘게 변화하는 세계정세의 영향을 받지 않을 수 없었다. 안타깝게 분열된 국론과 계속된 조정의 실기로 조선은 1876년 2월 27일 일본과 불평등한 강화도 조약을 맺게 된다. 이후 조선은 일본의 요구로 부산, 원산, 인천을 차례로 개항한다. 이 중 러시아를 견제하기 위해 일본이 강제 개항했던 함경남도 원산에서 우리나라 최초의 근대교육이 시작된다.

근대식 교육기관의 출현

우리나라 최초의 근대교육은 사뭇 애국적이었다. 1880년 4월 원산이 개항하면서 무역을 통해 한몫 벌고자 하는 일본인들이 물밀듯이 몰려들어왔다. 조선 땅에 일본인 거주지가 생기고, 그들이 활발하게 활동하는 모습을 보면서 원산의 주민들은 강한 위기감을 느꼈다. 신기술로 무장한 외세의 침략이 피부로 느껴졌다. 일본인과 무역을 하며 새로운 서양식 지식이 필요함을 절실하게 느꼈다. 원산의 주민들은 관아에 일본인이 알고 있는 것과 같은 서양 지식을 익힐 수 있는 신식학교 개설을 요청했고, 직접 그 운영자금까지 모았다. 원산상회소(상인회)와 고위 관리들도 기부금을 내놓았고 일사천리로 정부의 허가를 받아 우리나라 최초의 근대식 교육기관인 원산학사를 개교했다. 초기 학생이 250명이나 될 정도로 규모가 컸는데, 학교 개설의 이유가 꽤 애국적이고 공익적이었다. 원산학사는 인재를 고루 양성하기 위해 설립기금을 내지 못한 가난한 주민들의 입학도 허용했고, 타지방의 자제라도 학비를 내면 입학을 허용했다. 특히 군사훈련을 하는 무예반은 입학금을 받지 않았다. 나라를 강건하게 하고, 실력을 키워야 외세의 침략에서 살아남을 수 있다는 생각에 기반을 둔 적극적이고 능동적인 대처였다. 원산학사는 일제 말기인 1945년까지 유지되었다.

1910년 경술국치 이전까지 구한말 조선에서는 외세의 위협을 교육으로 이겨내기 위한 노력으로 근대식 교육기관이 속속 설립되었다. 원산학사가 개교하던 1883년에는 조정이 외국어 교육의 중요성을 느껴 영어를 중심으로 가르치는 동문학을 서울에 개소했다. 1886년에는 최초의 근대식 관학 교육기관인 육영공원을 개원한다. 육영공원에는 미국인 교사 세 명을 두어 수학·외국어·지리학·정치·경제 등의 서양 근대 지식을 가르쳤다. 1894년 갑오개혁 뒤에는 일본의 교육제도를 모방하는 소학교령을 반포하고 근대식 초등교육의 기반을 마련했고, 근대식 교육을 할 수 있는 교사를 양성하기 위해 사범학교도 설치했다. 근대식 외국어학교, 법관 양성학교, 의학교, 농상공학교, 중학교, 고등학교가 차례로 개교했다. 1905년 을사늑약이 체결되기까지 전국에 개교한 관립 소학교는 60여 개에 이르렀다.

근대식 교육기관 설립에 가장 활발히 기여한 것은 미국에서 온 선교사들이었다. 선교사들은 교육과 의료를 선교의 주요 수단으로 삼았다. 1885년 개교한 배재학당을 시작으로 이화학당, 경신학교, 정신여학교를 개설하고 전국에 근대식 교육기관을 세웠다. 한일합방 전까지 선교사들에 의해 세워진 근대식 학교는 800여 개에 이르렀다. 이 당시까지의 교육은 복잡한 국제 정세와 외세의 침략으로부터 나라를 구하고자 하는 구국의 정신이 중심이었다. 교육 그 자체가 근대 학교 설립의 중심

원리가 아니었던 점은 아쉽지만 경제 논리와 정치 논리, 각종 이익집단의 각축장이 된 현재의 학교에 비하면 훨씬 더 공익적으로 보인다.

생존을 위협하는 강력한 외세들 사이에서 비교적 자생적으로 근대식 교육제도를 수립해가던 우리나라의 시도는 한일합방 이후 무참히 무너진다.

일제강점기의 교육

한일합방 이후 조선총독부는 조선인들에게 황국의식을 주입시키고, 민족의식을 말살하기 위한 도구로 학교 제도를 적극적으로 활용한다. 조선인들을 일본인들과 분리해서 가르치며 일제가 일으킨 전쟁에 도움이 되는 기예만을 익히도록 유도했다. 일제는 조선인들 사이에 지식인이 나오는 것을 극도로 경계했다. 조선의 지식인들이 조선인들을 계몽하여 일제에 저항할 것을 두려워했다. 한일합방 이전 국민 계몽을 목표로 세워진 많은 사립학교의 인가를 취소해 문을 닫게 하고, 관립 학교를 중심으로 정책을 폈다. 겉으로는 공교육을 강화한다고 주장했지만, 실은 학교 제도를 총독부의 관할 하에 두고, 철저히 통제하기 위해서였다. 총독부는 아주 적은 수의 보통학교(현재의 초등학교)만 개교하도록 조절했고, 고등보통학교(현재의 중학교)에 입학하는 인구는 조선인 중 0.45%에 불과했다. 유일한 고등교육기관은 3·1운동에 위협을 느낀 총독부가 조선인들을 달래기 위해 1924년 세운 경성제국대학(해방 후 서울대학교로 이관)이었다. 심지어 경성제국대학에도 일본인이 더 많았다. 겉으로는 식민지 조선의 고등교육을 지원한다고 표방했지만, 실제로는 식민지에 거주하는 일본인에 대한 교육 지원이었다. 일제의 압제 속에서 억눌린 조선인의 교육에 대한 열정은 점점 쌓여만 갔고, 해방 이후 우리나라 여러 학교 문제의 기저가 되는 교육열로 폭발하게 된다.

일제의 황국신민화 교육으로 발생한 문제들은 현재도 학교에 남아있다. 일제는 학교 제도로 조선인들을 통제하기 위해 교묘한 양면전술을 폈다. 기본적으로는 조선인들의 고급 교육에 대한 접근을 제한하여 우민화하고자 했고, 고급 교육을 받은 엘리트층에 대해서는 회유책을 폈다. 심지어 조선인들을 위한 보통학교보다 일본인들을 위한 소학교(일본인들을 위한 초등교육기관, 조선인을 위한 초등 교육기관과 재한 일본인을 위한 초등 교육기관의 명칭도 달랐다) 공급이 많아, 조선인들의 취학률은 일본인들의 6분의 1에 불과했다. 부족한 교육시설로 인해 보통학교 입학시험이 치러졌고, 당시 조선인들은 보통학교 졸업을 마지막 교육으로 여겼다. 당시에는 보통학교 6년 교육만 받고 졸업해도 최고 인력 대우를 받았다. 조선인들 사이의 경쟁은 상급 학교로 올라갈수록 치열해졌고, 학벌주의와 성적 경쟁심리가 과열되기 시작했다. 일제는 그중에서도 고급 교육을 받은 조선인들을 고위 관료나 주요 사업체의 임원으로 고용하여 일제의 부역자로 회유했다. 조선인의 교육 받을 기회를 차단하고, 교육 받은 지식인은 자기 편으로 끌어들였다. 사회의 문제점을 비판하고, 정부의 역할과 기능을 견제해야 할 지식인이 제 기능을 하지 못한 것도 이때부터이다. 조선의 양반은 표면상 유교에 근거한 대의를 추종하는 자들로 왕이 마음대로 좌지우지할 수 있는 대상이 아니었다. 아무리 왕이더라도 유교의 근간이 되는 원리를 벗어나면 사대부들의 항소를 피할 수 없었다. 그러나 일제를 거치며 우리의 지식인은 정부에 부역하거나, 자본과 결탁하는 경험을 하게 된다. 조선시대까지는 정부를 견제하던 지식인 세력이, 일제강점기 이후 정부의 정책을 전달하는 확성기 역할을 하게 된다. 그렇지 않으면 교육을 받기도 어려웠고, 지식인이 된 뒤에도 목숨을 부지하기 어려웠다. 일제는 메이지 유신 뒤에 공교육을 강조하며 일본 학문의 융성을 위해 투자를 아끼지 않으면서도, 조선에는 학교를 통제하여 우민화 정책을 폈다.

해방 그리고 이 땅의 교육

일제부터 시작된 공교육의 타락은 해방 이후에 지주들에 의해 더욱 심화된다. 해방 이후 대토지를 소유하던 지주들은 피가 말랐다. 영원할 줄만 알았던 일제가 무너지더니 갑자기 미군이 들어와 지주들에게 토지를 모두 몰수하겠다고 엄포를 놓고 다녔다. 민족반역자, 친일파, 매국노, 악덕 지주 같은 치욕스러운 비난까지 감내하며 키우고 지킨 재산이 공짜로 넘어가게 생겼으니, 지주들은 억울할 일이었다. 소작농들은 지금까지 내던 5할의 소작료가 너무 높다며 불만이 많았다. 그런데 38선 이북에서는 공산주의자들이 지주들의 토지를 모두 무상으로 몰수·분배했다는 소식까지 들려왔다. 소작농들은 북쪽과 같은 토지정책을 정부에 요구했고, 정부도 이를 묵과하기가 어려웠다. 한 조사에 따르면, 해방 이후 국토 대부분을 단 여덟 명의 지주가 소유하고 있다는 보고도 있었으니 당시 지주들의 토지 독점 문제가 어느 정도였을지 짐작할 수 있다. 38선 이북처럼 무상몰수·무상분배 같은 방식은 아니더라도, 지주들이 과도하게 보유한 재산을 어느 정도는 재분배해야 한다는 여론이 주류가 되었다. 지주들은 이 난국을 타개할 방법을 찾느라 골치가 아팠다. 앉아서 재산을 아무 상관도 없는 이들에게 빼앗기게 생겼으니 좌불안석이 아닐 수 없었다. 하늘이 무너져도 솟아날 구멍이 있다고 했던가. 그동안 관심도 없던 교육정책이 그들에게 동아줄처럼 대안이 되어주었다.

　해방 직후 한반도는 혼돈의 도가니였다. 1945년 8월 15일, 일제의 갑작스러운 항복으로 우리는 준비되지 않은 광복을 맞았다. 좌익 세력은 급하게 조선건국위원회를 세워 정부를 수립하고자 애썼지만, 미군정의 저지로 뜻을 이루지 못했다. 일제는 승전국인 미군의 명령을 따르라는 말을 남기고 떠났다. 이후 한반도 38선 이남의 운명은 미군정의 손으로 넘어간다. 제2차 세계대전 이후 냉전의 초입에서 미군은 한반도에 어떻게 해서든 반공 체제를 공고히 하고 민주주의 정부를 세우고자 목표를 세웠다. 교육제도 역시 그 도구의 하나로 기존에 존재하던 학교에서 일제의 잔재를 몰아내고, 자유 민주주의 이념을 주입하고자 했다. 우리 국민은 일제강점기 동안 바늘구멍 같았던 교육의 기회 속에서 억눌려 왔던 교육열을 폭발시켰다. 신분이나 재산과 상관없이 모두 같은 교육을 받고, 능력으로 인정받을 수 있다는 민주주의의 이념이 국민의 교육열을 부추겼다. 그러나 교육에 대한 국민의 관심을 충분히 수용할 고등교육기관은 매우 적었다. 이 와중에 미군정은 지주들에게 과도하게 쏠린 토지를 국민에게 적절히 분배할 방법을 고민했다. 국민의 높아진 고등교육에 대한 요구와 농지개혁에 대한 지주들의 로비와 저항 속에서 미군정은 묘수를 냈다. 학교재단이 소유한 토지는 개인의 최대 토지 소유량을 제한하는 농지개혁 대상에서 제외해준 것이다. 1948년 발표된 농지개혁 계획에 따르면, 개인이 소유한 땅이 3정보(약 9,000평)를 넘으면 국가에 공매하거나 지가증권으로 교환해야 했으나, 학교재단이 소유한 재산은 예외로 해줬다. 이 덕분에 한국전쟁 이전까지 남한에 사립학교가 우후죽순 생겨났다. 재산을 잃고 싶지 않았던 지주들이 사립학교를 세우고 학교로 땅의 소유권을 옮겼다.

어떤 이들은 부족한 정부재원을 대신해서 사적 자본을 교육에 투자한 것은 인정해줘야 한다고 말한다. 덕분에 우리나라는 해방 이후 혼란한 시기에 고급 교육기관(대학)이 양적으로 빠르게 성장할 수 있었기 때문이다. 그러나 현상의 표면보다 의도에 초점을 두면 해석은 달라진다. 일제강점기 동안 억눌려 있던 고등교육에 대한 국민의 관심은 폭발적이었고, 지주들이 설립한 사립대학들은 특별한 교육적 노력을 기울이지 않아도 많은 학생을 끌어모을 수 있었다. 사립대학 설립자들에게 학생들은 교육의 대상이 아닌 돈벌이 대상이었다. 재산을 지키기 위해 설립되고 운영되는 학교가 공익을 우선으로 할 리 없었다. 별다른 노력 없어도 학비를 싸들고 오는 학생들은 넘쳐났고, 학문과 교육의 질 향상에 대한 관심은 부족했다. 사학은 가족 경영으로 이루어졌고 대를 이루어 학교를 물려받는 일이 비일비재했다. 이 와중에 국민은 교육을 통해 공적 가치를 실현하기보다는 신분 상승을 통한 개인 영달에만 관심이 있었다. 구한말 근대교육이 도입되던 초창기의 국가와 민족을 위한 교육열은 사라졌다. 학교는 돈벌이에 급급했고, 학생과 학부모는 개인의 성공에만 관심이 있었다. 공(公)교육의 공적 가치가 사라져 공(空)교육이 되었다. 학교는 교육기관이었지만, 아무도 교육에 관심이 없었다. 모두가 교육을 전면에 내세우지만, 정작 뒤로는 돈을 챙기고 다른 가치를 더 우선시하는 우리나라 공교육의 부조리가 이렇게 시작되었다.

한국전쟁을 거쳐 우리나라의 학교 제도는 양적으로 팽창한다. 초등 의무교육이 도입되어 1959년에는 국민학교 취학률 95.4%를 달성한다. 1994년에는 중학교 의무교육이 시작되어 진학률 98.8%를 달성한다. 고등학교 취학률은 2000년대 이전에 90%를 달성했다. 대학 취학률은 꾸준히 상승하여 2020년 현재는 전체 학생 중 70% 이상의 학생이 대학에 간다. 세계 역사상 유래가 없던 초등교육 입학시험은 일제가 패망하면서 사라졌고, 중학교 입학시험은 1969년을 기점으로 사라졌다. 고등학교 입학시험은 1974년 수도권에서 시작한 고교평준화 정책이 지방으로 퍼지며 차차 사라졌다.

지금까지 모든 학생이 목매는 대입 시험은 끊임없이 변화해왔다. 1953년까지는 대학별 단독고사를 실시하다가, 1954년부터 1963년까지는 국가연합고사가 시행되었다. 1964년부터 1968년까지는 다시 대학별 단독 고사가 치러졌다. 1969년부터 1980년까지는 대학입학예비본고사 제도가 시행되다, 1981년부터는 학력고사가 도입된다. 현재 대입 시험으로 가장 큰 영향력을 미치는 대학수학능력시험은 1994년부터 도입되어 유지되고 있다. 대입 시험이 지속해서 변화해온 이유는 어떤 방식을 도입하더라도 반복해서 공정성 시비에 휘말렸기 때문이다.

우리나라의 학교 제도는 양적으로 지속적으로 팽창해왔다. 하지만 일제강점기부터 시작된 학교 내 이기주의, 성적주의, 학벌주의, 교육 소외는 해결되지 않았다. 모두가 학교를 교육기관으로 부르지만, 실제로는 교육에 관심이 없기 때문이다. 학생과 학부모는 높은 성적을 통한 신분 상승에만 관심이 있고, 정부는 꽤 오랜 세월 동안 학교를 독재의 도구로만 취급해왔다. 가장 많은 영향을 미치는 재계와 정계는 우수한 인적 자원을 키우는 학교의 선별 기능에만 관심이 있다. 교육부와 교육청은 자신의 안위만 챙기거나 행정중심주의에 빠져 버렸다. 많은 교사가 이 상황에 불만이 많을 것이다. 그렇다고 해서, 대한민국의 교사는 교육 중심적이라고 당당히 말할 수 있을까? 그러기엔 우리 주변에 승진에만 목매는 교사, 월급만 받으면 만족인 교사, 학교 밖의 일에만 관심을 보이는 교사가 아직 많아 안타깝다.

우리나라 공교육 역사에 존재하는 문제와 부조리는 공적 가치에 대한 외면에 그 원인이 있다. 근대교육 도입 초기에 주류를 이루었던 애국 · 애민 정신은 일제의 교육 도구화로 무참히 짓밟혔다. 해방 이후 의무교육을 도입하면서 교육의 공공성을 회복할 기회가 있었으나 양적 성장에 목표를 두느라 그 방향을 충분히 고민하지 못했다. 20세기 후반까지 이어진 독재 정권은 일제가 학교를 황국신민사상 주입의 도구로 삼았던 것처럼, 학교를 독재 정당화 논리 주입의 도구로 삼았다. 매를 들고 학생들에게 교과서 속의 지식을 주입하는 학교의 모습은 일제강점기나 20세기 후반이나 그리 다르지 않았다. 다행히 민주화 이후 교사들의 노력과 시민사회의 성숙으로 학교는 과거에 비해 공공성을 회복해가는 중이다. 그러나 학교를 관리의 대상으로 보는 정부의 태도와 우수한 인재 선별에만 관심을 보이는 사회 문화는 여전하다. 이 책의 초입에서 살펴본 우리나라 학교 내 모든 문제는 그 나름의 역사적 기원과 발전 과정이 있다. 누가 이 문제를 해결할 것인가. 이 책을 이만큼 읽은 독자라면 그 답을 짐작하리라 믿는다.

4

교육패싱, 그리고 공교육과 사교육

　우리 사회에는 '교사패싱' 이전에 '교육패싱'이 만연하다는 점을 짚고 싶다. 서양에서 근대교육이 태동하기 시작할 때부터 학교는 교육 이외의 다른 가치들에 많은 영향을 받는 기관이었다. 시민혁명을 통해 국민을 계몽하고자 하는 정치적 의도에 영향을 받았고, 산업혁명으로 늘어난 일자리를 채워줄 고급 인력 양성 요구의 경제적 논리에 영향을 받았다. 경제의 중심이 공업과 상업으로 넘어가면서 아이를 보면서 일을 할 수 있는 전통적인 농업 인구는 점점 줄었다. 부모가 공업화된 직장에 있는 시간이 길어질수록, 학교는 그동안 아이를 돌봐줄 수 있는 양육·사회화 기관으로 발전했다. 의무교육이 자리를 잡는 20세기 초에는 학교 커리큘럼의 내용과 조직 방식이 학교와 관련한 주요 연구 주제가 되었는데, 학교나 지역의 커리큘럼을 구성하기 위해서는 정부, 기업, 각종 사회집단의 요구 사항을 잘 분석하고 수용하는 것이 매우 중요했다. 그만큼 학교는 사회에 목소리를 내기보다는 사회의 요구를 수용하는 역할을 해왔다. 이 과정에서 교사와 학생 사이의 교육 경험은 뒷전이 되기 십상이었다.

근대식 교육은 우리나라에 들어오면서 평가의 노예가 되었다. 조선시대부터 내려져 온 사농공상의 문인숭배주의와 부족한 교육 기회, 국민의 교육열, 학벌주의 문화 속에서 평가는 학교에서 벌어지는 모든 일을 잠식했다. 학생들은 학교에서 좋은 평가를 받아 좋은 상급학교에 가는 것이 지상목표였고, 평가의 객관성과 공정성은 항상 학교의 모든 가치를 앞섰다. 평가도 교육의 과정이라고 할 수 있으나, 신분상승 욕구에만 휘둘리는 평가는 교육적이라고 보기 어렵다. 학생들이 성적에 목매는 동안 배우고 익히는 즐거움은 사라지기 때문이다. 각종 선거에서 교육 공약은 다른 공약들에 순위가 밀린다. 먹고 사는 문제에 비해 배우고 가르치는 문제는 우리 사회에서는 그리 중요한 문제가 아니다. 그나마 후순위에 있는 교육 공약도 제대로 지켜지지 않는 경우가 많다. 50만 명의 교사가 계속 패싱 당하는 근본 원인은, 우리 사회에서 교육이 패싱 당하고 있기 때문이다. 교육이 무시당하니 교사도 무시당한다.

교육학의 낮은 학문적 지위도 교육패싱에 영향을 미친다. 교육학은 연구대상에 대한 순수한 학술적 호기심을 기원으로 하는 다른 학문들과는 그 시작이 다르다. 공교육의 발전 과정에서 교사를 양성하기 위한 교직 과목으로 출발한 것이 교육학이다. 양적으로 팽창하는 공립학교에 적절히 교원을 수급하기 위해 근대 국가는 당시의 대학과 협의하여 정책적으로 교사를 양성하는 과정을 도입했다. 현재 교육학의 주류를 이루는 교육철학, 교육행정학, 교육심리학, 교육사회학 등은 기존 대학에서 유행하던 철학, 행정학, 심리학, 사회학에 '교육'이라는 말을 덧붙여 더 낮은 수준으로 예비 교사들에게 가르치면서 발생했다. 이러한 현상은 컴퓨터 프로그래밍과 인공지능(AI)이 주목받으면 교육공학이 부각되고, 인구 문제가 회자되면 교육인류학이 부각되는 식으로 현재까지 이어지고 있다. 이처럼 태생부터 곤궁한 교육학의 처지는 모태가 되는 원류 학문들에게 항상 서자 취급을 받아왔고, 학자 집단이 모이면 교육학자들은 은근한 냉대를 받는 것이 전공자들에게는 일종의 내부비밀이 되었다.

교육학의 낮은 지위는 사회적 쟁점을 논의하는 지식인들 사이에서 은밀한 교육학 소외를 유발했고, 학교가 교육 이외의 집단에 지속적으로 휘둘리는 상황에 기여했다. 그 결과, 어떤 것이든지 뒤에 교육만 붙이면 학교에 발을 디딜 수 있는 교육패싱의 정책과 문화가 만연하게 된다. 청렴교육이니, 식단교육이니, 독도교육이니, 경제교육이니, 미디어리터러시교육이니 하는 범교과 과목들이 실제로는 다른 가치를 우선시하면서 교육을 껍데기 삼아 학교로 비집고 들어온 것들이다. 물론, 범교과가 내포한 각각의 가치를 무시해서는 안 되고, 각각의 가치에 비해 교육이 더 나은 가치라고 말할 수 있는 근거는 없다. 다만, 자신을 '교육자'로 생각하는 교사라면 그것들이 교육을 최우선 가치로 한 것인지, 다른 가치를 최우선으로 하는지는 고민해봐야 한다. 다행히 이와 같은 교육학의 곤궁한 상황을 타개하기 위해 많은 교육학도가 고유한 연구대상과 방법을 마련하기 위해 애쓰고 있다. 다만, 많은 학생과 학부모가 교사를 비판하듯, 많은 교사와 예비교사가 사범대 · 교육대 · 교직과정 교수들의 강의에 대해 비판하고 있음을 상기해야 한다. 만약 우리나라 교사의 수준이 낮다면, 이는 다름 아닌 교사 양성을 도맡고 있는 교수들이 책임이 크다. 콩 심은 곳에 콩 나고, 팥 심은 데 팥 난다. 우리 교사의 수준이 더 발전하려면 교사 양성 기관에 근무하는 교수의 노력이 필요하다.

대한민국의 사교육은 다르다?

비극은 공립학교 제도 안에서 교육이 소외되면서 발생한 간극을 사교육이 비집고 들어왔다는 점이다. 학력이 사회적 성공에 영향을 미치는 것은 어느 나라나 비슷하지만, 우리나라는 그 정도가 유독 심하다. 우리나라에서는 아무리 많은 돈을 벌어도 학벌이 좋지 않으면 무시당하기 일쑤다. 아무리 사회적으로 위대한 과업을 이루어도 학벌이 받쳐주지 못하면 평가절하당할 때가 많다. 사회적으로 가치 있는 일을 하더라도 학력이 뒷받침되지 못하면 충분히 인정받지 못하기도 한다. 반대로 학벌이 좋으면 삶에서 셀 수 없이 많은 이득을 볼 수 있다. 회사에 입사할 때도 보탬이 되고, 사업을 하더라도 동문이라는 이름의 막강한 인맥을 활용할 수 있다. 같은 일을 하더라도 이른바 명문학교를 나왔다고 하면 사람들의 시선이 달라진다. 돈이 없어도 학력이 좋으면 쉽게 무시당하지 않고, 돈까지 많으면 역시 명문대를 나온 사람은 다르다는 평가를 받는다. 오죽하면 우리나라는 서울대공화국이라는 말까지 나왔겠는가. '누군가 조국의 미래를 묻거든 고개를 들어 관악을 보게 하라'는 서울대의 슬로건은 오만방자하지만, 이 나라의 높은 자리를 모두 명문대 출신이 차지하고 있는 현실을 보면 마냥 부정하기도 어렵다. 명문대에 들어갈 수 있는 자리는 한정되어 있다. 우리나라 전체 학생 중 명문대 합격자 수를 뺀 만큼의 불안이 모든 학생과 학부모를 집어삼키고 있는 형국이다. 많은 사교육업자들이 이 불안을 자극해서 수익을 올린다.

우리나라의 현재 사교육은 역사적으로 보나, 세계적으로 보나 다른 '사교육'들과는 본질적인 차이가 있다. 우리는 공교육이 성립하기 이전 대부분의 교육은 사교육이었다는 점을 이미 살펴보았다. 그러나 공교육 성립 이전의 사교육은 현재의 사교육과 비교대상이 아니다. 현재의 사교육이 오히려 교육의 원형에 가깝다고 주장할 수도 있으나, 이는 공교육 성립 이전의 교육이 현재 우리나라의 사교육과 그 기원, 방식, 목적이 다르다는 점을 의도적으로 간과한 것이다. 공교육 성립 이전의 사교육은 순수한 교육열을 바탕으로 도제관계를 통해 스승과 제자의 인간적 성장을 목표로 했다. 그러나 한국의 현대 사교육은 학벌에 대한 무한 경쟁에서 발생하는 국민의 불안을 자극해 시험에 필요한 정보를 학생들 머릿속에 무작정 우겨넣는다. 우리나라와 문화가 비슷한 대만, 중국, 인도, 싱가포르를 제외하고 대부분의 나라는 사교육이 없거나, 공교육을 보완하는 수준에서만 머문다.

한국의 학원을 사교육으로 부르는 것조차 과분하다는 주장도 있다. 한국의 학원은 사교육이 아니라 반교육이라는 것이다. 자본주의를 바탕으로 운영되는 학원의 특성상 경제성이 최우선이 될 수밖에 없다. 경제성이 우선시되는 되면 교육의 가치는 뒷전이 되기 십상이다. 교육의 가치가 경제의 가치에 밀리는 현상은 학교와 학원 전반에 걸쳐 일어나고 있다. 공공성을 추구하는 특성상, 여러 가지 가치가 부딪히는 갈등 상황에서 학교는 교육적인 선택을 할 수 있는 여지가 열려 있다. 그러나 학원은 경제성을 포기하면서 교육적인 선택을 하기 매우 어렵다.

학습 특성이 강의보다는 자습에 더 알맞은 학생이 있다고 가정해 보자. 심리학자 위킨스(H. A. Witkins)는 이런 학생을 '장 독립형(Field-independence)'으로 분류했다. 장 독립형 학생은 독립적이고 자율적인 학습 환경을 선호한다. 반대로 교사의 안내와 시범이 꼭 필요한 학생을 가리켜 '장 의존형(Field dependence)'이라고 부른다. 장 의존형 학생은 교사에 의해 구조화된 수업을 선호하고, 독학보다는 강의를 선호한다. 학교는 장 독립형 학생에게 자율학습을 허락할 수 있는 가능성이 열려 있다. 그러나 학원은 그럴 수 없다. 장 독립형 학생에 대한 학습 방식의 인정은 학원 수강의 취소를 의미하기 때문이다. 학원이 생존하기 위해서는 어떻게든 학원 강의의 필요성을 설득해서 수강하도록 만들어야 한다. 장 독립형 학생은 학원에 다닐수록 학습효율이 떨어진다. 그래도 학원은 학생에게 그만두라고 하기 어렵다. 먹고 살아야 하기 때문이다. 이 과정에서 학원업자는 종종 과잉홍보나 부정확한 정보로 학부모를 불안하게 만든다. 고객을 불안하게 만드는 것은 업계를 가리지 않고 많이 쓰이는 홍보 방식이다.

학원가로 내몰리는 학생과 학부모를 마냥 비난할 수는 없다. 학원이 득세하는 이유 뒤에는 언제나 공교육에 대한 불만이 존재하기 때문이다. "학교가 학생들을 충분히 잘 가르치면, 학원에 갈 이유가 없다"는 학부모들의 불만에 교사가 이런저런 평계를 대는 일은, 병을 고치는 데 실패한 의사가 환자 탓만 하는 것처럼 궁색하다. 교사가 교육의 주체라면, 그것이 자신의 잘못이든 아니든 그 결과에 책임을 지려고 노력하는 것이 전문가답다. 교사 입장에서는 권한 없이 책임만 무한한 상황에 대해 불만이 있을 수 있다. 그러나 나는 그 불만스러운 상황을 바꿀 수 있는 것도 오직 교사뿐이라고 믿는다. 학교 밖의 그 누구도 교사가 처한 어려움과 고통에 관심이 없다. 학교 밖 사람들에게 학교는 언제나 각자의 목적을 달성하기 위한 수단일 뿐이었다. 불만이 있다면 스스로 바꿔야 한다. 세상을 바꾸기는 어렵다. 하지만 나를 바꾸는 일은 도전할만하다. 먼저 나를 바꾸고, 연대하면 변화를 꿈꿀 수 있다. 남 탓만 해서는 문제 상황에서 벗어날 길이 없다. 교사 이외의 집단이 교사가 처한 문제를 해결해주리라는 기대를 한시바삐 버리자. 교육부도, 교육청도 교사를 구할 수 없다. 교사는 교사 집단 스스로 구해야 한다.

학원의 득세가 꼭 학교 탓만도 아니다. 우리나라 국민이 학벌에 목매는 이유는 직업에 따른 사회·경제적 대우가 극심한 차이를 보이기 때문이다. 좋은 대학을 나오면 사람답게 살 수 있지만, 공부를 못하면 평생 위험하고 힘든 일을 적은 돈을 받으면서 해야 한다. 어쩌다가 수완이 좋아 돈을 많이 벌더라도 학벌이 없으면 평생 학력 콤플렉스를 벗어나기 쉽지 않다. 나는 신경 쓰지 않더라도 남들이 계속 출신학교를 물어볼 것이기 때문이다. 이러한 사회적 인식은 대한민국 공교육 내의 모든 교육자가 페스탈로치만큼 훌륭해지더라도 바꾸기 어렵다. 한국의 학교 수준이 인류 역사상 유래 없는 최고가 되더라도 사회가 바뀌지 않으면 아이들은 입시지옥에서 벗어나지 못할 것이다. 다만, 교사들이 앞으로 나은 모습을 보여 공교육에 대한 국민의 신뢰를 회복한다면, 교사 집단이 유럽 여느 나라들처럼 사회변화를 선도하는 중요 집단이 될 수도 있다. 그러면 교육 중심으로 변화를 외치는 교사들이 학교를 더 교육적인 곳으로 바꿔나갈 수 있다. 교사가 학생과 학부모로부터 잃어버린 신뢰와 존경을 회복하는 것이 최우선이 되어야 한다.

개인적으로 우리나라 교육의 가장 안타까운 장면 중 하나는 학원강사가 TV에 나와 많은 사람의 관심을 받는 것이다. 교육정책과 관련된 이슈가 떠오르면 여기저기에서 학원강사들이 교육전문가라는 이름으로 튀어나와 의견을 내놓는다. 때때로 학교에서 아이들을 가르치는 공교육자의 목소리가 학원강사의 의견보다 못한 취급을 받는 것이 나는 억울하고 분하다. 내 기준에 학원강사는 교육자라고 보기 어렵다. 이런 말을 하면 어떤 이는 학교에서 만난 선생은 모두 엉망이었고, 자기에게 삶의 가르침을 준 사람은 학원강사였다고 말하기도 한다. 12년 동안의 학교생활 중 좋은 교사를 만나지 못했음에 교사로서 미안함과 책임감을 느낀다. 어떤 학원강사는 일타강사라는 이름으로 몇 년간 바짝 수익을 올린 뒤, 그럴듯한 이름의 '아무개 교육연구소'를 차려 책도 내고 강연도 다닌다. 간판만 갈았을 뿐, 사회의 약한 고리를 이용해 돈을 버는 행태는 학원강사 시절과 다름없다. 이들이 활개 칠 수 있는 환경을 만드는데 학교가 일조했다는 사실을 부정할 수 없음에 미안할 따름이다. 학교와 관련한 사회문제가 발생했을 때 존경받는 교사가 언론에 나와 국민에게 인정받고 사랑받는 의견을 나누는 일은 꿈에서나 가능할까. 앞으로는 교육을 내세우지만 속으로 다른 가치를 더 우선시 하는 행태가 사라지기는 불가능할까. 교사들이 공교육자라는 이유만으로는 그런 세상이 오지 않을 것이다. 교사들의 태도와 역량이 존경받고 인정받을 때에야 비로소 그런 세상이 올 것이다.

4장

교사의 오늘

1

학교의 기능

    존경받고 사랑받는 교사가 되기 위해서는 시대의 요구에 맞는 역할에 대해 고민해야 한다. 교사의 역할에 대한 실존적 고민 없이 교육부와 교육청, 관리자, 부장 교사가 시키는 대로만 해서는 살아있는 교사라고 할 수 없다. 윗사람이 시키는 일을 잘 수행하는 것으로 충분하다면 현재와 같이 우수한 인재들이 교사가 될 이유가 없다. 상부기관이 만든 매뉴얼을 이해하고, 그 매뉴얼을 충실하게 실천할 수 있는 정도의 능력은 고등학교를 무사히 졸업한 정도면 충분하다. 실제로 대부분의 공무원 시험은 학력 제한이 없다. 그럼에도 불구하고 우리 사회가 복잡한 여러 단계를 거쳐 교사를 선발하고 그에 걸맞은 사회적 대우를 보장해주는 이유는 학교와 교사에 거는 기대가 크기 때문이다. 사람들은 교사가 단순히 상위 기관의 명령에 충실한 행정직원을 넘어 우리 사회의 안정과 발전에 기여하기를 바란다. 국가에 의해 고용되고, 국민의 세금으로 월급을 받는 교사라면 이 점을 깊이 살펴야 한다. 교육부를 비롯한 학교 상위 기관들도 학교를 통제의 대상으로만 보는 구시대적인 관점에서 벗어나지 못하고 있다면, 그 생각을 어서 빨리 버려야 한다. 학교를 사상 주입과 체제 유지를 위한 수단으로 보던 일제강점기와 독재시대는 끝난 지 이미 오래다. 일제강점기, 독재시대와 민주시대의 학교 기능이 다르듯, 이를 지원하는 행정기관들도 변화해야 한다. 언제까지고 학교와 교사를 통제와 지시의 대상으로만 취급해서는 안 된다.

교사의 역할은 학교의 기능과 밀접한 연관을 가진다. 교사는 학교라는 기관의 역할을 수행하는 인적 구성원이다. 따라서 교사의 실존적 역할을 고민하기 위해서는 학교의 기능에 대해 고민해볼 필요가 있다. 많은 경우, 학교를 둘러싼 갈등은 학교의 기능에 대한 기대 차이로 발생한다. 교사들은 학교가 교육의 공간이라고 주장한다. 그런데 어떤 학부모 집단은 학교가 보육까지 담당해야 한다고 주장한다. 기업은 학교가 훌륭한 인재를 양성하기 위해 애써야 한다고 주장한다. 노동계에서는 학교가 정규직 직원을 늘려 안정적인 직장 공급을 위해 애써야 한다고 주장한다. 대학은 훌륭한 학생을 뽑기 위해 고등학교 때까지 학생들이 잘 선별되어 오기를 바란다. 이런 상황에서 사교육업자는 학교의 약한 고리와 학부모의 불안감을 이용해 수익을 올린다. 이들은 모두 각각 다른 가치를 추구한다. 교사들은 교육을, 학부모는 보육을, 노동계는 복지를, 대학은 수월성을, 기업과 사교육업자는 돈을 최우선의 가치로 삼는다. 각 집단의 가치관 차이는 갈등이 해결되기 어려운 근원적 원인이 된다. 가치관 문제는 원래 타협이 어렵다. 부부싸움도, 친구 간의 다툼도, 정치인들의 싸움도 결국 모두 가치관 문제다. 가치관 차이에는 누군가 더

옳고 그름이 없다. 서로 생각이 다를 뿐이다. 그래서 합의가 어렵다.

근래 학교의 기능에 대한 이해 차이로 발생한 논란 중 하나가 초등 돌봄 서비스이다. 학부모 단체들은 사회의 돌봄 기능을 확충하고, 맞벌이 부모들의 사회활동 지원을 위해 어린이들에 대한 돌봄 서비스 확충이 시급하다고 주장한다. 우리나라의 초등 돌봄 서비스에는 크게 세 가지가 있다. 교육부의 '초등돌봄교실', 보건복지부의 '지역아동센터', 여성가족부의 청소년 '방과후아카데미'가 그것이다. 이 중 여성가족부의 청소년 방과후아카데미는 연간 이용자수가 300명을 넘지 않아 그 효과를 따지기 민망한 수준이다. 보건복지부의 지역아동센터는 연간 이용자수가 10만 명 내외에 이르지만, 질 관리가 어렵고, 운영주체나 재원이 불안정하다는 문제가 있다. 이에 비해 초등돌봄교실은 연간 이용자수가 20만 명으로 가장 이용자 수가 많다. 초등돌봄교실은 다른 돌봄 서비스에 비해 학교 안에서 운영된다는 점에서 안정적이지만, 학교가 문을 닫는 5시 이후에는 서비스가 종료된다는 한계가 있다. 앞에서 설명한 초등돌봄서비스를 모두 합치더라도 국내에서 돌봄 서비스 혜택을 받는 학생은 2018년 기준으로 13.3%에 불과하다.

학교의 본질 : 교육 vs 복지

초등돌봄서비스가 크게 논란이 되는 이유는 이 문제가 국제적으로도 아직 논쟁 중일 뿐만 아니라, 젠더 이슈와 연결되어 있기 때문이다. 사회보장과 복지의 관점에서 '돌봄'은 어린이에게만 필요한 것이 아니다. 경제활동이 어려운 노년층이나, 몸이 불편한 장애인, 만성적인 질병이 있는 환자와 같이 누군가에게 의존이 필요한 사람에게는 돌봄이 필요하다. 우리 모두 노화에 따라서 혹은 예상치 못한 사건·사고에 의해서 타인에게 의지할 필요가 생길 수 있다. 사회 구성원 누구나 돌봄 서비스의 수혜자가 될 가능성이 있다. 돌봄의 사회적 필요에 대한 목소리가 공론화되기 시작한 것은 21세기 초반으로 아직은 그 주장에 대한 논거와 이에 대한 검증, 사회적 합의가 충분하지 못하다. 개발도상국이나 사회적으로 불안정한 아프리카, 중동 국가에서는 돌봄 서비스에 대한 논의 자체를 찾아보기 어렵다. 돌봄 서비스의 모범으로 꼽히는 덴마크, 스웨덴 등은 돌봄을 넘어서 전반적인 사회복지의 수준 자체가 높은 나라들이다. 반대로 복지가 많지 않은 미국은 돌봄 서비스를 주로 민간 기관에 맡긴다. 국가를 막론하고 대부분의 돌봄 서비스가 여성의 일이 된다는 점은 비슷하다. 여성의 사회 참여를 돕고, 경력 단절을 줄이기 위해서는 돌봄 서비스가 충분히 지원될 필요가 있다.

대부분의 교원단체는 사회적 돌봄 서비스의 필요에는 동의하지만, 그에 대한 업무와 책임이 무비판적으로 학교에 주어지는 것에 대해서는 경계하고 있다. 교총은 돌봄 서비스는 학교가 아닌 지자체가 맡아야 한다고 주장한다. 전교조 역시 돌봄 서비스를 지자체가 맡아야 한다고 주장하지만, 돌봄 전담사의 처우 개선에 목소리를 내고 있다는 점에서 교총과 차이가 있다. 2020년 6월 기준 회원 수 3만 명으로 성장한 교사노동조합연맹은 돌봄 서비스의 국가 지원에 대해서는 동의하지만, 법리 및 학교 교육의 질 관리상 문제가 있다는 점을 지적한다. 학교는 교육·학예를 관장하는 기관이므로 사교육에 해당하는 방과후학교와 보육에 해당하는 돌봄 서비스를 담당하는 것은 법리에 맞지 않으며, 학교 교육의 질도 하락시킬 것이라고 주장한다. 2020년의 설문에 따르면, 초등교사 중 80%가 초등돌봄교실의 운영 주체는 지자체가 되어야 한다고 대답했다. 학교 현장에서는 인원 확충 없이 불도저식으로 밀어붙이는 정부의 업무 전가하기가 결국 학생들에 대한 교육의 질 하락으로 이어질 수 있다는 우려가 많다.

초등돌봄교실의 확대를 주장하는 측에서는 그 모범 사례로 덴마크를 제시한다. 실제로 덴마크는 80%의 초등학생이 돌봄 서비스를 이용하고 그중 절반 이상이 학교시설과 프로그램을 이용한다. 그러나 덴마크와 우리나라의 교사 처우는 매우 다르다. 덴마크 교사들은 행정업무를 거의 하지 않는다. 덴마크는 초등교사 1인 당 학생 비율이 10명 내외이고, 우리는 15명 내외이다. 덴마크에는 교사 인원의 6할에 해당하는 행정직원이 함께 근무하지만, 우리나라는 4할에 불과하다. 우리나라 교사는 OECD 국가 중 가장 적은 수준의 행정업무 지원을 받으며, 가장 많은 시간을 행정업무에 투입하고 있다. 행정업무 강도가 높은 우리나라 교사들이 초등돌봄교실 수용을 어려워하는 이유가 여기에 있다. 안 그래도 바쁜 와중에 인력 추가 없이 새로운 업무를 맡게 되었으니 반가울 리 없다. 다른 사람들의 복지를 지원하느라 개인의 복지를 포기해야 하는 수준이다. 게다가 초등돌봄교실 업무는 기타 행정업무에 비해 업무량과 책임의 한도가 너무 크다. 일개 교사가 담당해서 처리할 수 있는 수준이 아니다. 이와 비슷한 업무가 1995년부터 도입된 방과후학교이다. 방과후학교는 도입 이후 현재까지 모든 교사의 기피업무가 되어 오고 있다. 심지어 방과후학교 담당교사는 수업시간에도 행정업무를 봐야 하는 지경이라는 이야기가 나온다. 당연히 방과후학교 업무 담당 교사

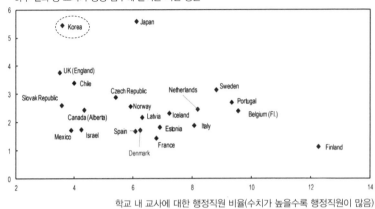

교사의 행정업무 지원 현황(2018년)

하루 일과 중 교사가 행정 업무에 들이는 시간 평균

학교 내 교사에 대한 행정직원 비율(수치가 높을수록 행정직원이 많음)

출처 : OECE(2019), 교사와 행정가의 협력 문화 만들기:
교육 발전을 위한 인적 자원개발정책 재고

가 학생들을 교육적으로 신경 쓰기 어려워진다.

돌봄 서비스의 미래는 예측하기가 힘들다. OECD 국가들은 국가에 의한 돌봄 서비스를 포괄적으로 접근한다. 어린이에 대한 돌봄 서비스 뿐만 아니라 사회적 취약 계층에 대한 전반적인 지원을 '돌봄'으로 보고 이를 확충하고자 노력하고 있다. 여기에 과도한 사회복지는 개인의 자립과 능력 개발을 저해한다는 반대 여론도 있다. 돌봄 개념의 태생지라고 할 수 있는 서유럽 국가에서도 복지 강조와 과잉 복지의 경계 대한 정치철학적 논쟁이 200년 넘게 이어지고 있다. 돌봄 개념의 태생지에서도 아직 완전한 합의를 하지 못한 정책이 우리나라에서 순식간에 정착할 리 없다. 무엇보다 '초등돌봄교실'에 산재하는 문제의 핵심은 부모들의 과도한 요구나 교사들의 업무 과중이 아니라, 예산이라는 점을 꼭 짚고 싶다. 적절한 예산 투입 없는 복지 향상은 거짓말이다. 복지 향상의 첫걸음은 세수 확보다. 정치권에서는 선거 때마다 구체적인 계획이나 계획 없이 선심성으로 돌봄 정책을 내놓는다. 당선된 뒤에는 나 몰라라 한다. 이 덕에 학부모과 교사의 사이에 오해의 골만 깊어진다. 실제로 책임을 져야 할 정부와 정치권은 정작 필요한 예산 확보에는 뒷짐을 진 채 학교와 지자체에만 책임을 전가하고 있다.

학교의 실질적 기능

초등돌봄교실 문제 뒤에 숨겨진 보다 본질적인 갈등 원인은 학교의 기능에 대한 오해다. 사회 구성원들이 학교의 기능에 대해 갖는 기대가 달라 문제가 지속된다. 1971년 출간된 『학교는 죽었다』에서 에버렛 라이머(E. Reimer)는 학교의 기능을 다음 네 가지로 제시했다.

1. 보육(custodial case)
2. 선별(social-role selection)
3. 사회화(indoctrination)
4. 교육(education)

앞서 공교육의 역사에서 살펴본 바와 같이 학교는 산업혁명 이후부터 아이에 대한 보호와 양육 기능을 수행해왔다. 그리고 한정된 자원을 분배하기 위해 다양한 평가로 학생들을 선별한다. 거기에 사회유지를 위해 아이들에게 문화와 예절을 가르치는 사회화 기능도 수행한다. 마지막으로 교사들이 학교의 본연적 기능으로 생각하는 교육이 있다. 라이머가 제시한 네 가지 학교 기능 중 어떤 것이 주가 되어야 하는지는 사람마다 생각이 다를 것이다. 그러나 이 네 가지 기능 중 어느 한 가지라도 학교와 관련이 없다고 말하는 이는 없을 것이다.

학교의 기능과 관련하여 교사가 경계해야 할 태도가 있다. 라이머가 제시하는 네 가지 기능 중 학교가 한 가지 기능만을 위해 운영되어야 한다는 생각이다. 인류 역사에 공교육이 도입된 이후로 학교가 어느 특정 기능 한 가지만을 위해 기능했던 적은 단 한 순간도 없었다. 교사가 스스로 지각하고 있건 그렇지 않건 교사는 학교의 구성원으로 이 네 가지 기능을 동시에 수행하고 있다. 부모들이 직장에서 일하는 동안 학생들과 함께하며 보육을 하고, 다양한 평가를 통해 학생들을 선별한다. 평가 방식이 과정 중심이든 결과 중심이든, 주관식이든 객관식이든, 지필평가든 수행평가든 관계없다. 교사가 평가권을 발휘하는 순간 학생 선별이 이루어진다. 이 과정은 대입과 학생부 기록, 취업에까지 이르는 거대한 선별 체제의 일부이다. 여기에 학생에게 집단생활의 문화와 특성, 모범적인 생활양식, 예절 등을 가르치며 이들이 건강한 성인이 될 수 있도록 사회화를 돕는다. 그리고 학생에게 인류 지식의 정수를 전달하는 교육이 이루어진다.

이 네 가지는 역사와 지역을 막론하고 전 세계의 모든 공공학교가 동일하게 수행하는 기능이다. 네 가지 기능은 유기적으로 연결되어 있어 어느 하나만 떼어놓고 생각할 수 없다. 만약, 어떤 교사가 자신은 교육만 한다고 하거나, 선별은 자신의 역할이 아니라고 주장한다면 그는 자신의 역할을 오해하고 있거나 무지한 것이다. 학교의 기능 중 어느 한

가지를 개인적으로 중시한다는 접근은 가능하다.

　재미있는 점은 그 와중에 교사의 승진제도가 학교의 기능과는 전혀 관계없이 존재한다는 점이다. 학교에서 교사가 승진하는 데 필요한 능력은 위의 네 가지 기능 중 그 무엇과도 연관이 없다. 2020년 현재 승진제도로 교사가 교장이 되기 위해서는 행정업무를 우선순위에 두고 일해야 한다. 학교에서 승진의 과정이자 결과인 각종 업무 부장, 교무부장, 교감, 교장은 교육을 수행하기 위한 보직이라기보다는 행정업무를 처리하기 위한 보직에 가깝다. 더 넓게 보아 이들이 학교의 기능 수행을 위해 꼭 필요한 보직이라고 하더라도, 이들이 라이머가 제시한 네 가지 기능을 중심으로 일하고 있다고 보기는 어렵다. 반대로 이들이 인정받기 위해서는 학교의 기능으로 언급조차 되지 않는 행정업무를 잘 해야 한다. 심지어 교육전문직이라고 불리는 교육청의 장학사들은 상황이 더 심각하다. 이들은 행정업무를 하는 이들이지 교육을 하는 이들도, 학교의 나머지 기능을 수행하는 이들도 아니다.

　교육을 포함해 학교의 기능에 집중하는 교사는 승진할 수 없다. 오히려 교육을 등한시하고, 학교의 현실적인 기능들을 외면할 때 승진의 기회가 주어진다. 교육과 학교에서 멀어질수록 교육전문직에 가까워진다. 이들의 역할이 학교 유지에 꼭 필요한 것은 사실이다. 그러나 그 일들은 행정직이 맡아야 할 일이지 교사가 할 일이 아니다. 만약 교사가 적성에 맞지 않거나, 학교를 다른 방식으로 지원하기 위해 행정업무에 힘을 쓰기로 결정했다면, 자신을 교육자로 지칭해서는 곤란하다. 행정업무 전문가인 자신을 교육 전문가로 지칭하는 행위는 자기 자신을 기망하는 행위이자, 실제 교육 전문가로 존중받아야 할 교사들을 무시하는 행위다. '교육 지원 전문가' 정도라면 적절한 명칭이라고 생각된다.

의사들은 개업의가 아닌 대학병원에서 연구하는 의사들을 좀 더 대우한다. 법조인들도 돈을 버는 것을 주목적으로 하는 변호사가 아닌 법을 연구하고 집행하는 법학자나 판사, 검사를 더 대우한다. 학자들은 승진에 눈이 멀어 자리 욕심을 내거나, 연구를 게을리하는 동료를 경계하고 순수 연구자를 대우한다. 다른 직업군들 또한 각 직업군 고유의 가치를 탐구할수록 존중받고, 그로부터 멀어지는 것을 경계한다. 반대로 교사들은 교육 고유의 가치에서 멀어질수록 인정받고, 교육에 더 집중할수록 소외되는 이상한 제도 안에서 살아가고 있다. 학교가 비판받는 근본적인 원인 중 하나가 이것이다. 교육이라는 본질적인 목표를 추구하기 어려운 제도가 학교를 감싸고 있다. 교사 혹은 교육 행정직 개개인을 탓할 수는 없다. 그들이 그렇게 살도록 만들어진 제도가 문제다. 학교 안의 가치관 전도와 비뚤어진 현실에 대한 개선은 학교와 교사의 본연적 기능에 대한 고민에서 시작해야 한다. 스스로 이 질문에 대한 고민을 놓지 말기를 바란다. 학교의 본연적 기능은 무엇인가?

2

교사의 지위와 세대 차이

초중고생들을 대상으로 한 희망직업 선호도 설문 조사에서 교사는 항상 높은 순위를 차지한다. 2017년에는 초·중·고생 희망직업 순위로 교사가 10년째 1위라는 뉴스도 있었다. 교실에서 실제로 아이들을 상대로 진로 조사를 하면, 꽤 많은 아이가 교사를 희망한다. 이유를 물어보면 그냥 하고 싶어서라고 하는 아이도 있고, 부모님이 추천해줬다고 하는 아이도 있다. 그러면 나는 조금 묘한 기분이 든다. 실제로 학생들이 그렇게 높은 순위로 꼽을 만큼 교사가 괜찮은 직업인가? 동료들과 이야기를 나눠보면 직업에 대한 만족도가 높지 않은 교사도 보인다. 선호도가 높은 직업이지만, 모든 교사가 행복하지는 않다. 모든 직업과 마찬가지로 교사도 나름의 애환이 있다.

교사는 좋은 직업인가

초·중·고등학생이 희망 직업 선호도에서 교사를 높은 순위에 두는 이유는 교사가 실제로 그만큼 좋은 직업이어서라기보다는 진로에 대한 정보가 아직 충분하지 않기 때문이다. 아이들이 부모와 가족 다음에 많이 만나는 사람이 교사다. 빠르면 어린이집 선생님부터 시작해서 직장을 잡기까지 아이들 주변에는 항상 선생님이 있다. 유치원 선생님, 초등학교 선생님, 중·고등학교 선생님, 대학교 선생님으로 선생님을 만나는 장소와 명칭만 달라진다. 대학원에 진학하거나 가르치는 일을 선택하면 거의 평생을 선생님들 사이에 둘러싸여 살아야 한다. 제도권 교육 밖으로 눈을 돌리면 학원, 체육관, 각종 공부 모임 등에서 우리는 정말 많은 선생님을 만난다. 그러다 보니 자연스럽게 선생님이라는 직업에 대해 생각해보게 되고, 선택 가능한 직업으로 고른다.

아이들이 가르치는 일에 관심을 기울여주는 점은 고맙지만, 어린 나이부터 다양한 진로를 경험하지 못하는 점은 아쉽다. 앞으로 우리 공교육의 방향은 학생을 성적별로 선별하는 일보다는 다양한 진로를 경험해보고 자신의 적성을 찾을 수 있도록 도와주는 방향으로 가는 것이 옳다. 진로에 대한 정보가 부족한 학생은 결국 자기 주변에서 경험하고 본 직업 중 하나를 진로로 선택하는데, 아무래도 지금까지는 교사가 그중 많은 비중을 차지했을 뿐이다. 동시에 교사가 선호 직업으로 꼽힌다는 것은 우리 사회에 교사만큼 괜찮은 직업이 없다는 증거이자, 진로교육의 한계이다. 최근에는 유튜버, 운동선수, 연예인, 의사, 대중음악 작곡가 등이 학생의 희망직업에서 높은 순위를 보이고 있다. 이 역시 학생이 그 직업을 정말 선망한다기보다는 자기가 경험한 좁은 세계 안에서 미래 직업을 선택하다 보니 이루어진 일일뿐이다. 실제로 평균 연봉이 높은 직업인 도선사, 국회의원, 감리사, 회계사, 감정평가사, 토목감리기술사 등은 학생이 일상생활에서는 경험하기 어려운 직업들이다. 심지어 성인도 이런 직업을 경험했거나 주변에 지인으로 둔 사람은 많지 않다.

그렇다면 교사는 정말 학생들의 직업 선호도 조사에서 높은 순위를 차지할 만큼 괜찮은 직업일까? 교사라는 직업이 과대평가 받고 있는 것은 아닐까? 이번 장에서는 교사를 다른 직업들과 비교해보는 작업을 통해 이 질문에 대한 답을 구해보고자 한다. 교사와 다른 직업 간의 비교는 실제 우리 사회에서 교사라는 직업이 사회적으로 어떤 위치를 점유하고 있는지를 보여줄 것이다. 이어서 나라별 교사의 사회적 위상에 대해서도 살펴볼 것이다. 국가별 교사의 위상에 대한 비교는 다른 나라 교사의 상황을 살펴볼 기회임과 동시에 우리나라 교사의 상대적 지위를

교사 연봉 비교 : 학력수준별 평균 연봉 및 교사 연봉

(단위 : 만 원)

학력 수준	평균	하위 25%	중위 50%	상위 75%
고졸 이하	3,325	2,400	3,000	4,000
전문대졸	3,489	2,500	3,100	4,000
대학교졸	4,375	3,000	3,800	5,000
대학원 석사 이상	6,002	3,800	5,200	7,500
초등교사	4,509	3,454	4,509	6,038
중·고등교사	4,335	3,184	4,335	4,959
전체	4,241	2,800	3,600	5,000

출처 : 『2018 한국의 직업 정보』, 한국고용정보원

확인하는 작업이 될 것이다.

교사들의 임금 수준은 어느 정도일까? 한국고용정보원에서 발간한 『2018 한국의 직업 정보』를 바탕으로 학력수준별 평균 연봉과 교사 연봉을 비교해보자. 한국고용정보원은 직업별로 30명을 임의 추출하여 설문을 실시하고, 이를 바탕으로 자료를 정리했다. 우리나라 전체 국민의 소득을 오차 없이 정리했다고 볼 수는 없다. 그래도 직업별 평균 연봉 수준과 전체 연봉 수준의 방향을 가늠해볼 수 있다는 점에서 의의가 있다. 무엇보다 한국고용정보원에서 제시한 자료 이외에 단일 기관에서 정리한 자료를 찾기가 힘들었다. 완벽한 자료는 아니지만 타 직업과 교사를 비교하는 예시 정도로는 활용할 수 있을 것이다.

자료에 따르면, 우리나라 전체 직장인 평균 연봉은 4,242만 원, 대졸자 평균 연봉은 4,375만 원이다. 초등학교 교사 평균 연봉은 4,509만 원, 중·고등학교 교사 평균 연봉은 4,335만 원이다. 우리나라 교사 연봉은 대졸자 평균 연봉보다 조금 높은 수준이다. 일반직 공무원과 비교하면 7급과 6급 사이의 대우이고, 대기업 직원보다는 낮고 일반적인 중소기업보다 높다. 교사의 급여는 연령대별 평균소득을 살펴보면, 그 위상이 더 명확해진다.

우리나라 연령별 연봉 평균은 40대까지는 상승하고 50대 이상부터는 하락하는 추세를 보인다. 특히 연봉이 낮을수록 하락폭이 큰 것으로 나타났다. 상위 75% 이상 급여소득자는 50세 이후에도 연봉이 상승하는 추세를 보이는데, 비교적 연봉이 높고 직장이 안정적인 자영업자나 고위임원, 전문직 등이 영향을 준 것으로 보인다. 다음에 나오는 표의 경력별 교사 연봉은 국무총리실 산하 인사혁신처에서 매년 발표하는 '유

연령대별 평균 연봉과 교사, 대기업 평균 연봉 비교

(단위: 만 원)

연령대	평균	하위 25%	중위 50%	상위 25%	교사 연봉	예상 경력	대기업 연봉	예상 경력
30세 미만	2,852	2,300	2,700	3,120	2,918	5년 (약 30세)	3,855	사원 (약 30세)
30대	3,861	3,000	3,500	4,500	3,615	10년 (약 35세)	5,710	대리 (약 35세)
40대	4,881	3,300	4,500	6,000	5,077	20년 (약 45세)	7,844	차장 (약 45세)
50세 이상	4,878	2,800	4,000	6,151	6,527	30년 (약 55세)	9,137	부장 (약 50세)
전체	4,241	2,800	3,600	5,000				

출처: 『2018 한국의 직업 정보』 한국고용정보원
인사혁신처(2018), 유치원 · 초등학교 · 중학교 · 고등학교 교원 등의 봉급표
스코어데일리(2019), 매출액 상위 50대 기업 직급별 평균 연봉

치원 · 초등학교 · 중학교 · 고등학교 교원 등의 봉급표'를 바탕으로 계산한 것이다. 자료의 출처가 달라 직접 비교는 어려우나, 한국고용정보원에서 발간한 자료와 마찬가지로 전반적인 방향을 살피는 것을 목적에 두었다. 교사 연봉의 경우 50세 이전까지는 상위 30% 정도의 소득구간에 위치하는 것으로 보인다. 50세 이후에는 기타 직종에 비해 연봉 하락 폭이 적어 상위 20% 이상 구간에 포함될 것으로 예상된다. 이와 같이

경력에 따른 교사의 연봉 변화는 호봉제를 바탕으로 한 공무원 급여의 특성에 영향을 받은 것이다. 우리나라 매출액 상위 50대 기업(CEO 스코어데일리)의 직급별 평균 연봉은 대기업에서는 어느 정도 급여를 받는지 가늠하게 해준다.

정리하면, 교사의 급여 수준이 같은 대졸자 직장인에 비해 초봉이나 평균 연봉이 높다고 보기 어렵다. 그러나 일반적인 기업의 퇴사율이 85%를 넘는데 반해, 교사는 특별한 문제가 없는 한 정년이 보장된다는 이점이 있다. 대기업에서는 경쟁에서 살아남아 근속기간이 길어질수록 높은 연봉을 기대할 수 있지만, 살아남는 비율이 높지 않다. 2017년 한국경제연구원이 발표한 보고서에 따르면, 7급·9급 공무원의 평생 생애소득이 근로자 수 1,000명이 넘는 대기업의 생애소득과 비슷하다는 보고도 있었다. 그러나 이 보고서는 공무원의 경우 62세까지의 모든 소득을 누계하고, 일반 직장인의 경우 평균 퇴임 연령인 52세까지만 누계했다는 점에서 차이가 있다. 공무원은 대기업에 비해 낮은 급여를 오랜 기간 나눠서 수령하고, 대기업 직장인들은 짧은 기간 비교적 높은 급여를 수령한다. 대기업 종사자가 52세까지 일한 뒤에 사업을 하거나 다른 직장을 얻으면 생애소득은 훨씬 늘어날 가능성이 있다. 그렇다고 교사의 처우가 사회적으로 낮다고 보기는 어렵다. 대기업에 비해 임금이 낮은 것이지 일반적인 중소기업에 비하면 처우가 낫다.

사실, 요즘 젊은 교사들의 존재론적 애로사항은 친구들과의 비교에서 발생한다. 현재 새로 임용되는 신규 교사들은 학교 성적 3% 이내의 우수한 인재들이다. 대학에 입학한 뒤에도 임용고시를 통과하기 위해 대기업 입사를 준비하는 학생만큼 많은 노력을 쏟는다. 많은 경우 교·사대에 오는 학생은 의 · 치 · 한의 · 약학 전공을 목표로 준비했었다. 그래서 이들이 성인이 된 뒤에 자신의 직업을 비교하는 대상은 일반 직장인이 아닌 대기업이나 전문직군이 된다. 4년제 대졸자 중 대기업에 취업하는 비율은 10% 정도이고, 잘 알려진 서울 4년제 대학의 대기업 취업률은 25% 내외로 알려져 있다. 교 · 사대에 입학해서 교사자격증을 취득하는 요즘 젊은 교사는 대기업에도 충분히 입사할만한 능력이 있다. 학창 시절에 비슷한 성적으로 우위를 다투던 친구 중에는 의사 · 약사 · 변호사가 많다. 젊은 교사들이 사회에 나와서 친구들과 대화를 나누다 보면 상대적 박탈감을 느낀다. 아무리 교사라는 직업이 우리 사회에서 안정적인 편이라고는 하지만, 자신과 비슷한 평가를 받았던 친구가 훨씬 나은 대우를 받는 모습에 원인 모를 상실감이 든다.

직장인으로서의 교사

젊은 교사들의 직업에 대한 상실감은 단지 급여에서만 비롯되는 것은 아니다. 우리 사회에는 교사보다 대기업 취업자나 전문직을 인정해주는 분위기가 있다. 젊은 교사 입장에서는 임금이 낮을 뿐만 아니라, 비슷한 능력으로 경쟁했던 친구들에 비해 사회적 대우도 만족스럽지 않다. 함께 1, 2등을 다투던 친구는 대기업에 취업해서 두 배에 가까운 연봉을 받고 사회적으로 인정받는데, 교사가 된 나는 연봉도 적을 뿐만 아니라 언제나 사회적 지탄의 대상이 된다. 신문기사만 하더라도 우리나라 교사와 교육을 비판하는 글은 쉽게 접할 수 있지만, 대기업과 그 직원을 비판하는 글은 훨씬 적다.

이러한 열패감은 경직된 학교 문화 속에서 더욱 강화된다. 상명하복적이고 체제순응적인 학교 조직문화 속에서 우수한 인재는 창의력을 발휘할 기회를 잃는다. 학교 안에서는 얼마나 수업을 창의적이고 효율적으로 하느냐보다, 공문의 자간, 서체, 줄간격 등의 양식을 틀리지 않는 것이 더 중요하기 때문이다. 양식의 준수는 공문의 체계적인 관리와 업무의 효율성을 위해 필요하다. 그러나 공적인 절차를 중시하는 동안 학교의 고유한 교육적 특성을 잃어서는 곤란하다. 젊고 우수한 인재가 경직된 문화 속에서 창의적인 능력을 발휘할 기회를 잃은 채, 언제나 교체 가능한 학교의 톱니바퀴가 되어 간다. 거기에 더해 뭔가 조금이라도 독특한 행동을 할라치면 바로 견제가 들어온다. 심지어 우리 반 학생들과 함께 뭔가 독특한 수업을 하려 할 때 옆 반에서 혼자 튀지 말라는 견제가 들어오기도 한다. 인재들이 독창적인 역량을 발휘할 기회조차 얻지 못하고 평범해진다. 이런 상황에서 교사가 우리 아이들의 창의성을 기를 수 있겠는가. 학교 조직 자체가 창의성을 인정하지 않는데 말이다.

젊은 교사의 상실감은 선배 교사와의 세대 차이를 더 두드러지게 한다. IMF 이전에 교사가 된 중경력 이상의 교사는 자신들의 처지를 대기업이나 전문직과 비교하지 않는다. 이들은 자신의 능력에 맞게 직업을 선택해서 교사가 되었다고 생각한다. 당시 대학을 나온 대부분의 친구는 대기업에 취업했다. 대기업에서 4년제 대학 졸업자들을 버스로 모셔 가던 시절이다. 이런 상황에서 교사가 된 중경력 이상의 교사는 박봉이기는 하지만 교사라는 직업에 크게 불만이 없고, 이들 세대는 직업을 얻고 난 뒤 빨리 조직문화에 순응하는 것이 중요했다. 사회 전체가 경직된 문화 속에서 눈에 띄는 행동을 하기는 매우 어려웠다. 지금에 비하면 독특한 행동을 했다가 받게 되는 반작용도 비교할 수 없이 컸다. 꼭 학교가 아니더라도 1990년대까지는 조직 속에서 일개 구성원이 다른 목소리를 낸다는 것 자체가 어려웠다. 요즘은 조직원이 눈에 띄는 행동을 하면 개성으로 해석하지만, 과거에는 공개적인 비판을 받았다.

이제 교사가 되는 20대는 창의성과 개성의 중요성을 교육받으며 자라난 세대다. 이들에게는 조직에 순응하는 것보다는 자기 색깔을 충분히 표현하는 것이 중요하다. 그래서 젊은 교사는 선배 교사들이 너무 보수적이라고 생각하고, 고경력 교사는 젊은 교사들은 어디로 튈지 모르겠다고 걱정한다. 고경력 교사는 조직에 잘 적응하는 것이 중요했는데, 젊은 교사는 자신의 끼를 어떻게 발산하느냐가 더 중요하다. 고경력 교사가 노지배구를 하며 승진을 꿈꾸던 나이에, 지금의 젊은 교사는 유튜버가 되고 인스타그램 인플루언서를 꿈꾼다. 세대 격차가 커도 너무 크다.

선배가 사회의 어른이자 직업의 선배로서 먼저 후배를 이해해주고 챙겨주자. 그러자면 젊은 교사들이 처한 처지를 잘 살펴야 한다. 아직 경력 10년이 안 된 젊은 교사는 선배 교사와 세대가 다를 뿐만 아니라 자신의 능력과 수준에 대한 기대치가 다르다. 20대 젊은 교사는 자기가 대기업 직원이나 전문직만큼 사회에서 인정받을 만한 능력이 있다고 여긴다. 기업의 규모가 클수록, 직업의 전문성이 높을수록 개인에게 주어지는 자율성이 더욱 커진다. 자신에 대한 기대치가 높고, 그만큼 높은 성적을 유지했었고, 자존감이 높은 젊은 교사는 더 많은 자율성을 요구한다. 그리고 자신이 그만한 자격이 있다고 생각한다.

이 정도 우수한 인재들이 교사가 되는 사례는 전 세계적으로도 없다. 세계 최대 컨설팅 기업으로 알려진 맥킨지 앤 컴퍼니(McKinsey & Company)

의 2010년 보고서에 따르면, 한국은 학교 성적으로 상위 5% 이상의 인재들이 교사가 된다. 이 보고서는 미국 교육의 질 향상을 위해 PISA에서 높은 성적을 내는 3개 국가인 한국, 핀란드, 싱가포르의 교사 수준을 분석했다. 조사 결과 핀란드는 상위 20%의 학생들이, 싱가포르는 상위 30%의 학생들이 교사가 된다. 우리나라와 다른 점은 핀란드는 교사가 되기 위해 석사 수준까지 교육을 받아야 하고, 싱가포르는 대학교 졸업 이후에 2년 내외의 추가 교육과 실습을 거쳐야 한다는 점이다. 맥킨지 보고서는 한국을 포함한 이 세 국가의 교육 성공 요인을 우수한 인재들의 교사 유입으로 꼽았다. 실제로 미국의 초·중등 교사의 47%는 대입 성적(SAT) 하위 3분의 1에 속한다. 이 보고서에서 제시한 미국 교육의 발전을 위한 제안은 상위 3분의 1 수준에 속하는 학생들이 교사가 되도록 처우와 대우를 보장해주어야 한다는 것이다. 우리나라에 비하면 그 목표 자체가 한참 낮다. 우리나라의 평균적인 교사 수준은 전 세계 어디에도 비교할 수 없이 우수하다. 교육의 질이 항상 교사의 수준에 의해서 결정되는 것은 아니다. 하지만 우리나라 교육의 우수성은 많은 부분 교사들의 우수성에 기인한다.

우리나라에서 우수한 인재들이 교사로 유입되는 이유는 다른 나라에 비해 교사에 대한 대우가 좋은 편이기 때문이다. 그러나 교사들에 대한 사회적 인식이 매우 부정적인 것 역시 특징이다. 2018년 바르키 재단(Varkey Foundation, 인도 출신 사업가 수니 바르키Sunny Varkey가 2010년 설립)은 35개 국가를 대상으로 교사의 지위에 대한 설문을 실시해 "세계 교사 위상 지수(Global Teacher Status Index)"를 발표했다. 보고서에 따르면, 우리나라 교사들의 급여 수준은 조사 대상 국가 중 7위로 나타났다. 다른 직업들과 비교했을 때 사회 내의 교사 위상에 대한 평가는 6위였다. 우리나라의 교사는 다른 나라에 비해 급여가 높은 편이고 사회적인 위상도 높다. 그러나 학생과 학부모의 교사에 대한 평가는 매우 낮았다. 학생들이 교사를 존중하는 정도는 26위였다. 자녀가 교사가 되도록 추천하겠다는 부모의 비율은 10위로 나타났는데, 2013년 발표된 같은 재단의 보고서에서 2위로 나타난 것에 비해 많이 떨어진 수치다. 보고서는 사회적으로 교사에 대해 부정적 평가가 높은 나라로 그리스, 러시아, 미국을 꼽았다. 대부분 나라의 시민들은 교사가 급여를 더 받아야 한다고 평가했다. 그런데 한국의 시민들은 교사가 너무 많은 보수를 받고 있다고 응답했다.

정리하자면, 우리나라 교사의 역량은 세계 어느 나라에도 없을 만큼 우수한 수준이다. 다만, 그 역량을 발휘할 수 있는 조직문화나 지원 체제는 아직 이루어지지 않고 있다. 교사에게 주어지는 경제적 보상은 세계적인 수준으로 보아도 낮지 않지만, 그들이 주관적으로 평가하는 자신의 능력에 비해서는 높다고 보기 어렵다. 한때 우리 사회의 부모들이 교사를 추천 직업으로 꼽았지만, 그런 경향은 점점 줄어들고 있다. 교사에 대한 신뢰와 존중 역시 높지 않다. 그 안에는 고경력 교사와 젊은 교사 사이의 세대 차이가 있다. 자기에 대한 역량 평가 차이는 교사 집단 내의 세대 차이를 더 키운다. 이러한 세대 차이는 개인주의 성향이 강한 교사기 더 많이 유입되는 미래에는 더 커질 것으로 보인다. 기존의 교육기관과 고경력 교사들은 후배의 개성을 잘 이해하고 수용하려는 노력이 필요하다. 과거처럼 까라면 까는 조직문화를 받아들일 후배는 점점 더 줄어들고 있다. 우리나라가 훌륭한 인재들을 교사로 유입하고 있다는 점은 세계 다른 나라의 교육제도에 비해 아주 큰 강점이다. 그런 면에서 앞서 제시한 미국 사례에 비하면 우리나라는 교육 천국이다. 앞으로는 어떻게 하면 지속적으로 우수한 인재를 끌어들이고, 그들이 가진 역량을 잘 발휘할 수 있도록 도울 수 있을지가 중요한 어젠다가 되어야 한다. 그러자면 우수한 인재가 자유롭게 자신의 역량을 발휘할 수 있게 문화와 제도를 개선해야 한다. 새 술은 새 부대에 담아야 한다. 헌 부대에 새 술을 담으면, 새 술마저 썩고 만다.

3
전문직이라는 허상

    결론부터 말하면, 교사는 단 한 번도 전문직이었던 적이 없다. 전문가와 전문직을 먼저 구분해야겠다. 세상의 모든 직업은 전문가를 배출할 수 있다. 아르바이트로 하는 편의점 점원이나 식당 종업원, 피씨방 관리 등도 전문가로 부르지 말라는 법이 없다. 우리가 특별히 고급 지식이 필요 없다고 생각하는 직업들도 그 세계 안에 전문가가 존재할 수 있다. 일반인들이 쉽게 따라 할 수 없을 정도의 업무 성과를 보인다면, 사회적 지위나 임금 수준에 상관없이 특정 개인을 한 분야의 전문가로 부를 수 있다(한 TV 프로그램에서는 '달인'이라는 용어를 쓰기도 한다).

    그러나 전문직은 다르다. 전문직은 일정한 규정과 조건 내에서 사회적으로 특정 직업에 종사하는 모든 사람을 전문가라고 부를 수 있을 때 붙이는 호칭이다. 식당 종업원은 전문가가 될 수 있지만, 식당 종업원을 전문직이라고 부르지는 않는다. 의사나 변호사를 전문직이라고 부르지만,

그들을 일상생활에서까지 의학 전문가나 법률 전문가라고 부르기는 어색하다. 그들은 이미 그 분야에 대해 공인받은 전문가이기 때문이다. '교사는 선생님이다'와 같이 불필요한 동어반복이 발생한다. 서두에 교사가 전문직이 아니라는 주장은 모든 교사가 전문가가 아니라는 뜻은 아니다. 교사 중에도 교육 전문가가 있다. 일반인들이 쉽게 따라 할 수 없을 정도로 교사 '일'을 잘하면 전문가라고 볼 수 있다. 내가 아는 이 중에도 많은 전문가 교사가 있다. 그러나 그렇다 해도 교직이 전문직은 아니다.

연구자별 전문직 특성 비교

프랭크 머레이 (Frank B. Murray, 1992)	사회에 필수적인 기능의 수행, 장기간의 훈련을 요하는 전문화된 지식과 기술, 직업과 직업 집단에 대한 강한 소속감, 직무수행상의 권위와 자율, 공적 봉사
파케이와 스탠포드 (Parkay, F. W., & Stanford, B. H., 1990)	서비스 창출의 독점, 폭 넓은 자율성, 장기간의 교육·훈련, 필수적 서비스 제공과 지속적 능력 개발, 자신들의 직업에 대한 통제력 확보, 자율적 통제기능을 갖는 직업단체 결성, 획득이 어려운 특수한 지식과 기술, 대중의 높은 신뢰도, 사회적 위세와 상대적 우위의 경제적 보상
매걸리 사패티 라슨 (Magali Sarfatti Larson, 1987)	전문가 조직, 고도로 전문화된 지식과 역량, 독립된 수련 기관, 고유한 자격 제도, 높은 업무 자율성, 직업 내 상호 통제, 윤리강령,
조앤 브라운 (Joanne Brown, 1992)	직업의 독립성, 자율성, 고도화된 지식, 직업에 대한 높은 헌신, 자율·자치적 조직, 상호평가에 대한 높은 신뢰
콜린 콜스 (Colin Coles, 2002)	직업 내 강한 연대, 장기간의 수련, 고도화된 지식, 사회 봉사적 성격, 암묵적 행동규약, 윤리 규약, 높은 보상, 독립적이고 체계화된 조직
파발코 (Pavalko, R. M., 1988)	이론이나 지적 기술, 기본적인 사회가치와의 관련성, 장기간의 훈련 또는 교육, 선택 동기가 이타적, 자율성, 구성원간의 결속감, 공동체 의식, 윤리 규약
김성열 (1984)	광범위한 자율성, 고도의 전문지식, 장기간의 직전 및 현직 교육, 엄격한 자격 제도, 사회봉사의 중시, 윤리강령의 제정, 전문직 단체의 결성
허병기 (1994)	장기적이고 고도화된 교육과 지속적 능력 개발, 엄격한 자격증 제도와 어려운 직업 입문, 전문적 지식과 기술의 행사, 폭 넓은 자율성 행사, 자율통제와 권익보호를 위한 단체 결성, 상대적 우위의 사회적 위세와 경제적 보상

전문직의 요건

전문직의 요건에 대한 연구는 다양하다. 전문성 연구자별로 주장하는 전문직의 특징을 정리하면 왼쪽의 표와 같다. 연구자별로 꼽는 전문직의 특성은 조금씩 상이하지만 대부분의 요소가 비슷하다는 점을 발견할 수 있을 것이다. 우리가 사회적으로 전문직이라고 꼽는 직업은 위와 같은 요건을 충족하고 있다. 특히 제시된 이론가 중 파발코는 일반적인 직업(Occupation)과 전문직(Profession)을 구분해서 제시하는 점이 눈에 띈다. 파발코가 제시한 기준을 바탕으로 교사가 전문직에 해당하는지 여부를 표로 검토해보자. 아울러 우리 사회에서 일반적으로 전문직으로 여겨지는 의사와 법조인을 함께 비교해서 그 대비를 더 명확히 해보자.

아래 표에서 보는 바와 같이 직업으로서의 교사는 사회적 가치가 높고 이타적 선택 동기가 강조된다는 점에서는 전문직의 기준에 부합하지

교사의 전문직 기준 충족 여부 검토

기준	일반직 Occupation	전문직 Profession	의사	법조인	교사
이론 · 지적 기술	낮음	높음	높음	높음	제한적
사회적 가치	낮음	높음	높음	높음	높음
훈련 기간	단기간	장기간	장기간	장기간	제한적
이타적 선택 동기	X	O	O	O	O
자율성	X	O	O	O	△
결속감	X	O	O	O	X
직업 내 공동체 의식	△	O	O	O	X
윤리 규약	X	O	O	O	X

만 여타의 조건은 충족하고 있다고 보기가 어렵다. 교사에게 필요한 이론적·지적 기술이 충분히 고도화되었다고 과학적으로 증명된 바가 아직 없다. 그래서 최근 많은 연구자들은 교사의 이론적·지적 전문성을 증명하기 위해 애쓰고 있다. 그중에서도 특히 교사가 학생에게 가르치기 위한 지식이 교사의 전문성을 대변한다고 주장하는 '교수 내용 지식(PCK, Pedagogical Contents Knowledge)'은 교사들에게 큰 관심을 받기도 했다. 그러나 PCK를 포함한 교사의 교육방법에 관한 전문 지식의 고도화에 관한 연구는 학계에서 아직 충분히 인정을 받지 못하고 있는 것이 현실이다. PCK를 강조하는 연구자도 '교사의 PCK가 교직의 전문성을 증명한다'기보다는 '교사가 PCK를 발전시켜 전문성을 인정받아야 한다'고 주장한다. 게다가 PCK를 충분히 발휘하는 교사가 소수 존재한다고 하더라도, 모든 교사가 그만큼의 성과를 보여주지 못한다는 점에서 한계가 있다. 의사나 법조인은 그 직업 내에서 가장 실력이 낮고 수준이 낮더라도 기본 이상은 할 것이라는 기대를 받는다. 그러나 교직은 월등한 PCK 능력을 보유한 교사가 실제 존재하더라도 모든 교사가 최소한의 역량을 보여줄 것이라고 기대되지는 않는다. 앞서 말한 것처럼 전문가 교사는 존재하더라도, 교직이 아직 전문직이 될 수 없는 한계가 여기에 있다.

다른 요건도 살펴보자. 교사는 다른 전문직에 비해 훈련 기간이 짧다. 의사는 전문의 자격을 따기 위해 약 10여 년간의 수련을 거친다. 우리나라에서 변호사가 되기 위해서는 최소한 7년의 수련 기간이 필요하다. 전문직은 수련 기간이 길 뿐만 아니라 그 과정에서도 많은 노력과 헌신을 요구받는다는 점은 잘 알려져 있다. 자율성이 제한적이라는 점은 교사에게 매우 큰 약점이다. 여타 전문직은 전문가 개인의 선택을 존중한다. 의사가 환자를 어떻게 치료할지, 변호사가 피고인을 어떻게 변호할지는 모두 개인의 자율에 맡기고 함부로 간섭하지 않는다. 차후 결과를 평가할 수는 있으나 과정에서는 그들의 전문성을 존중한다. 그러나 교사는 상위 기관의 지속적인 간섭을 받는다는 점에서 자율성을 논하기 민망한 수준이다. 최근 들어 학생을 가르치는 방식에서는 자율성이 비교적 보장되고 있다는 점은 긍정적이다. 그러나 교육과정의 가장 중요한 부분 중 하나인 평가방식과 기준 등은 스스로 선택할 수 없다는 점은 큰 약점이다. 혹자는 평가 역시 교사의 자율이라고 생각할 수 있으나, 그 역시 교육부나 교육청이 정한 기준 내에서의 자율일 뿐이다. 교사는 직업 내에서의 공동체 의식이나 결속감 역시 찾아보기 어려운데, 그 이유는 비교적 짧은 수련 기간에 있다. 전문직은 고도화된 지식을 얻기 위해 장기간의 수련 기간과 높은 문턱을 넘는 과정을 통해 전문직의 이권과 능력을 보호하기 위해 강한 결속감을 갖는다. 외부 입장에서는 이기적으로 보일 수 있으나, 전문직 내부적으로는 질 관리를 위한 수단의 하나다. 의사에게는 히포크라테스 선서, 법조인에게는 법조윤리장전이 있는데 반해 교사에게는 모두가 동의하고 따르는 윤리 규약이 없다는 점도 한계다.

교사를 전문직으로 볼 수 없는 근거가 명확함에도, 교사를 전문직으로 부르려는 시도가 꾸준한 이유는 무엇일까? 그것은 아마도 교사라는 직업이 가지는 사회적 가치 때문일 것이다. 산업혁명 이후 시작된 공교육제도는 모두가 평등한 기회를 보장받게 해주는 최소한의 기제라는 점에서 근대적 가치를 실현하는 중요한 역할을 하고 있다. 이러한 관점을 잘 반영한 문건이 1966년 발표된 UNESCO와 ILO(국제 노동기구, International Labour Organization)의 〈교사의 지위에 관한 권고문 (Recommendation concerning the Status of Teachers)〉이다. UNESCO와 ILO는 공교육제도의 가치를 실현하기 위해 교사의 권리와 대우를 보장해주길 국제 사회에 권고했다. 국내외를 막론하고 교사의 전문성을 강조하거나, 전문성을 신장하기 위한 연구는 꾸준히 이루어지고 있다. 아이들이 부모보다 더 많은 시간을 보내는 교사가 전문직 수준의 역량을 키우고, 적절한 대우를 받을 때 사회의 발전에 기여하게 될 것이라는 기대 때문이다.

전문직을 위한 노력

'교사는 전문직이다'라는 말이 단순한 구호 수준에 머물러서는 안 된다. 교사가 전문직으로 인정받기 위해서는 그 기준에 적합한 교사 집단 전체의 노력과 제도적 보완이 뒤따라야 한다. 교사는 스스로 자신이 하는 일에 대한 고도화된 전문적 지식을 개발하고 이를 바탕으로 더욱 강력하게 결속해야 한다. 이 결속의 중심은 교육이 되어야지, 다른 것이 되어서는 안 된다. 특정 직업에는 다양한 측면이 존재하고, 그 안에서 복잡한 가치들이 지속해서 부딪히는 것이 당연하다. 따라서 특정 직업 집단이 다양한 가치를 동시에 추구할 수도 있다. 그러나 전문직은 그 직업이 봉사하는 핵심 가치를 가장 우선순위에 두어야 한다.

예를 들어, 일반적인 노동자 집단은 그들의 처우나 임금 개선을 집단의 최우선 가치로 주장해도 큰 비판을 받지 않는다. 그들의 직업적 특성이 전문직과는 다르기 때문이다. 그러나 의사나 변호사 집단이 그들의 처우나 임금 개선을 최우선 과제로 삼고 행동한다면 시민들은 비판을 멈추지 않을 것이다. 왜냐하면, 그 직업군의 특성이 다른 직업에 비해 더 본질적인 가치를 추구하도록 기대되기 때문이다. 그 직업의 사회적 역할이 매우 큰 것이 이유다.

교사 역시 마찬가지다. 단순히 결속하는 것만이 목적이 아니라, 사회적으로 중요한 가치가 결속의 핵심이 되어야 한다. 다양한 교원단체가 시민뿐만 아니라 많은 교사로부터도 지지받지 못하는 이유가 여기에 있다. 교원단체가 교직의 가장 본질적인 가치가 아닌 다른 가치를 먼저 내세우는 순간, 그 직업의 전문적 가치를 상실한다. 교원단체가 다른 가치를 배제하자는 말이 아니다. 전문가 집단도 노동, 평등, 복지, 약자 보호, 인권, 임금, 처우개선 등의 가치에 대해 목소리를 낼 수 있다. 그러나 자기가 발 딛고 있는 바탕이 어디인지를 살피지 못해서는 의미가 없다.

교사 양성 과정에서도 많은 개선이 필요하다. 현재의 교원 양성 과정이 과거에 비해서 많이 개선된 것은 사실이다. 서양식 교육제도가 처음 도입되기 시작한 일제강점기에도 교원 양성은 주먹구구였다. 당시에 교사자격증을 주는 사범학교의 교육기간은 3년이었다. 일제강점기에 사범학교만으로는 국민이 요구하는 만큼 교원을 양성할 수 없어 6개월이면 자격을 주는 속성과가 존재했다. 그런데도 교원이 부족해서 교원양성소를 따로 두어 1년이면 자격을 획득할 수 있게 해주었다. 해방 이후에도 정규 사범대학들은 4년제 학제를 갖추었으나, 부족한 교원 공급을 확충하기 위해 단 몇 개월의 교육을 이수한 사람에게도 교원자격증을 발급하기도 했다. 심지어 초등 교사의 경우에는 2개월 교육 이수만으로도 교원자격증을 받을 수 있는 시기가 있었다. 전쟁 이후 급속한 발전 시기에 국민의 교육열에 부응하기 위한 어쩔 수 없는 과정이기는 했으나, 충분히 교육받고 검증되지 못한 사람이 교사가 되면서 우리 교육의 한계가 되기도 했다. 현재는 오히려 너무 우수한 수준의 인재가 교사가 되고는 있으나, 이들이 충분히 역량을 발휘하도록 뒷받침하는 제도가 마련되지 않아 문제다. 심지어 가장 똑똑한 학생이 교·사대에 들어와서 공부하면서 평범한 인재가 되고, 학교에 들어와서는 기존 문화와 체제에 젖어 들면서 바보가 된다는 말까지 돈다. 이러한 한계를 극복하려면 현장에 나오기 전에 충분한 전문성을 기르고 발전할 수 있도록 돕는 제도 마련이 시급하다. 가능하면 다른 전문직에 준하는 수준으로 커리큘럼의 양과 질을 늘려야 한다. 교·사대도 변화해야 한다. 교·사대의 낮은 교육 수준에 대한 불만은 어제오늘의 문제가 아니다.

교육학 교수의 분발 역시 시급하다. 교육학 교수는 교육의 이론화와 교사의 전문성 향상을 위해 기여할 의무가 있다. 단순히 교사 양성 기관의 교수자 역할만 수행해서는 부족하다. 다른 전문직의 연구자는 전문직 전체의 발전을 위해 끊임없이 연구하고 이론을 개발한다. 또한, 그 연구의 수준이 타 분야에 비해 부족함이 없도록 애쓰고 있다. 그래서 전문직 분야에서는 학계에서 연구하는 학자가 귀한 대접을 받는다. 그들이 그 직업의 바탕이 되는 고도화된 지식을 생산하기 때문이다. 교육학계는 어떠한가? 교사의 존경을 받기는커녕 외면받기 일쑤다. 30년도 넘은 낡은 강의노트로 몇 년째 같은 강의만 계속하는 교수의 문제점을 토로하는 예비 교사와 교사가 많다. 교사에게 교육학은 학위를 취득하기 위한 수단일 뿐 도전할 만큼 가치 있는 학문으로 인정받지 못하고 있다.

교·사대 교수의 연구가 현장과 유리되어 있거나 깊이가 기대에 부응하지 못하기 때문이다. 최선을 다해서 연구하는 교육학자에게는 이런 평가가 박하게 느껴질지 모른다. 그러나 자신의 직업을 진지하게 여기는 사람이라면 주변의 평가에도 귀 기울일 줄 알아야 한다. 교사가 학생이나 학부모의 평가를 무시해서는 인정받을 수 없는 것과 마찬가지로, 학자도 그 활동의 주요 대상이 되는 교사의 목소리에도 귀 기울여야 한다.

아울러, 교·사대 교수의 임용에는 실제 학교 현장의 경험이 중요한 지표가 되기를 바란다. 의대 교수는 최고의 의사들 가운데에서 선발한다. 법학 교수도 최고의 법률 전문가 가운데에서 선발한다. 그런데 교육학 교수의 임용은 교직과 유리되어 있다. 오히려 학교 경험이 전혀 없는 연구자가 교수가 되는 경우가 많다. 교·사대 교수와 일선 교사의 거리를 좁히려면 이러한 한계를 극복해야 한다. 대학 수업 중 하나를 현직에서 활동하는 교사에게 선심 쓰듯 맡기는 식으로는 부족하다. 학교에서의 교육 경험이 교수 임용의 중요한 기준 중 하나가 되어야 한다.

아이러니하게도 한국 학계에서 전문성을 가장 많이 연구하는 직업은 교사, 간호사, 사회복지사이다. 모두 사회적 가치는 중요하지만, 충분히 전문직으로 인정받지 못하는 직업이라는 공통점이 있다. 충분히 전문직으로 인정받는 직업인 의사, 판사, 변호사, 약사, 회계사, 변리사, 한약사, 교수, 한의사 등은 전문성에 대한 연구를 하지 않는다. 그럴 필요가 없기 때문이다. 교직 내에 전문직·전문성에 대한 논의가 많다는 점은 오히려 교사가 전문직이 아니라는 반증이다. 그렇다면 교사가 꼭 전문직이 되어야 하는가 반문할 수 있다. 그 질문도 일리가 있다. 전문직으로 인정받기 위한 길은 고난 할 뿐만 아니라, 교사의 헌신을 요구한다.

꼭 그 정도로 교사의 지위를 향상시키지 않더라도 먹고 사는 데 문제가 없다.

그러나 교직을 천직으로 알고 교육에 헌신하는 교사라면 생각이 다를 것이다. 그들은 자신이 하는 일에 충분히 자부심을 갖고 있고 그에 걸맞은 인정을 받기 원한다. 게다가 젊고 유능한 교사는 자신의 직업적 가치에 자신의 자존감을 투영한다. 그들은 그들의 능력이 다른 전문직만큼 인정받을 만하다고 생각하고, 실제로도 그렇다. 매일 학부모에게 무시당하고, 학생의 눈치를 보는 일은 그들이 원하는 삶이 아니다. 교육 전문가로서 외부인에게 충분히 인정받고 존중받고자 하는 욕구가 마음속 깊은 곳에서 강하게 끓고 있다. 다만, 아직 그 방향과 방법을 찾지 못했을 뿐이다. 우리나라에서는 전 세계 어느 나라와도 비교할 수 없는 유능한 인재들이 교사가 되고 있다. 그들 덕에 우리 학교의 미래는 꽤 밝을 것이라고 기대한다. 하지만 그들에 대한 사회적 처우는 아직 1980년대 수준에 머물러 있다. 유능한 인재에게는 전문직에 걸맞은 자율성 보장과 본연적인 가치를 중심으로 한 강한 결속이 필요하다. 시간이 흘러 젊고 유능한 교사가 경력자가 될수록 학교 문화도 변화할 수밖에 없을 것이다. 그 과정에서 교사가 전문직인가, 하는 질문은 교사가 더 존경받고 사랑받는 미래로 가기 위한 첫걸음이 되어줄 것이다.

4

교직관과 태도

눈치 빠른 독자라면 이 책이 전문직관을 주장하고 있다는 사실을 이미 간파했을 것이다. 일반적으로 교직을 보는 관점에는 성직관, 전문직관, 노동직관이 있다. 교직관은 자신이 수행하고 있는 직업을 본질적으로 어떻게 여기고 있는가에 관한 개념적이고 철학적 인식이다. 직업에 대한 판단과 가치관은 현실 상황에서 직업을 어떻게 수행하는가에 영향을 미치고, 나아가 조직문화에도 영향을 미친다. 교직관은 단순히 직업에 대한 관점일 뿐만 아니라, 교사의 본질, 교사의 현재, 교사의 나아갈 방향, 교사 단체의 운영 원리가 되는 핵심적인 가치라고 할 수 있다. 따라서 직업인으로서의 교사가 어떤 가치관을 중시하고 있느냐에 따라 학생과 동료 교사를 대하는 태도, 학교 밖에서의 행동과 역할, 자신이 몸담고 있는 단체에 대한 기대가 달라진다. 교사로서 자신의 역할을 어떤 가치관에 뿌리를 두고 있는가는 매일 학생들을 어떻게 가르칠지, 교사로서 어떤 삶을 살아야 할지에 관한 지침이 된다. 각각의 교직관을 조금 더 자세히 살펴보자.

교직을 보는 3가지 관점

성직관은 가장 전통적인 교직관이다. 공교육제도가 도입되기 전까지 누군가를 가르치는 일은 정말로 종교적이고 성스러운 것이었다. 인쇄술이 발명되기 전까지 교육은 종교 집단이나 극소수 상류계층에게만 허락되었다. 신부, 랍비, 스님과 같은 성직자가 교리의 전파와 후계자 양성을 위해 제자를 가르쳤다. 성직자가 아니더라도 학생을 가르칠 수 있을 정도의 지식인은 매우 극소수로 성직자에 준하는 대우를 받았다. 이들의 주 덕목은 사랑과 헌신, 희생과 봉사, 정신과 영혼의 활동 등이었다. 정치 참여, 물질적인 보상, 승진, 처우 개선 등과 같이 세속적인 일에 관심을 기울이는 것은 부끄러운 일로 여겨졌다. 이들은 종교적인 가르침이나 지고지순한 정신적 지식의 표상으로 항상 완벽하기를 기대받았다. 교사에 대한 이 같은 기대는 현재까지도 남아 고도의 윤리성을 필수덕목으로 요구한다. 특히 학교 밖의 일반 시민은 교사에게 여전히 성직자적인 태도를 요구하는 경우가 많다. 그러나 공교육제도 이후의 교사에게는 성직관이 잘 맞지 않는 측면이 있다. 실제로 교사는 더 이상 성직자가 아닐뿐더러 지식에 대한 독점적 지위도 사라졌다. 미래 사회를 짊어질 학생을 가르친다는 점에서는 여전히 성직자 수준의 높은 윤리성과 인격성이 강조될 필요가 있다. 그러나 교육제도가 변화하며 교사의 역할과 사회적 지위도 달라지고 있다. 근래 들어 성직관은 교사에게 가혹

할 정도로 희생과 봉사를 강요하고, 기본적인 권리와 자율성을 제한한다는 한계를 지적받고 있다.

노동직관은 성직관의 반대 개념으로 등장했다. 20세기 초 노동자의 권리 보장을 요구하는 목소리가 커지면서 교사 역시 다른 직업과 본질적으로 차이가 없다는 주장이 나타났다. 과거에는 정신적 노동과 물질적 노동을 구분하여 정신적 노동을 숭고하게 여기는 관점이 존재했다. 그러나 자본주의 발달에 따라 정신적 노동자나 물질적 노동자나 생산수단이 부재한 상태에서 자본가에게 부역한다는 점은 크게 다를 바가 없다는 주장이 등장한다. 공교육제도의 등장 이후 교사라는 직업이 보편화되면서 과거의 희소성을 상실한 점도 여기에 한몫했다. 정부나 교육기관에 고용되는 피고용자로서 일반 노동자와 다를 바가 없게 되었다. 이 과정에서 교사의 처우와 근무조건을 개선하고 노동 3권을 보장하기 위해 노동조합을 결성하자는 목소리가 나타났다. 노동직관을 바탕으로 한 우리나라의 교사노동조합은 이전의 권위적이고 보수적인 교사의 역할과 지위를 해체하고 여러 가지 면에서 학교를 혁신하고 진보시키는 기능을 했다. 그러나 학생을 가르치는 학교의 독특한 특성상 교사에게 성직자의 역할을 기대하는 시민은 여전히 많다. 교사가 노동자 지위를 강조하면 할수록 오히려 학교 밖에서는 교사 스스로가 사회적 지위를 하락시킨다는 비판이 발생한다. 교사의 노동자로서의 권리를 강조하기 위한 논리가 학교 밖에서 교사를 공격하고 하대하기 위한 논리로 왜곡된다. 교사노동조합이 교육이나 교사 집단의 권리보다 다른 진보적 가치와 노동집단을 옹호할 때는 교사 내부로부터 거센 비판을 받기도 한다.

전문직관은 성직관과 노동직관을 융합한 관점이다. 전문직관은 가장 최근에 등장한 교직관으로 교직을 이타적 봉사성, 자율성·윤리성, 지적·정신적 활동을 바탕으로 하는 직업으로 규정한다. 그러나 과거의 성직관과는 다르게 교사의 사회·경제적 지위 향상을 위한 단체교섭권 등을 인정한다는 점이 다르다. 교직을 전문직으로 인정받을 수 있도록 하는 활동과 연구가 현재도 활발하다. 그러나 전문직관은 교직 내에서도 아직 찬반이 갈리고 있으며, 교직 외 사회 구성원들에게 충분한 인정을 받지 못한다는 한계가 있다. 전문직이라는 지위는 사회 구성원들의 암묵적이고 무의식적인 인정으로 주어진다고 볼 수 있다. 실제로 한국표준분류 직업표에서는 교사를 교육 전문가로 규정하고 있는 반면, 각종 법문에서는 교사의 법리적 전문성을 모호하게 취급하고 있다. 더 나아가 은행에서 사용하는 내부 규정에서 교사는 여전히 비전문직으로 분류가 된다는 사실은 이미 잘 알려져 있다. 다만 '전문직'이라는 용어가 주는 호감도와 신뢰도 때문에 교사가 전문직이라고 주장하는 사람이 많은 것으로 보인다.

우리가 가장 경계해야 할 사고방식 중 하나는 이분법과 비현실적 순수주의이다. 앞에서 제시한 세 개의 교직관은 일도양단하여 선택할 문제가 아니다. 오히려 교사라는 직업의 다양한 측면을 보여주는 해석 방식에 가깝다고 할 수 있다. 교사가 성직자인지, 노동자인지, 전문직인지에 관한 논의에는 정답이 없다. 교육의 역사와 제도의 발달에 따라 교직 내의 특성은 지속해서 변해왔고 현재도 변하고 있기 때문이다. 공교육 도입 이전까지 가르치는 일은 성직에 더 가까웠다. 그러나 노동운동이 활발하던 시기인 20세기 초에는 교사 역시 노동자의 일부로 노동권 보장을 위해 함께 연합했다. 현재 우리나라와 같이 교사의 사회·경제적 지위가 비교적 안정적인 사회에서는 전문가로서의 역할이 더 크게 요구받는다. 동시대라고 하더라도 교회를 비롯한 성직자 양성 기관의 교육자는 여전히 성직관을 추구할 가능성이 크고, 교사의 처우가 여전히 낮은 아프리카나 동남아시아와 같은 개발도상국에서는 노동직관을 더 강하게 주장할 가능성이 크다. 여기에 더해 최근에는 교사를 예술가의 일종으로 보는 예술직관을 주장하는 연구자도 있다. 학생들 앞에서 수업을 하는 교사의 모습은 연극의 특성과 닮았고, 교사는 일종의 행위예술가라는 주장이다. 예술직관은 아직 이론적으로 충분히 검증받지 못해 한계가 있다. 이처럼 교직관은 시시각각 변하고, 우리는 각 교직관의 특성과 합리성을 잘 파악하여 이성적인 선택을 해야 한다. 모든 교사가 동일한 교직관을 지녀야 할 필요도 없고, 그럴 수도 없다. 개인의 가치관을 바탕으로 잘 고민해서 교직 내에서 뜻을 잘 모으면 될 일이다.

교직의 전문성 지향에 관하여

그럼에도 나는 교사들이 전문직관을 공유하기를 희망한다. 성직관과 노동직관은 우리사회에서는 이미 철 지난 교직관으로 인식된다. 교사는 더 이상 성직자가 아니며, 노동직관을 주장하기에는 대한민국 사회에서 받는 대우가 너무 많다. 노동운동은 노동자의 열악한 처우에 대한 연민으로 응원을 받는다. 우리가 일용직 노동자, 청소노동자, 육체노동자, 비정규직들의 권익 향상에 동조를 보내는 이유는 같은 인간으로서 그들이 처한 곤궁한 처지를 쉽게 지나칠 수 없기 때문이다. 1980년대까지만 하더라도 우리나라 노동자의 처우는 말할 수 없이 열악하고 어려웠다. 교사 역시 크게 다를 바가 없었다. 교사의 처우 개선을 위한 연대가 자연스러웠고 국민의 지지도 받았다. 그러나 현재 교사의 처우는 대다수 국민에 비해 나은 편이다. 이런 상황에서 교사의 노동권 보장을 교원단체 전면에 내세우기에는 부담이 크다. 사회적으로 비교적 많은 급여를 받으면서도 더 큰 혜택을 바라는 귀족노조라는 비판을 피하기 어렵다. 오히려 교사의 전문성을 더 신장하고 시민으로부터 전문직으로 인정받는 것이 노동자로서의 혜택을 높이는 더 합리적이고 효과적인 방법이다. 의사, 법조인과 같은 전문직은 다른 일반 직업에 비해 노동 처우가 월등히 높고 경제적 보상도 크지만, 사람들은 문제 삼지 않는다. 그들의 직업적 난이도, 자격을 취득하기 위한 노력과 헌신을 인정하기 때문이다. 교사도 마찬가지로 그 전문성과 노력을 인정받으면 자연스럽게 처우 개선에 대한 지지도 받을 수 있을 것이다.

핀란드 교사의 사회적 지위가 좋은 참고가 된다. 개인적으로 핀란드 교육이 우리나라 교육에 비해서 뛰어나다고 생각하지 않는다. 핀란드의 교육방식과 우리나라의 교육방식은 크게 다르지 않다. 오히려 우리나라 교사의 교육방식이 더 혁신적이거나 획기적인 경우도 많다. 나아가 역사적, 사회적 맥락을 무시한 채 무조건 다른 나라의 교육제도를 수입하고자 하는 태도를 경계한다. 다른 나라에는 그 나라 고유의 교육방식이 있듯, 우리나라에도 우리만의 교육방식이 있다. 과거와 달리 단순히 외국의 방식을 수입해야 할 정도로 우리나라 교육의 질이 그리 낮지 않다. 그래도 각자의 장점은 참고할만하다. 핀란드에서 교사가 되기 위해서는 석사 수준의 학위를 취득해야 한다. 사회에서는 전문직으로 대우를 받는다. GDP 대비 소득도 우리나라에 비해 높은 편이다. 핀란드 시민을 대상으로 한 설문에서는 교사가 매년 가장 존경받는 직업으로 꼽힌다.

핀란드의 교사가 자국 내에서 존경받는 것은 어제오늘의 일이 아니다. 20세기 초까지만 하더라도 핀란드는 농업이 주요 산업이었고 의사, 변호사, 성직자, 교사는 매우 희귀한 직업이었다. 이때부터 교사를 대우하고 존중하는 문화가 형성됐다. 우리나라는 과거에 존재하던 서당문화가 맥이 끊기고, 일제가 학교를 황국신민화의 도구로 오용하면서 학교에 대한 부정적인 이미지가 누적됐다. 그에 반해 핀란드는 교육자를 존경하는 문화가 잘 보존되었다고 볼 수 있다. 결과적으로 핀란드에서 교사는 과거부터 현재까지 우수한 인재가 선택하는 직업으로 여겨지고 있다. 핀란드에서는 교사가 된 뒤에도 사회적 기대에 부응하기 위해 높은 책임감과 전문성을 유지하기 위한 노력을 지속하는 것이 자연스럽다. 이 과정에서 핀란드 교사가 높은 책무성과 전문성을 유지할 수 있었던 큰 이유 중 하나는 교육방법에 대한 높은 자유도를 꼽을 수 있다. 핀란드의 교육방식은 교사에게 전적으로 위임되어 있다. 자율성이 높은 만큼 책임감도 높고, 그만큼 전문성을 갖추기 위해 애쓰게 된다. 인적 자원만 보면 우리나라 교사의 수준이 핀란드에 뒤지지 않는다. 다만, 아직 교직 문화와 제도가 이를 뒷받침하지 못하고 있을 뿐이다.

핀란드 교사의 임금이 우리나라에 비해 그렇게 높다고 보기도 어렵다. 2012년 OECD 발표 자료에 따르면, 초등학교에서 15년 정도 교사로 근무해야 핀란드 일반 직장인의 평균 급여를 받을 수 있다. 그럼에도 불구하고 핀란드의 우수한 인재들이 교사로 계속 유입되는 이유는 높은 수준의 사회복지와 특유의 문화 때문이다. 비교적 적은 임금을 받더라도 사회적 안전망이 잘 이루어져 있어서 삶을 영위하는 데 큰 지장이 없다. 게다가 행정업무는 거의 없으며, 퇴근 뒤에는 어떤 일을 하든 자율에 맡겨져 있다. 교사에게 높은 사회적 기대, 책무성을 부여하는 만큼 자율성도 보장해준다. 교육 이외의 것들에 신경을 덜 써도 되는 환경에서 핀란드 교사는 학생들의 교육만족도를 높이고, 학부모와 소통하여 인정받는 것을 최고의 가치로 여긴다. 그리고 그 안에서 얻는 신뢰를 가장 큰 보람으로 여기며 학생을 가르친다. 실제로 교육과정의 양도 우리나라에 비하면 훨씬 적어서 개별 지식을 더욱 깊이 있게 가르칠 수 있는 여유가 있다. 핀란드 교사의 교육적 전문성은 그 나름의 고유한 역사 · 사회 · 문화적 배경 에서 형성된 것이다. 핀란드 교사의 장점만 쏙 뽑아서 우리나라 교사에게 요구해서는 안 된다. 그러나 핀란드 교사에 대한 핀란드 시민과 학생의 높은 신뢰, 교사 스스로의 자부심은 배우고 싶다. 우리나라 교사의 수준이 그들에 비해 낮지 않다는 점에서 우리나라도 머지않아 그런 날이 오리라 믿는다. 그러자면 교사 스스로 전문성 신장을 위한 노력을 게을리 하지 말아야 한다.

5장

1교사 1연구회

1
교육 중심주의

    학교는 다양한 가치관과 이해관계가 부딪히는 곳이라 실제로는 교육이 외면받을 때가 많다. 애초에 학교가 다양한 사회의 요구를 수용하기 위해 탄생되었기 때문이다. 그래서 표면적으로는 교육을 내세우고 있지만 정작 다른 가치들이 교육을 압도할 때가 많다. 잠시 유행했던 스마트 교육이니, 정보화 교육이니, AI 교육이니 하는 것들도 장래에 기업에 도움이 되는 인력을 양성하기 위한 수단에 불과하지 특별히 교육적이라고 보기는 어렵다. 미래 사회에 필요한 인재를 양성하고 그에 적합한 새로운 지식을 전달하는 것도 중요하다. 그러나 학교의 존재 목적이 무엇인가에 관한 고민을 잃어서는 안 된다.

    학교가 보다 본질적으로 교육을 중시하는 기관이 되기를 바란다. 가르치고 배우는 즐거움을 아는 사람은 탐구의 대상이 바뀌어도 다시 연구하고 학습하는 자세를 가질 수 있다. 그러나 현재와 같이 어른들이 정해놓은 지식을 학생들의 머릿속에 구겨 넣기만 해서는 자발적이고 독창적으로 학습하는 시민을 기를 수 없다. 유행하는 것들에 휩쓸려 기업에 필요한 정보를 주입하는 것은 너무 기업 중심적이다. 교육의 즐거움과 의미는 교육 그 자체에 있다. 특정 분야의 지식을 주입하지 않더라도 공부의 즐거움을 아는 학생들은 자라서 스스로 자신의 분야를 잘 찾아갈 수 있다. 그러나 배움의 즐거움을 느끼기도 전에 주입식 교육에 지친 학생은 아무리 의미 있고 깊이 있는 지식을 만나도 흥미를 느끼지 않는다. 학생때 시험과 과제로 괴로웠던 기억 때문에 공부 자체를 싫어하게 된 사람들을 주변에서 쉽게 찾을 수 있다. 교육을 중심으로 하는 교사는 배움의 순수한 즐거움을 알고, 다양한 분야를 스스로 찾아서 배울 수 있는 학생을 길러야 한다. 그렇게 되면 학생은 학교에서 전달하는 지식 외에도 자신이 필요하다고 생각하는 분야의 지식을 스스로 찾아 배울 수 있다.

교육의 가치를 학생에게 전달하기 위해서는 교사가 먼저 교육을 즐기는 모습을 학생에게 보여주어야 한다. 학생은 교사의 말이 아니라 행동을 보고 배운다. 말로는 학생에게 공부의 중요성을 아무리 설파해도 스스로 배우는 일을 게을리해서는 학생을 가르칠 수 없다. 학생에게 굳이 공부의 중요성을 누차 이야기하지 않아도 교사가 학생 앞에서 최선을 다하고 계속해서 발전하고자 노력하는 모습을 보이면 학생은 그 모습을 보고 배운다. 학생 앞에서 직접 공부하는 모습을 보일 수는 없는 일 아니냐고 할 수도 있다. 학생 앞에서 공부하는 모습을 보여주라는 것이 아니다. 교사로서 매사 최선을 다하고 학생을 진심으로 대하도록 노력하자는 말이다. 교사가 시험공부 하듯이 공부하는 모습을 보여주지 않더라도, 어제보다 조금이라도 나은 모습을 보이고자 애쓰면 학생도 그 모습을 알아본다. 우리가 학교에 다니던 시절을 돌이켜보면 쉽게 이해할 수 있다. 선생님이 그날의 수업을 열심히 준비했는지, 학생을 진심으로 대하는지 하는 것들은 본능적으로 알아진다.

교육이 교사의 본질이 되고 그 모습을 인정받을 때 학교에 대한 신뢰도 회복할 수 있다. 학교가 신뢰를 잃은 많은 이유 중 하나는 학교의 표리부동한 모습 때문이다. 학교는 겉으로는 교육을 내세우고 있지만, 실제로는 학생을 선별하는 작업에 더 많은 에너지를 쏟을 수밖에 없는 구조에 갇혀 있다. 이것은 교육제도의 문제이다. 국가 수준의 학교 교육과정이 학생을 건강하고 바른 시민으로 기르는 것보다 선별에만 중점을 두고 있기 때문에 교사와 학생 모두 무력하게 휘둘린다. 교사와 학생이 과도한 학습량과 평가주의 속에서 휘둘리는 구조적인 원인을 모르고 개인만 탓해서는 문제를 해결할 수 없다.

교사가 평가를 공정하게 하는지, 학생이 교사의 지시를 적절하게 따르는지는 모두 부차적인 문제다. 교육과정 자체가 학생을 선별하도록 되어 있으면 그 안의 구성원은 자기도 모르게 그 논리에 종속된다. 마치 사회 밖에서는 자유롭고 창의적이던 젊은이라도 군대에만 가면 딱딱한 상명하복 체제에 빨리 적응하는 것과 마찬가지이다. 이러한 구조에서는 교사가 아무리 노력해도 학생, 학부모와 건강하고 발전적인 관계를 맺기 어렵다. 이미 그들이 처한 구조 자체가 불신과 통제를 기반으로 하고 있기 때문이다. 군대에서 만난 병사와 장교가 아무리 마음이 통해도 친구가 될 수 없는 것과 마찬가지다. 즉, 학부모들이 학교에 대해 갖는 불신은 그동안 학교가 신뢰를 잃은 탓이기도 하지만, 구조 자체가 학생을 억압하도록 되어 있기 때문이다. 이러한 상황에서는 교사가 아무리 노력해도 학생과 학부모의 신뢰를 얻기 어렵다.

여기에 학교운영 방식마저 비교육적이면 학생과 학부모의 불만은 더욱 커진다. 안 그래도 학교의 운영방식이 비인간적이고 강압적이라 불만이 생길 수밖에 없는데, 겉으로는 교육을 내세우면서 실제로는 비교육적인 정책이 집행될 때 그 표리부동한 모습에서 분노가 더 커진다. 가장 대표적인 예가 학교에서 이루어지는 평가의 방식이다. 평가의 교육적이고 본질적인 목적은 학생들의 현재 상황을 파악하고 부족한 점을 보완해주는 것이다. 그러나 많은 경우 학교의 평가는 학생의 현재 수준을 확인하고 서열화하는 것으로 종료된다. 이런 상황이 반복되면 학습부진은 누적되고 피드백이 없는 교사에게 학생은 불만을 가질 수밖에 없다. 교육의 본질에서 벗어나는 평가 방식이 지속되는 이유는 교사의 노력 부족일 수도 있다. 그러나 더 본질적인 이유는 학생의 학습을 피드백할 수 없을 정도로 과도하게 많은 교육과정 내용이다. 나가야 할 진도가 산더미인데 따라오지 못하는 학생까지 챙기기에는 시간적인 한계가 있다. 국가 수준 교육과정 자체가 비교육적으로 과다하니, 교실에서는 학생을 교육적으로 가르치기 어렵다.

그럼에도 교육을 우선으로 생각하는 교사는 최선을 다해서 가르치기를 포기해서는 안 된다. 병원의 예를 들어보자. 환자 입장에서는 의사가 항상 환자의 건강을 최우선으로 치료해주기를 바란다. 그런데 의사가 국가정책이 어떻고, 병원운영정책이 어떻고 하면서 진료를 게을리하면 신뢰가 떨어질 수밖에 없다. 환자는 의사가 처한 환경 문제에는 관심이 없다. 그가 주어진 임무에 충실하게 환자를 대하느냐 마느냐를 보고 판단할 뿐이다. 만약 어려운 환경에서도 의사가 최선을 다해서 환자를 돌보는 모습을 보여준다면 환자는 의사의 목소리에 귀 기울일 것이다. 최선을 다하는 의사가 부당한 제도에 억눌리지 않도록 제도 개선에 동의하고 응원해줄 것이다. 그러나 겉으로는 의료를 외치면서 뒤로는 주머니만 챙기는 모습을 보이는 즉시 시민은 비난의 화살을 돌릴 것이다. 교사도 마찬가지다. 학교 안에 비교육적인 상황과 문화가 혼재하는 것을 우리는 모두 잘 알고 있다. 그러나 그것을 핑계 삼아서 교육을 게을리하면 교사를 향한 시민의 미움만 커진다. 어려운 상황에서도 교육을 중심으로, 교육자라는 자긍심을 갖고 최선을 다하는 모습을 보여줄 때 시민의 존경과 신뢰를 회복할 수 있다.

학교가 존재하는 이유는 바로 '교육'

그러자면 교사는 자신의 행동이 교육적인지, 비교육적인지 항상 뒤돌아보고 반성해야 한다. 학교 안의 비교육성에 적극적으로 저항하지는 못하더라도 자신의 부족함을 돌아보고 개선하기 위해 노력해야 한다. 지금 학생과 학부모, 동료 교사에게 좋은 평가를 받고 있다 하더라도 자만하지 말고 꾸준히 발전을 도모해야 한다. 비전문적이고 반복되는 단순노무에는 어느 정도 발전의 끝이 있을 수 있으나, 전문적인 일에는 발전의 끝을 상정하기 어렵다. 스스로 '이만하면 됐다'라는 생각이 들 때가 가장 위험하다. 바로 그 순간, 발전이 멈추기 때문이다.

비교육적인 교사가 되지 않기 위해 특별히 주의해야 할 태도가 몇 가지 있다. 행정중심주의, 승진지상주의, 종속적 비관주의, 관계 우선주의가 그것이다.

먼저 행정중심주의는 학교의 운영을 행정에 가장 큰 방점을 두고 생각하는 태도를 의미한다. 우리나라의 많은 교사는 국가에 의해 고용되거나 정부 예산으로 급여를 받는다. 그래서 그런지 학교 내에 행정적인 업무를 당연하게 생각하는 문화가 있다. 어떤 교사는 행정업무가 교사의 안정적인 지위 보장을 위한 주요 방어수단이라고 주장하기도 한다. 학생을 가르치는 일은 결과가 눈에 잘 보이지 않으나, 행정업무는 양적으로 계량하여 비교가 가능하다. 교사의 행정업무를 양적으로 보여주면 교사의 노고를 인정받을 수 있고, 이것이 교사의 지위 유지에 보탬이 된다는 논리다. 그러나 교사가 행정업무를 하는 이유는 학교 내에 인력이 부족하기 때문이지 교사의 지위 유지를 위해서가 아니다. 학교에 행정업무를 지원해줄 수 있는 충분한 인력이 고용된다면 교사가 행정업무를 하느라 교육의 질을 포기하는 상황을 피할 수 있다. 고용이 늘어나니 취업률 향상에도 도움이 된다.

행정중심주의의 가장 큰 문제는 행정업무가 중시되는 동안 교육이 소외된다는 점이다. 교실 안의 교육성과는 측정이 어려운 반면, 행정업무의 수행 여부는 보고, 결재 등을 통해 수월하게 확인이 가능하다. 그래서 종종 교사들은 수업 준비와 학생 지원에 신경을 쓰기보다는 행정업무에 더 많은 노력을 쏟는다. 학교 관리자도 교실 안의 교육까지는 확인하고 관여하기가 어려우니 교사의 행정업무만 검토하려는 경향이 생긴다. 관리자도 과도한 행정업무를 처리하느라 바빠 학교의 교육적인 면을 고려하기 어렵다. 문제가 심각해지면, 교사의 교육적 능력은 눈으로 확인하기 어려우니 행정업무를 잘 하는 교사를 인정하는 문화가 생긴다. 병원으로 치자면 환자를 잘 돌보는 의사보다 경영에 더 관심이 많은 의사가 인정받는 꼴이다. 본말이 전도된 것이다. 현실적인 학교 인력 한계때문에 교사의 행정업무를 바로 사라지게 하기는 어렵다. 그러나 교사의 교육적 능력보다 행정 능력을 중시하는 문화는 경계해야 한다. 아울러 본질적인 문제 해결을 위해서는 장기적으로 학교의 행정업무를 지원해줄 수 있는 인력 확충이 이루어져야 한다.

승진지상주의는 교사들이 승진에 목매는 경향을 의미한다. 안타깝게도 많은 교사가 우수한 능력에 비해 자아를 실현하고, 타인에게 인정받으며 자신의 능력을 한껏 발휘할 기회가 많지 않다. 그러다 보니 승진이라는 직급 향상 제도에 과도한 에너지를 쏟는다. 교사의 승진 욕구 자체는 잘못이 아니다. 인간은 누구나 자아실현의 방식 중 하나로 소속된 단체 내에서의 지위 향상을 꿈꾼다. 그 과정에서 직업의 본질을 잃게 되는 경우가 문제가 된다. 일반 기업에서는 직업의 본질에 최선을 다한 직원에게 승진의 기회가 주어진다. 세일즈 부서에서는 판매를 잘한 직원에게, 마케팅 부서에서는 홍보를 잘한 직원에게, 회계 부서에서는 회계 능력이 뛰어난 직원에게 승진 기회가 주어진다. 그런데 학교에서는 교육보다 행정업무를 잘하는 직원에게 승진 기회가 주어진다. 아니, 오히려 승진하기 위해서는 학생 가르치는 시간을 줄이고 행정업무에 들이는 시간을 늘려야 한다. 교사의 자아실현을 자극하는 제도 자체가 왜곡되어 있다.

2010년경 수석교사제가 도입되어 수업을 중심으로 연구하는 경력 교사를 대우하려는 시도가 있기도 했다. 그러나 현재는 수석교사 채용이 줄어 제도가 답보 상태이다. 교사가 학생을 열심히 가르치는 것만으로도 대우받고 존경받는 문화가 만들어져야 한다. 학교 내에서 가장 존경받아야 할 교사는 승진하는 교사가 아닌 최선을 다해서 학생을 가르치다가 정년퇴임하는 교사이다. 그러자면 교사가 전문성을 키우는 것도 시급하지만, 교사를 바라보는 학교 밖 시선도 바뀌어야 한다. 학부모들과 상담하다 보면 종종 고경력 교사를 불편하게 생각하는 경우가 있다. 학생과 세대 차이가 있으니 소통이 잘 되지 않을 것 같아 걱정이 된다고 한다. 학생과 나이 차이가 많이 나지 않는 젊은 교사가 학생을 잘 지도하리라는 기대가 있다. 그러나 꼭 그렇지는 아니다.

다른 전문직과 마찬가지로 교사도 경험과 노하우가 중요하다. 젊은 교사가 학생의 문화를 잘 이해할 수는 있지만, 청소년기 학생 자체를 잘 이해하는 것은 아니다. 학생의 입장을 이해하고, 학생의 상황을 살피는 일은 경력이 많은 교사가 잘할 가능성이 크다. 그만큼 많은 학생을 가르쳐봤기 때문이다. 의사에 비유하자면 집도 경험의 횟수와 비슷하다. 우리는 수술을 할 때 가능한 한 경험이 많은 의사를 찾는다. 그들의 경험이 우리의 안전을 담보해주리라는 기대 때문이다. 마찬가지로 학교에서 발생하는 많은 문제 상황이나 갈등, 오해에 대해 잘 이해하고 현명한 해결책을 제시해줄 가능성이 큰 사람은 경력 교사이다. 그리고 경력 교사는 후배 교사와 동일한 직무를 수행하는 수준을 넘어서 후배 교사의 어려움을 살피고 지원이 필요한 사항이 없는지 살필 수 있어야 한다. 선배 교사에 대한 후배 교사의 존중은 단순히 오래 살았다고 해서 생기는 것이 아니다. 경력에 걸맞은 경험과 노하우, 품위가 더해질 때 후배로부터 사랑받을 수 있다. 학생을 교육적으로 가르치고, 후배를 진정으로 아끼는 선배가 더 존경받기를 바란다. 승진 점수 잘 쌓는 선배가 아니라.

종속적 비관주의는 교사를 교육기관의 말단 직원으로 인식하고 지시

받은 내용을 수행하기만 하면 충분하다고 생각하는 패배주의적 사고다. 안타깝게도 많은 교사가 이런 사고에 젖어 있다. 교사는 어차피 교육계 내부에서 아무런 힘이 없는 약자이니 불필요한 분쟁을 만들지 말고 조용히 지내며 월급만 잘 받으면 된다는 식의 태도이다. 이들은 학습된 무력감으로 학교 내에서 변화에 대한 목소리 내기를 두려워하거나 불필요하게 생각한다. 그도 그럴 것이 교육부와 교육청은 실제로 교사를 말단직원 부리듯 하는 경우가 많으며, 지시에 잘 복종하도록 무의식적으로 훈련시킨다. 안정된 지위를 유지하고 불필요한 분란을 만들고 싶어 하지 않는 교사 개인의 태도도 여기에 한몫한다. 이는 교사에게 주어진 사회적 의무와 권리를 무시하는 태도이다.

많은 경우 선진국에서는 교사가 가장 진보적이고 합리적인 목소리를 내는 집단으로 인식된다. 학생을 가르치는 사회의 어른으로서 모범이 되고, 사회문제를 해결하기 위한 적극적인 노력을 의무로 생각한다. 우리나라는 정치적 자유 제한과 공무원으로서의 명령복종 의무로 교사를 너무 옥죄고 있다. 학생에게 교과 지식을 전달하는 것 이외에는 자유로운 것이 별로 없다. 이렇게 통제된 환경에 익숙한 교사가 학생을 창의적으로 가르칠 리 만무하다. 각종 제한과 규제가 항상 교사 뒤에 따라다니기 때문이다. 시키는 일만 하는 월급쟁이가 되려고 했다면 굳이 교사가 될 필요가 없다. 교사라는 역할이 갖는 사회적이고 공익적인 가치를 알고 이를 위해 꾸준히 변화하고 노력하려는 태도가 필요하다.

관계 우선주의는 직무보다 교사 간의 관계를 우선시하는 태도를 의미한다. 초등학교에는 티타임이라는 문화가 있다. 오후에 학생들이 하교하고 나면 교사끼리 모여서 교재연구를 목적으로 차를 마시며 정보를 교환한다. 그런데 대화의 주제가 학교나 학생이 아닌 관계 유지를 위해 흐르는 경우가 종종 있다. 민간기업은 조금이라도 회의시간을 줄여 직원들이 업무 관련된 일에 시간을 쏟을 수 있도록 다양한 방법을 도입한다. 가능하면 교사도 학교에 있는 동안에는 교육에 관한 대화를 나누기 위해 애쓸 필요가 있다. 그것이 교사의 직분에 어울리는 노력이기 때문이다. 교사들의 관계 지향 문화는 이뿐만이 아니다. 매주 업무시간에 체육관에 모여 하는 배구동호회, 퇴근 후 불필요한 회식, 동 학년이나 동 과목 동료 간의 과도한 단결 문화 등이 모두 여기에 해당한다. 동 학년·동 과목 교사들이 모여서 교재 연구와 수업 준비를 하는 것은 권장할 일이다. 그러나 교재 연구를 핑계로 모여서 학생, 학부모 험담을 하면 부끄러운 일이다. 학교는 교사에게 직장이고, 직장에 왔으면 일을 해야 한다. 교사의 일은 학생을 잘 가르치는 것이다. 이외의 것은 모두 부차적이다. 모든 관계를 끊고 교재 연구와 학생 상담만 하라는 말은 아니다. 교사의 본연적 업무에 지장을 주어서는 안 된다는 말이다.

학교 내에 교육 중심주의가 번영하기를 바란다. 우리는 학교를 피상적으로만 교육기관으로 지칭하는 데 너무 익숙해져 버렸다. 교사뿐만 아니라 관리자, 행정 직원 등 학교에서 근무하는 직원 모두 자기가 하는 일이 정말 교육적인 일인지 반성해볼 일이다. 겉으로는 교육을 내세우면서 안으로는 다른 가치를 우선하고 있지는 않은가. 아울러 교육부와 교육청 및 교육 관련 기관도 그들이 실제로 하는 일이 교육을 위한 것인지 고민해보기를 바란다. 단순히 교사와 학생을 통제하고 관리하기만 해서는 교육기관이라고 할 수가 없다. 학교 상위 기관은 교사와 학생이 만나서 가장 교육적인 경험을 할 수 있도록 지원하고 보조하는 기관이 되어야 한다. 상부에서 결정한 지시를 전달하고, 행정업무를 제대로 처리했는지 확인하고, 직원을 관리한다면 교육기관이 아니라 통제기관이다. 교육에는 관심 없고 학교를 관리하는 일에만 몰두할 거라면 교육부와 교육청은 학교관리부와 학교통제청으로 이름을 바꿔야 한다.

변화를 위해 갈 길이 멀다. 교사는 타인이나 다른 기관에 의지하는 마음을 버리고 스스로 변화를 일구고 혁신을 이끌자. 가만히 앉아서는 변화를 가져올 수 없고, 애쓰지 않는 자를 응원해줄 이는 아무도 없다.

2

정량평가와 교사 평가

    우리나라 사람들은 유독 정성평가에 불신이 깊다. 아마도 우리 사회에 뿌리 깊은 부정·부패 때문일 것이다. 사회 안에서 각종 편법과 비리가 횡행하니 사람에 의한 평가를 믿을 수 없다. 많은 사람이 시험이나 경력의 산술화를 통한 정량평가만이 신뢰할 수 있다고 생각한다. 아직도 많은 사람들이 인성평가니 면접이니 하는 것이 결국에는 내정자를 선발하기 위한 수단에 불과하다고 여긴다. 아닌 게 아니라 OECD에서 매년 발표하는 부패인식지수(Corruption Perception Index)에서 우리나라는 180여 개 국가 중 50위권 후반을 맴돈다. 우리나라에 비해 경제 발달이 더딘 부탄, 칠레, 바베이도스, 보츠와나, 부르나이보다 낮다. 2018년, OECD는 한국에 강력한 부패 방지 노력을 촉구하기도 했다. 우리나라 사람들이 자주 하는 '능력보다 집안, 파벌이 중요하다'는 말은 우리 무의식 속에 자리한 일상적 부패를 잘 보여준다.

어쩌면 당연한 일인지도 모르겠다. 우리나라는 일제강점기, 한국전쟁을 거치면서도 정말 짧은 시간에 많은 경제성과를 이뤄냈다. 망국의 설움과 전쟁을 경험한 세대와 평화의 풍요를 당연하게 생각하는 세대가 작은 나라에 함께 살고 있다. 부패를 예방하기 위한 제도적 장치가 부족하던 시절에 부정과 비리는 선택이 아닌 필수였다. 모두가 뇌물을 주고받는데 혼자서만 독야청청 하기는 어렵다. 나의 청렴결백이 가족의 배고픔이 되기 때문이다. 경제 환경이 어려울수록 비리에 대한 유혹이 강해진다. 경제가 성장하고 사회가 발달함에 따라 과거의 비도덕적인 습성은 한시 빨리 버리고 새로운 기준에 맞게 변모해야 한다. 그러나 우리의 의식이 따라가기에는 사회가 너무 빨리 변했다. 경제는 세계 10위권을 자랑하는 대국인데, 여전히 각종 범죄와 부패에는 너무 온건하게 대처하는 문화 지체가 있다.

여타 후진국이나 개발도상국에 비할 바는 아니지만, 우리나라는 여전히 저신용 국가다. 사기꾼이 횡행하고, 사기 피해자에게는 충분히 유의하지 못한 본인의 잘못이라는 비판이 따른다. 경제적·지적·신체적 약자에 대한 보호는 약하고 사회적 강자에 대한 이권 보호는 막강하다. 그 가운데 사람들이 너무 당연하게 받아들이는 것이 법조계의 전관예우다. 과거에 높은 자리에 있었던 사람이 변호해준다는 이유만으로 범죄자의 형을 면하거나 감량해주는 상황이 아무렇지도 않게 일어나고 있다. 판·검사 출신들은 전관예우를 그동안의 고생에 대한 보상으로 생각한다. 한 나라의 기강이 되는 법문화가 이럴진대 우리나라의 사법정의를 신뢰하고 정직하게만 살기는 아직 어려운 일이다. 악화는 양화를 구축한다. 정직하고 착하게만 살면 바보가 되는 세상에서 원리원칙을 논하기란 어렵다.

사회 내의 불신은 학교에서 이루어지는 평가에까지 파고 들어온다. 교사나 또래 친구가 하는 평가는 신뢰할 수 없다. 주관성이 개입되거나 부당한 의도가 스며들 수 있기 때문이다. 실제로 수십 년 전까지만 하더라도 부모가 얼마나 정성을 들이느냐에 따라서 교사의 학생에 대한 평가가 달라지기도 했다. 2015년 「부정청탁 및 금품 등 수수의 금지에 관한 법률」(통칭 김영란법)이 제정되기 전까지 이권 관계에 있는 사람에게 밥을 얻어먹는 일을 학교에서도 당연하게 생각했었다. 2000년대 후반 학부모회가 교사에게 대접하던 식사를 얻어 먹어본 경험은 내게도 있다. 지금 생각하면 부끄러운 일이다. 상황이 이러니 모든 평가는 정량적으로 이루어진다. 같은 시험지로, 같은 시간에, 같은 조건에서 실시한 평가만 믿을 수 있게 됐다. 다른 선진국의 대입시험은 절대 평가로 대학 교육을 받을 수 있는지 최소한의 수준을 확인하는 것으로 끝난다. 우리나라의 수학능력시험이 유독 대입에서 강한 영향력을 발휘하는 이유도 사회에 만연한 저신용 때문이다. 정성평가를 믿을 수 없으니 정량평가만 하자는 것이다. 지난 반세기 동안 우리나라의 대입은 내신과 수능 사이를 오가며 많은 변화를 한 것처럼 보인다. 하지만 정량평가의 틀을 벗어나지 못한 점은 내신이나 수능이나 같다.

정량평가의 한계를 극복하기 위한 시도로 2000년대부터 도입되기 시작한 것이 학생부종합전형이다. 학생부종합전형을 옹호하는 입장은 정량평가의 한계를 탈피하자는 논리를 내세운다. 수능만 보고 대학에 들어온 학생의 중퇴율이 높다. 수능 중심의 대입 전형일수록 강남 8학군을 비롯한 부자 집안 학생의 상위권 대학 진학률이 높아 교육 불평등이 심화된다. 정량평가만으로는 학생의 인성을 판단할 수 없어 머리만 좋은 괴물을 양성한다. 학생이 성적에만 목을 매니 사회에 보탬이 되는 공익적인 가치보다는 이기적인 가치에 더 몰두한다. 학생부종합전형 옹호론자의 논리는 결국 정성평가의 옹호이고, 정량평가의 한계 극복이다. 논리적으로는 문제가 없다. 영국과 미국에서는 이미 비슷한 방식으로 대학 신입생을 뽑고 있다. 유럽 많은 나라가 비교과 영역을 대입에 반영하지 않는다는 주장도 있다. 비교과 영역을 반영하지 않으니 학생의 학교 성적이 대입에 중요한 것은 우리나라와 매 한 가지라는 주장이다. 그러나 실제로 유럽의 많은 나라는 내신평가 중에서도 학생에 대한 교사들의 정성평가가 큰 영향을 미친다. 독일의 경우 내신평가의 30% 이상이 구술평가이고, 학생의 진로도 대부분 교사의 권유를 따르는 문화가 있다. 우리나라에서도 학생부종합전형 도입 비율을 높인 대학교에서는 과거에 비해 학습 몰입도와 자발적인 동기가 높은 학생을 더 많이 선발할 수 있게 되었다는 보고가 있다. 가난한 지역의 학생이 더 많이 선발되는 결과적 평등에 대한 긍정적인 결과도 많다.

공정한 '평가'를 위한 전제조건

문제는 정성평가가 활발해지기 위해서는 평가자의 높은 전문성과 윤리성이 요구된다는 점이다. 우리나라에서는 입시에서 교수들의 논문에 자신의(혹은 관련 있는) 아이를 공동저자로 이름을 올려준다거나, 상류층 부모 간의 자녀 경력 품앗이, 생활기록부 부풀리기와 허위 작성, 우수한 학생에게 학교 수상경력 몰아주기, 입시 과정에서의 비리, 추천서 조작 등의 많은 문제가 발생했다. 모로 가도 자녀를 서울대에만 보내면 된다는 식의 사고로 부정을 저지르는 사례가 다수 언론에 오르내린다. 많은 시민은 학생부종합전형의 공정성을 신뢰할 수 없으니 다시 수능 중심의 정량평가로 회귀하자고 주장한다. 그들의 주장도 나름 일리가 있다. 많은 부모는 자신들이 어른으로서 경험하는 사회가 공정하지 않으니, 자녀가 경험하는 입시만이라도 공정하기를 바란다. 우리나라에서는 대학 졸업장이 삶의 많은 부분을 결정하기 때문이다. 학생부종합전형 주창자의 의도가 부정하지는 않다. 장기적으로는 정성평가의 비율을 높이는 방향으로 가는 것이 옳다. 우리는 시험만 잘 보는 괴물이 고위층에 올라가 문제를 일으키는 상황을 이미 여러 번 목도하지 않았는가. 우리사회는 아직 정성평가를 확대하기에는 윤리성에 대한 민감도가 낮을 뿐이다. 공정한 사람이 더 인정을 받고, 부정한 사람에 대한 처벌이 강해지면 정성평가에 대한 신뢰도 높아질 것이다. 그러자면 교사가 먼저 강한 윤리의식을 지니고, 모범이 되는 모습을 보여야 한다.

정량평가의 가장 큰 한계는 그것만으로는 한 개인의 역량을 온전히 파악할 수 없다는 점이다. 우리가 정량평가를 너무 당연하게 받아들이는 이유는 '과거'라는 시험제도를 통한 인재 등용의 역사와 일제강점기부터 도입된 주입식 시험의 경험 때문이다. 그러나 한 개인의 역량을 시험을 통해서 모두 온전하게 검증할 수는 없다. 한 개인의 윤리성, 사회에 대한 기여도, 공정성, 헌신성, 사회참여도, 공공의식 등은 오지선다형 문제로는 확인하기 어렵다. 교통법규를 아무렇지 않게 어기는 사람도 운전면허 시험에서는 정답을 잘 골라낸다. 법을 내면화해야 할 법조인이 변호사시험은 잘 통과한 뒤에 아무렇지 않게 불법과 편법을 저지르기도 한다. 시험 잘 봐서 의사가 된 뒤에 환자를 희롱하거나 추행해서 검거되는 일도 종종 발생한다. 정성평가는 정량평가의 한계와 약점을 보완할 수 있다. 정성평가가 안착되기 위해서는 우리 사회의 윤리의식이 높아지고, 법적인 제도가 보완되어야 한다. 정성평가 자체에는 문제가 없다. 이를 오용하거나 왜곡해서 시행하는 사람이 문제다.

평가에 숨겨진 권력도 짚고 넘어가자. 평가는 기본적으로 통제와 관리를 전제로 한다. 평가자는 평가 대상을 좌지우지할 수 있는 권력을 얻는다. 교사가 학생에게 무시 받는 많은 이유도 평가권을 박탈당했기 때문이다. 교사가 뭐라고 떠들던 학생기록부의 내용을 잘 꾸미고 시험만 잘 보면 좋은 대학에 가고 성공할 수 있다. 교사가 학생에 대한 평가 재량권의 범위가 줄어드니 학교 내 교사의 지위는 추락한다. 무너진 교권을 회복하기 위한 방법의 하나는 교사의 평가권을 확보하는 것이다. 교사의 평가권 확대에 대한 주장이 힘을 받지 못하는 이유는 과거 교사들이 평가권을 볼모로 많은 부정을 저질렀기 때문이다. 교사의 평가가 공정하지 못하고 믿을 수 없으니 교사의 평가권을 축소하자는 주장이 인기를 얻었다. 교사는 교육의 중요한 부분 중 하나인 평가를 잃고 수업만 하는 기계로 전락했다. 교권을 재고하기 위해서는 교사의 정성평가권을 확보해야 한다. 그러자면 시민에 대한 교사의 신뢰 회복이 먼저 이뤄져야 한다. 교사가 학생을 최선을 다해서 가르치고, 평가를 공정하게 해서 신뢰가 쌓일 때 교사의 정성평가에 대한 호응도 이뤄질 것이다. 교사에 대한 신뢰 회복 없이 교권 확보도 불가능하다.

지금은 많이 줄었지만, 여러 평가를 통해 교사를 통제하려는 교육부와 교육청의 의식적·비의식적 시도도 사라져야 할 문화 중 하나다. 많은 연구대회는 겉으로는 교사 전문성을 향상시킨다는 목적을 내놓지만, 결국에는 교사를 상급기관의 입맛에 맞게 통제하기 위한 수단으로 기능할 가능성이 크다. 2013년부터 도입된 '학교통일교육연구대회'가 좋은 예다. 이런 대회가 있기 전에도 '통일교육'은 충분히 이루어지고 있었다. 그런데 당시 정권의 통일에 대한 관심을 반영하여 교사를 그들의 입맛에 맞게 교묘하게 조종하기 위해 도입된 것이 바로 통일교육연구대회다. 연구대회 심사자는 대개 교수나 지위가 높은 분들이지 교사가 아니다. 교사는 공모전이나 학교 대회를 준비하는 학생처럼 심사자의 입맛에 맞는 보고서를 작성하기 위해 분주하다. 전문직은 전문가 집단 내부의 평가를 중시하지, 집단 외부의 평가는 오히려 경계한다. 집단 외부의 평가에 민감하면 민감할수록 집단 내부의 전문성과 역량, 신뢰도는 떨어지기 때문이다. 교사가 연구대회에 목을 맬수록 교사의 자율권이 축소될 수밖에 없다. 남들 입맛에 맞추다가는 가장 중요한 교사의 정체성을 잃어버린다.

교사 밖 집단에 의한 평가로 교사 전문성을 향상시킬 수는 없다. 교사 전문성의 향상을 위해서는 교사에 대한 자율성 인정과 함께 교직 내 질 관리를 위한 상호 피드백 체제가 도입되어야 한다. 교육부와 교육청이 교사를 통제와 지휘의 대상으로 보면 교사 전문성 향상은 요원하다. 전문성은 자율성과 함께 간다. 다양하고 깊이 있는 연구를 통한 전문성의 발달은 폭넓은 자율성에서 시작된다. 공무원으로서의 교사에 대한 질 관리도 필요하지만, 교사가 창의적이고 자율적으로 연구하고 나눌 수 있는 토대를 마련해주는 것이 더 중요하다. 이론적 근거조차 희박한 특정 근거를 들이대는 각종 연구대회는 비판적으로 살펴봐야 한다. 2000년대 초반까지만 하더라도 교사들이 가장 공을 들이던 대회는 이른바 수업연구대회였다. 많은 교사가 수업의 전문성을 인정받기 위해 밤낮으로 수업연구대회를 준비했고, 이 대회의 입상자는 많은 축하를 받았다. 그러나 수상 기준이 모호하고, 심사위원의 전문성이 부족하다는 비판이 많아 수업연구대회는 거의 대부분 폐지되었다. 수업에는 정답이 있을 수 없는데, 특정한 기준으로 수업을 획일화하는 문제가 있었다. 교사들의 경험을 이해하기 어려운 교수 등의 심사자가 교사의 수업을 평가한다는 점도 비논리적이다.

이론적 근거가 거의 없는 수업지도안 작성에 매달리거나, 학생이 기계적으로 수업에 참여하도록 훈련하고, 보여주기식으로 학급운영을 하는 수업연구대회의 병폐는 아직도 현장에 남아 있다. 교실 앞판에는 아무런 안내문도 부쳐서 안 된다거나, 학생이 발표할 때는 꼭 큰 목소리로 대답하며 일어나야 한다거나, 모둠 활동을 할 때 자리를 신속하게 바꿔야 한다는 등의 내용은 모두 이론적 근거가 없는 방식이다. 이와 같은 학급운영과 수업에 대한 근거 없는 미신이 학교에는 여전히 많은데, 비전문적인 각종 연구대회가 그 원인 중 하나다. 교사의 전문성 향상과 노고를 인정해주는 대회 모두가 폐지되어야 하는 것은 아니다. 그러나 각종 행사와 연구대회 등의 전문성에 대해서는 꾸준히 검토할 필요가 있다. 교사의 자율성 보장을 통한 전문성 확대는 교사를 아랫사람으로 보고, 지시하면 무조건 따라야 하는 대상으로 보는 상급기관 근무자의 태도 변화에서 시작된다.

교직 내 상호평가와 통제를 통한 질 관리 역시 매우 중요하다. 모든 전문직은 그들의 전문성을 보존하고 향상시키기 위해 철저한 상호평가

체제를 채용한다. 요즘 TV에는 소위 '쇼닥터'가 많이 등장한다. 일반인이 알기 쉽게 의학지식을 전달하는 쇼에 등장하는 의사 자격증 소지자를 가리켜 쇼닥터라고 한다. 이 말에는 그들이 제시하는 정보나 주장이 '엔터테인먼트 쇼' 수준이라는 비하적인 의미도 담겨 있다. 환자를 돌보고 병을 고치는 '진짜 닥터'가 아닌 연예인과 다를 바 없는 '쇼닥터'라는 것이다. 일반 시민에게 어려운 의학 정보를 단순화해서 쉽게 전달한다는 점에서는 장점이 있지만, 의사 사회 내에서 쇼닥터에 대한 평가는 매우 박하다. 의학적 지식은 습득에 많은 시간이 걸릴 뿐만 아니라 너무 단순화할 경우 많은 사람의 생명에 지장을 줄 위험성이 있다. 쇼닥터는 개인의 이익을 위해서 이런 위험을 간과하기 쉽다. 전문직에게 요구되는 사회적 가치를 후순위로 미루고 경제적 이유를 최우선으로 두는 것이 가장 큰 문제다. TV를 보며 쇼닥터에게 열광하는 사람이 종종 있지만, 실제 의사 집단 내에서도 그들을 경계하는 목소리가 나온다.

의료직 내에서 인정받는 전문가는 일반인에게 잘 알려지지는 않았지만, *꾸준히 연구를 계속하거나 환자를 진심으로 돌보는 의사들*이다. 이들은 각종 학회나 학술지를 통해 의학계 내에서는 유명하지만, 일반인에게는 알려지기 어렵다. 각종 매체에 얼굴을 내밀며 쇼닥터 노릇을 하기에는 이들이 해야 할 일이 많고 바쁘다. 해외의 경우를 보더라도 노벨상을 받는 연구자는 방송에 나와서 떠드는 사람이 아니라 연구실에 처박혀 하루 종일 연구만 하는 골방 지킴이인 경우가 많다. 이들이 일반인의 인정과는 무관하게 연구에 몰두할 수 있는 이유는 대학과 학회라는 체제를 통해 안정적 연구 환경을 지원받고 있기 때문이다. 연구에 대한 인정은 학술지와 학회를 통해 전문가 집단 내의 평가를 통해 이루어진다.

전문직 세계에서는 전문직 내부의 인정이 중요하지, 외부인의 인정은 부차적인 요소다. 오히려 외부인의 인정을 쫓는 것을 경계한다. 외부의 평가에 신경 쓸수록 직업의 본연적인 목적을 잃게 될 가능성이 크기 때문이다. 2010년에 도입된 교원평가제도가 실패한 원인이 여기에 있다. 앞에서도 말했지만 우리나라 교사의 역량은 세계 최고 수준이다. 역량이 높은 집단은 자체 평가를 통해 자율적으로 발전 방향을 선택할 수 있도록 지원해주어야 한다. 학교에서 중위권 수준의 학생까지는 교사의 지시가 중요하지만, 상위권 학생은 스스로 공부할 수 있도록 돕는 지원이 더 중요한 것과 같은 맥락이다. 그런데 교원평가제도는 민원인이 텔레마케터를 평가하고, 손님이 백화점 직원을 평가하는 것과 같이 비전문직에 대한 하향식 평가방식을 채용하고 있다. 자율성을 인정받고 싶은 교사가 하향식 평가를 수용하고 받아들일 리 없다. 교직 내에서는 교원 평가를 만점 받으면 격려해주지만, 점수가 낮다고 해서 크게 무시하지도 않는다. 그 평가 자체에 대한 신뢰가 없기 때문이다.

교사가 스스로 참여하고 신뢰할 수 있는 상호 평가 체제가 이루어지도록 정부 차원에서 지원해야 한다. 상호 평가와 견제를 통해 꾸준히 새로운 지식을 형성하고 전문성을 향상시키는 여타 전문가 집단의 자발적 문화가 좋은 참조가 될 것이다. 교사도 평가를 단순히 거부만 할 것만이 아니라, 평가를 자신의 전문성 향상을 위한 지렛대로 삼는 태도가 필요하다. 평가를 거부만 해서는 사회적 인정과 지원을 받을 수 없다. 교사 전문성 향상을 위한 핵심 요건은 교사에 대한 평가권을 외부에 두는 것이 아니라 교사 내부로 가져오는 것이다. 상위 기관이나 외부인에 의한 평가는 교사를 수동적으로 만들 뿐만 아니라, 교사 역량에 대한 불신의 증표이다. 우리나라 교사의 수준은 그 정도로 만만하지 않다. 덧붙여, 평가권을 교직 내로 가져오기 위해서는 높은 윤리의식과 전문성 추구가 필요하다. 윤리적 문제가 있는 교사는 일벌백계하고, 모든 교사가 꾸준히 연구하여 그 노력을 시민에게 인정받아야 한다. 정량평가와 정성평가의 조화는 시민의식의 향상과 함께 장기적으로 추구해야 할 목표이지 단기간에 완성할 수 있는 제도가 아니다.

3

전문학습공동체의 아이러니

　'전문학습공동체'라는 말의 사용부터 일단 그만두자. 연구를 그만두자는 말이 아니다. 말에 숨겨진 의미를 생각해보자는 것이다. 앞에서는 전문직 교직관을 주장하고 이제 와서 전문학습공동체에 딴죽을 거니 독자들은 혼란스러울 수 있겠다. 전문학습공동체라는 말에 숨겨진 오류와 한계를 함께 살펴보면, 이 주장에 공감하리라 믿는다. 전문학습공동체는 Professional Learning Community(PLC)라는 말이 우리나라에 도입되면서 번역된 말이다. PLC는 1990년대 중반 미국에서 학교 개혁을 위한 방법 중 하나로 유행하기 시작했고, 우리나라에는 2000년대 중반부터 소개되기 시작했다. 이 과정에서 연구자들이 PLC를 '전문학습공동체'로 번역한 것이 그 시작이다.

　사실 이 말에는 교사가 전문가가 아니라는 전제가 숨겨져 있다. 교사가 전문직이라면 교사들이 연구하는 단체에 '전문적'이라는 수식어를 군이 붙일 필요가 없다. 잘 알려진 전문직 단체나 모임 등에는 '전문적'이라는 말이 따로 붙지 않는다. '전문적 의사 공동체', '전문적 변호사 연구회', '전문적 회계사 모임'이라는 말을 들으면 어떤 생각이 드는가. 우리가 소위 전문직이라고 생각하는 직종 앞에 붙는 '전문적'이라는 수사는 그 단체의 전문성을 보여주기보다는 오히려 신뢰도를 떨어트린다. '전문적'이라는 수식어는 '비전문적인' 사람들이 그들의 한계를 숨기고 자신들의 역량을 과대포장하기 위해 종종 쓰는 말이다. 그리고 '전문적인 교사'라는 말은 대부분의 다른 교사는 비전문적이라는 의미를 내포한다. 교사는 자신의 전문성 향상을 강조하거나 내보이기 위해 '전문학습공동체'라는 말을 사용했을 것이다. 그러나 그 말을 충분한 성찰 없이 사용할수록 교사 집단 전체의 비전문성을 강조하는 꼴이 된다. '나는 전문학습공동체에서 연구한다'는 말은 '전문학습공동체에 참여하지 않는 다른 교사들은 전문적이지 않다'의 다른 표현이 된다.

PLC의 기원

PLC의 기원을 조금 더 역사적으로 살펴보자. 전문학습공동체를 이론적으로 처음 사용한 사람은 경영학자 피터 센게(Peter Senge)다. 센게는 1990년 그의 주저인 『피터 센게의 제5경영(The Fifth Discipline)』에서 처음으로 학습조직(Learning Organization)이라는 말을 사용한다. 센게는 기업의 성공을 위해 조직원이 끊임없이 자신의 능력을 개발하고, 함께 학습하며 성장하기 위한 방편의 하나로 학습조직을 제안했다. 거창하게 말해서 학습조직이지, 쉽게 말하면 기업의 이윤을 극대화에 필요한 직원을 교육시키기 위한 새로운 관점에 다름 아니다. 1990년대 정보화가 시작되면서 산업계의 분위기는 급격하게 변화하기 시작했다. 인터넷이 등장하고 정보 교류의 양이 폭발하면서 과거 제조업 중심의 기업 운영으로는 경쟁에서 살아남을 수 없게 됐다. 과거에는 입사할 때 배운 지식을 퇴사할 때까지 활용할 수 있었지만, 정보화 이후 기업의 구성원들은 폭발적으로 늘어나는 정보와 지식을 끊임없이 학습해야 하는 상황에 놓였다. 새로운 정보의 학습이 기업의 성패를 좌우하게 된 상황에서 과거의 주입식 연수와 교육은 더 이상 효과를 발휘하기 어려웠다. 이를 극복하기 위한 방안의 하나로 제안된 것이 학습조직이다. 직원이 끊임없이 연구하도록 채찍질하고 강요하는 것이 아니라, 자연스럽게 꾸준히 스스로 학습하는 문화를 만들자는 것이다.

센게는 1997년의 연구부터 갑자기 '학습조직' 용어를 '전문학습공동체' 용어로 변경해서 사용한다. 구체적인 이론의 변화가 없었는데도 다른 용어를 사용한 이유에 대해서는 특별한 설명이 없었다. 재미있는 것은 미국 교육학계의 반응이었다. 교육학계는 애초에 자신만의 새로운 연구를 수행하기보다는 타 학문의 이론과 논의를 빌려오는 데 익숙했다. 미국 교육학계는 경영학계에서 각광을 받던 센게의 논리를 재빠르게 수용했다. 학교 교육 혁신을 위한 방안의 하나로 많은 교육학자들이 PLC를 주장하기 시작했고, 미국 학교와 교육 관련 정부 부처의 사람들도 관심을 보였다. 주목할 만한 점은 센게가 학습조직이라는 말을 사용하던 1997년까지는 교육학계에서도 그 말을 그대로 사용하다가, 센게가 용어를 바꾼 뒤에는 교육학계 역시 용어를 바꿔 '전문학습공동체'라는 용어를 사용하기 시작했다는 점이다. 그 이후 교육학자 드포(Richard

Defour)는 PLC가 미국 교육계에서 얼마나 무분별하게 사용되었는지에 관해 2004년 연구에서 다음과 같이 표현했다.

> 교사전문학습공동체를 통해서 학교를 개혁하자는 주장은 최근 큰 유행이 되었다. 사람들은 학교와 관련된 모든 단체, 모임에 이 말을 가져다 붙이고 있다. 동 학년 모임, 학교운영위원회, 동 과목 모임, 학교 자치구, 교육부 내 부처, 교원단체 등 너나할 것 없이 교육에 관심 있는 사람들이 모이면 모두 자기들을 교사전문학습공동체라고 칭한다. 그러나 교사전문학습공동체 용어가 무분별하게 사용 될수록 정작 그 안에 담긴 진정한 의미는 퇴색되고 있다.
>
> – 리차드 드포, 「전문학습공동체란 무엇인가(What is a Professional Learning Communities)」(2004)

우리가 PLC 개념을 한국에 도입하기 이전부터 이 이론의 본거지인 미국에서 그 개념의 모호성에 대한 논쟁이 있었다. PLC가 의미하는 바가 무엇인지, 그것이 과거의 교사연구회와 어떻게 다른지에 대해서 의문을 제시하는 연구자가 여전히 많다. 사실 교사연구회의 운영방식이 과거와 크게 다를 바가 없다면, 굳이 PLC라는 용어를 추가할 이유가 없다. PLC라는 용어는 무분별하게 남용되는데, 정작 그 의미에 관한 심도 깊은 논의가 이루어지지 않고 있다. 의미가 불분명한 용어를 계속해서 사용하니 실제 PLC 이론이 학교 문제 해결에 끼치는 구체적이고 차별적인 효과를 발견하기도 어렵다.

'전문학습공동체'라는 말을 그만 써야 하는 3가지 이유

이러한 취지에서 나는 세 가지 이유로 PLC 용어 사용의 중단을 주장한다. 첫째, 학교는 기업이 아니다. 센게가 제시한 PLC의 주요 특징은 개인적 숙련, 정신모델, 비전공유, 팀 학습, 체제적 사고이다. 개인적 숙련은 업무의 질을 장인 수준으로 끌어올리자는 것이고, 정신모델은 매슬로우(Maslow)의 욕구 단계 이론(hierarchy of needs theory)의 상위 욕구를 의미한다. 고상하고 정신적인 수준의 자아실현을 업무의 목표로 삼아 업무 수준을 장인, 즉 전문가 수준으로 끌어올리자는 주장이다. 그 목표를 달성하기 위해 기업의 구성원은 기업의 비전을 함께 공유하고, 꾸준히 다른 구성원들과 함께 학습해야 한다. 그리고 기업의 목표 달성을 위해 개인의 업무에만 집중할 것이 아니라 기업 업무의 전체를 생각하며 일을 하자는 것이 체제적 사고다. 말은 거창하지만 결국에는 기업 이익이라는 목표를 달성하기 위해 직원이 끊임없이 자기 개발하도록 만들기 위한 이론이다. 학교는 기업의 수익과는 달리 명확히 수치로 보이는 목표를 설정하기 어렵고, 단기간에 효과를 확인할 수 없는 영역이 존재한다. 오히려 학생의 성적과 같이 눈에 보이는 목표만 쫓다가는 더 중요한 것을 놓칠 수 있다. 우리는 대입 중심의 학교 문화 속에서 이미 그런 경험을 너무 많이 했다. 미국과 같이 평균적인 교사의 질이 담보되지 못한 곳에서는 교사의 역량 향상을 위한 방편으로 PLC를 적용할 수도 있다. 그러나 우리나라 교사는 기업에서 일반 직원을 경영하는 방식을 도입해야 될 정도로 수준이 낮지 않다.

둘째, PLC 용어 도입 이전에도 이미 많은 교사가 연구회를 운영하고 있었다. PLC를 옹호하는 학자의 주요 근거 중 하나는 전통적인 교사 학습의 한계에 대한 지적이다. 전통적인 교사 학습은 주로 교사 독자적인 연구를 통해 이루어지거나, 강제적인 연수를 통해 이루어진다. PLC는 그 한계를 넘어서 교사 간의 교류와 협력, 반성을 통해 전문성을 향상시킬 수 있는 방법이라고 주장한다. 그러나 우리나라에 PLC 용어가 도입되기 시작한 2000년대 중반 이전에도 이미 많은 교사연구회가 운영되고 있었다. 2000년 이전에도 교사연구회, 교사 모임 등과 관련된 연구를 다수 찾아볼 수 있다. 과거의 연구회와 현재의 PLC가 어떤 점에서 크게 다른지 명확한 기준점이 없다. 군이 '전문적인'이라는 수식어를 붙여서 아이러니하게 교사의 비전문성을 더 강하게 인식시키고 있다는 점은 명확하다. PLC가 과거 교사연구회와 이론적으로 확연히 다른 점이 있다면, 용어 사용의 유무라고 볼 수 있다. 그러나 큰 차이를 찾을 수 없다면 군이 이음동의어로 혼란을 부추길 필요가 없다.

셋째, '공동체'라는 용어가 교사의 현실에 맞지 않다. 공동체는 'community'의 번역어라는 점을 앞서 알아보았다. community는 공동체라는 의미 이외에도 지역, 사회, 모임, 단체, 집단, 군락 등의 의미가 있다. 일반적으로 community는 지역적으로 가깝거나 관심사가 가까운 사람의 소규모 모임을 의미한다. 영어권에서 community는 비전문적인 사람들이 취미 단위로 모이는 모임을 주로 부르는 용어로 사용된다. 전문적이고 학술적인 단체를 의미하는 용어는 society와 association이다. community라는 용어 자체가 전문직군의 society, association과는 구분된다. 즉, community는 비교적 비전문적인 모임의 의미가 강하다. '비전문적인 사람들이 전문적인(professional) 역량을 키우기 위해 함께 학습(learning) 모임(community)'으로 생각하면 PLC의 의미를 정확하게 파악할 수 있다.

community를 '공동체'로 우리말 번역한 것에도 논리적 비약이 있다. 영어 community는 지역 내 작은 소모임이나 동호회 정도의 의미가 있는 반면, 우리말 공동체는 밤낮을 가리지 않고 모든 것을 함께 해야 할 것만 같은 부담감을 준다. 세상에 그 어떤 전문직도 다른 동료들과 삶의 모든 것을 공유하지 않는다. 전문직 단체는 자신의 전문성 향상을 위한 지식을 교류하는 것만으로도 충분하다. 공동체와는 반대로 전문직 단체일수록 사생활 보호와 암묵적 상호불가침에 민감하다. '공동체'라는 번역어에는 '교사는 공동체 정도로 함께 엮어서 깊이 연구해서 공부하지 않으면 안 된다'는 식의 통제적 뉘앙스가 있다. 굳이 community를 번역하자면 '연구회'나 '모임' 정도로 번역해도 큰 무리가 없다.

PLC는 교사들의 비전문성을 내포할 뿐만 아니라, 우리 현실에 맞지 않고 그 용어 자체가 교사에게 너무 무리한 것을 요구할 수 있다는 점을 지적했다. 교사들은 각자 나름의 연구회에 참여하고 운영하는 것으로 충분하다. 굳이 거기에 세련되어 보이거나 새로워 보이는 용어를 가져다 붙일 필요는 없다.

중요한 것은 간판이 아니라 내실이다. 교사연구회를 지칭하는 그럴듯한 말이 없더라도 그 성과를 진지하게 보여주는 것만으로도 충분하다. 그래서 나는 이 책에서 교사들의 전문성 향상을 위한 모임을 연구회라고 지칭했다. 이 책에서 PLC 용어에 의문을 제시한 것과 마찬가지로, 이 책의 주장에 의문이 있다면 언제든 수용하고 토의하고 싶다.

4

교사연구회의 과거와 미래

　　교사의 전문성 향상을 위해서는 교사연구회의 진일보가 필요하다. 많은 교사가 애쓰고 있음에도 전반적인 교사의 질 향상을 확인하기 어려운 이유는 교사의 역량과 연구를 뒷받침해줄 제도적 장치와 문화가 부족하기 때문이다. 많은 경우 교사의 연구와 노력은 교실 문턱을 넘지 못하고 개인의 노하우로 사장된다. 혹여 연구회를 통해 우수한 교사의 연구결과가 전달되더라도 그 범위가 제한되고 한정적이다. 근래 들어 우수한 인재가 교사로 유입되며 다양하고 의미 있는 시도가 이루어지고 있음은 고무적이다. 젊은 교사들은 자기만의 관심사를 찾아 연구하고 공유하는 데 매우 익숙하다. 그러나 질적 측면에서는 아직 의문이 들 때가 많다. 우수한 인재가 유입되어 타고난 역량으로 연구를 수행하지만, 이를 지원해주고 조언해줄 성장 문화가 부재하다. 교사 개인이나 연구회의 연구 성과를 공유하는 수준을 넘어서지 못하는 것이 현재 한국 교사연구회의 한계다.

교사연구회의 한 단계 도약을 위해서는 단순한 공유 차원을 넘어서 서로 비평하고, 반성하고, 보완하고, 재발전하는 발전의 변증법적 순환이 이루어져야 한다. 이러한 과정은 한 개인이나 한 연구회의 노력만으로는 이룰 수 없다. 제도와 문화 전반에 걸쳐 변화를 만들고, 교사의 연구를 지원하고 보조하는 체제가 필요한 장기적이고도 거시적인 사업이다. 훌륭한 교사의 연구와 노력이 허무하게 사라지지 않도록 이를 보존하고 지속적으로 개선·발전시킬 수 있는 종합적인 연구문화 지원 시스템이 필요한 시점이다.

교사연구회의 간략한 역사

1980년대까지만 해도 교사들끼리 연구를 공유하는 사례는 거의 없었다. 당시까지는 대부분의 교사가 학생을 지도하기 위해 독자적으로 연구를 수행하거나 정보를 습득하기 위해 비공식적인 소규모 연구회에 참여하는 정도에 머물렀다. 교사가 전문성 향상을 위한 지식과 정보를 얻을 수 있는 창구는 거의 전무했다. 교총에서 발간한 월간 잡지 〈새교육〉이나 동료 교사가 알음알음 전달해주는 비공식적인 노하우만이 교사로서 성장하기 위한 자원이 되었다.

이 와중에 독자적인 연구를 수행해서 눈에 띄는 행보를 보인 교사가 바로 이오덕이다. 이오덕은 평생을 교직에 몸담으며 교육 개혁과 학교 발전, 글쓰기 교육에 관한 자신의 연구를 기록해 여러 권의 책으로 펴냈다. 근래에 들어서는 교사의 연구결과를 책으로 발표하는 경우가 많아졌지만, 당시만 해도 교사가 교육과 관련해서 책을 내는 경우는 거의 없었다. 이오덕 선생과 뜻을 함께 한 사람들이 만든 모임이 1983년 시작해 현재까지 이어지고 있는 '한국글쓰기교육연구회'다. 당시만 해도 자발적인 교사연구회는 거의 전무하던 시절이니 그들의 시도는 한국 교사 역사에서 기념비적이라고 할 만한다.

1990년대 교사는 주로 교육청에서 주관하는 연수를 통해 새로운 지식을 습득했다. 교육청에서 주관하는 새로운 연수는 대부분 정부에서 주도하는 정책을 반영했다. 교사는 정책을 잘 따라 승진하고 싶은 욕구로 교육청에서 전달하는 정보를 빠르게 습득했다. 승진 욕구가 없는 교사도 다른 통로를 통해 정보를 습득할 방법이 거의 없어서 교육청에서 주는 정보에 많이 의지했다. 그 대표적인 사례가 1990년대 중반 정부에 의해 광범위하게 도입된 '열린교육' 운동이다. 애초에 '열린교육'은 우리나라에서 소규모 연구회를 중심으로 연구되던 것이었지만, 정부가 적극적으로 도입하기 시작하면서 전국 학교에 광범위하게 적용됐다. 덕분에 우리 학교는 그동안의 일제식, 강의식 수업에서 벗어나 비교적 진보적인 수업 방식을 도입할 수 있었다. 열린교육과 함께 주목받은 교육방식 중 하나가 협동학습이다. 정부의 강력한 지원에 힘입어 많은 교사가 열린교육연구회, 협동학습연구회 등에 가입했고 관련 연수도 많았다. 그러나 교사의 연구가 정부 주도로 이루어져 다양성이 부족했고, 자발성이 낮다는 한계는 극복하지 못했다. 당시 세를 불려가던 전교조를 중심으로 교과별 연구회가 태동하기 시작했으나, 아직 초창기로 많은 교사에게 연구 성과가 닿지는 못했다.

교사 간에 연구의 공유가 활발해지기 시작한 획기적인 시점은 2000년대라고 할 수 있다. 이전까지만 하더라도 교사가 교육방식에 관한 책을 내는 일은 매우 드물었다. 1990년대 말부터 누적된 교사들의 연구가 정리되면서 2000년대부터는 책으로 출간되기 시작했다. 학급경영, ICT 교육, 교사 리더십, 대화법 등의 주제가 주류였다. 정보화의 발달이 교사의 연구 문화 발달에도 큰 영향을 주었다. 이전까지는 교육에 관한 고민이 있어도 나눌 수 있는 창구가 한정적이었고, 다른 교사의 연구 성과를 접할 기회가 적었다. 인터넷의 발달로 교육에 관한 고민을 나눌 수 있는 창구가 온라인으로 확장되면서 연구내용을 교류하고 나누고자 하는 다양한 시도가 이루어졌다. 현재 활발하게 운영되는 대부분의 교사 온라인 커뮤니티는 이때 만들어졌다. 오프라인에서도 그동안의 정부 주도적인 연수에서 벗어나 자발적으로 관심 있는 주제를 연구하고 나누려는 시도가 일어났다. 정부가 주도하는 교육정책을 따라가기에 급급했던 교사들이 자기만의 연구 관심사를 찾아서 함께 연구하는 문화를 만들기 시작했다.

2010년대에 들어서 2000년대부터 시작한 교사 주도의 연구 문화는 더욱 번성한다. 개인주의적이고 온라인 문화에 익숙한 유능한 젊은이들이 교사로 유입되면서 교사연구회는 보다 다양하게 변모했다. 온 · 오프라인 모임이 더욱 활발해지고, 연구한 내용을 책과 연수, 블로그, 동영상 등을 통해 나누는 일이 자연스러워졌다. 교사의 역량이 성장하고, 정부 주도의 정책 중심적인 학교 문화가 약해지면서 교사들이 창의성과 자율성을 적극적으로 발휘하기 시작했다. 교장, 교감, 장학사 일색이던 교육청 주관 연수의 강사 명단은 현장의 베테랑 교사로 바뀌었다. 서점가에는 교사가 쓴 책이 스테디셀러로 이름을 올렸다. 독서율이 낮고, 베

스트셀러에 대한 독서 편식이 강한 우리나라에서 교사가 쓴 책이 꾸준히 발간되고 소비된다는 점은 교사 집단의 학습의지와 연구역량을 보여주는 하나의 지표가 된다. 2010년대 후반에 발령받은 젊은 교사들은 더이상 승진에 맹목적으로 목숨 걸지 않는다. 자신이 하고 싶은 연구를 해서 나누고 관심 받는 것을 더 즐거워한다. 꼭 승진이라는 보상이 아니더라도 출간, 연수 출강, 동영상 제작 등의 방식으로 정신적 보상을 받을수 있다고 생각한다. 앞으로 젊은 교사의 유능함과 새로운 관점이 교사전문성 향상에 긍정적으로 기여할 수 있을 것으로 기대된다.

교사연구회의 성과와 방향성

교사의 자발적 연구회가 지속적으로 성장하고 있지만, 한계도 있다. 아직 많은 경우 대부분의 교사가 관심을 갖는 주제는 외국의 교육 사례나 교육 프로그램을 연구하거나 빌려오는 수준에 머무는 경우가 많다. 시기에 따라 대상은 달라지지만, 일본이나 핀란드, 독일, 영국 등의 교육 문화를 배워야 한다는 목소리는 주기적으로 나온다. 실제로 우리나라 교육의 수준은 다른 나라에 비해 그리 떨어지는 편이 아니며, 교사의 수준 역시 매우 우수한 편이다. 오히려 미국, 남아메리카, 아프리카, 동남아 등지에서는 한국의 교육을 배우고자 하는 연구가 많이 이루어지고 있다. 우리나라 학교의 한계를 파악하고 외국의 사례를 참고삼아 보완하고자 하는 노력은 가치가 있다. 그러나 교육 사대주의적인 사고는 경계해야 한다.

아울러 외국 교육 프로그램을 단순히 수입하기만 하는 태도도 유의해야 한다. 앞서 다룬 열린교육, 협동학습을 포함해 외국의 교육방식을 들여와 한국에 접목하는 시도는 많은 관심을 받아 오고 있다. 나 역시 외국의 생활지도 방법 중 우리나라에 필요하다고 생각한 방식을 국내에 번역하고 소개한 바 있다. 당시 국내에 소개할만한 교육 방법을 선정하기 위해 살펴보고 분석한 외국 교육 프로그램이 100여 개가 넘는다. 이미 서구에는 교육방식을 체계화하고 프로그램화해서 책, 워크숍, 협회 등으로 발전시킨 사례가 다수다. 그 각각의 방식을 단순히 소개만 해서는 우리 교육의 창의성을 저해할 수 있으니 주의해야 한다. 필자가 소개한 생활지도 방법도 한국 학교에 크게 보탬이 되지 않을 것으로 보였다면, 소개하지 않았을 것이다. 특정 생활지도법을 한국에 소개한 이유는 한국에 시의적절하게 필요한 방법이라고 보았기 때문이다. 다행히 많은 분이 관심을 보여주셨고, 그 방법을 잘 활용하는 분도 많다. 그러나 장기적으로는 국외의 교육 프로그램을 수입하는 것은 지양하고, 우리만의 고유 방식을 연구하고 정립하는 것이 중요하다. 우리나라 교사는 그럴만한 역량이 있다. 충분한 제도적 · 문화적 지원이 이루어진다면 폭발적으로 연구 성과가 발전할 것이다. 그렇게 되면 지금까지와는 반대로, 우리의 교육방식을 국외에 수출하는 일이 더 많아질 것이다.

연구회가 내놓은 연구내용의 고립도 문제다. 전문직군은 서로 연구한 내용을 적극적으로 공유하여 발전시키는 것을 중요한 사명으로 삼는다. 각자가 연구한 내용을 공유하고, 비판을 수용해서 부족한 점을 개선하는 변증법적 과정으로 전문지식을 끊임없이 발전시키는 것이 그들의 전문성을 증명하는 중요한 방식이다. 전문직군 내에서의 연구 성과 발표는 동료 연구자의 평가를 받고 피드백을 받는 것이 목적이지, 발표 그 자체는 과정에 불과하다. 그러나 한국 교사연구회에는 가장 중요한 피드백의 과정이 빠져 있다. 과거에 비해 다양한 연구회가 운영되고, 그 연구 성과가 여러 창구를 통해 공유되는 것은 기쁜 일이다. 그러나 그 연구 성과가 더 치열하고 전문적인 토의를 통해 약점을 보완하여 발전하지 못하는 점은 아쉽다.

앞에서 우리는 전문직이라고 불리는 직업의 특성에 대해서 알아보았다. 그 특성들을 복기하면 다음과 같다.

- 사회적 가치와의 깊은 관련성
- 이타적인 선택 동기
- 장기간의 훈련 또는 교육
- 고도의 이론이나 지적 기술
- 고도의 자율성
- 윤리 규약
- 구성원 간의 강한 유대감과 결속감, 연구회 참여
- 상호평가 체제를 통한 질 관리

전문직의 특성 중 전반부는 인정받기 위해 많은 시간이 걸리거나, 우리 마음대로 획득할 수 있는 것이 아니다. 사회적 가치와의 깊은 관련성, 이타적인 선택 동기는 직업의 특성을 반영한다는 점에서 개인이 좌지우지할 수 있는 주제가 아니다. 장기간의 훈련과 교육은 교원양성체제가 변화해야 하므로 많은 시간과 논의가 필요하다. 고도의 이론이나 지적기술은 앞으로 우리가 나아가야 할 방향을 제시해주지만, 단기간에 습득 가능하지 않다. 높은 자율성은 떼를 써서 얻어낼 수 있는 성질의 것이 아니다. 교사들이 연구와 역량으로 전문성을 충분히 증명하면 자연스럽게 시민의 지지와 신뢰로 주어지는 것이다. 실력 없는 의사의 자율성을 믿고 자기 몸을 맡길 환자는 없다. 윤리 규약은 장기적으로 교사의 의견을 수렴하여 모두가 동의할 수 있는 방향으로 제정되어야 한다.

교사가 전문직으로 인정받기 위해 지금 당장 우리가 할 수 있는 일부터 함께 시작하자. 전문직의 요건 중 대부분은 짧은 시간 안에 획득할 수 없거나 우리 마음대로 할 수 있는 것이 아니다. 그러나 구성원의 강한 유대감과 결속감 형성은 비교적 단기간에도 실현 가능하다. 유대감의 형성을 위해 잘 알려진 방법은 교원단체 가입이 있겠지만, 나는 이 방식에는 회의적이다. 교사가 전문성을 향상시키고자 하는 대의를 도외시하고 단순히 결속감만 강화해서는 전문직으로 인정받을 수 없다. 그래서 거대한 교원단체가 성장하기보다는 개별 교사가 원하는 주제를 다양하게 연구하는 연구회 중심의 문화가 발달하기를 바란다. 전문성 향상을 목표로 하는 다양한 연구회가 성장하고 이들의 자연스러운 연대가 이루어질 때 전문성 향상과 시민의 신뢰라는 두 마리 토끼를 동시에 잡을 수 있을 것이다.

교원단체는 교사를 이끄는 역할이 아니라, 이 작은 연구회들을 지원하고 연결해주는 역할을 해야 한다. 그 과정에서 연구회 내·외부의 교류를 통한 상호평가와 질 관리가 매우 중요하다. 상호평가를 통한 질 관리는 과거 교육부와 교육청 주도의 교사 평가를 벗어나 교사가 스스로 평가와 반성의 주체가 된다는 점에서 의미가 깊다. 정책을 따라가기만 하는 수준을 넘어서 교사 집단이 스스로 중요한 담론을 만들어내고, 의제를 제시하기 위한 첫걸음이 상호 연구 교류와 평가 · 피드백이다.

'1교사 1연구회' 활동이 필수가 되는 문화를 꿈꾼다. 전문직의 중요한 요건은 자율성이므로 연구회 가입을 강제할 수는 없다. 그러나 연구의 양과 질을 떠나서 꾸준히 연구회에 소속하여 전문성을 신장하고자 노력하고, 연구하는 교사를 응원하고 지지하는 문화는 매우 중요하다. 장기적으로 우리나라 교사의 전문성을 인정받고 국민 모두에게 존경받는 집단이 되기 위해 할 수 있는 첫 단계 작업은 개별 교사의 연구회 활동 확대이다. 교사의 역량과 의지가 연구회라는 방식으로 표출되고, 그 결과로 일반 학생이 교실에서 느끼는 교육의 질이 향상되었을 때 교사에 대한 시민의 지지도 회복할 수 있다. 아울러 이 장에서 살펴본 간략한 교사연구회의 역사에 대한 깊이 있는 연구도 이루어지기를 바란다. 교사연구회의 역사를 살피는 일은 교사 연구의 뿌리와 발전 과정을 찾는 일이자 앞으로 우리 교사가 나아갈 방향의 지표가 되어줄 것이다.

6장

교사의 미래

1

아이는 누가 키우는가?

"아이 하나를 키우는 데 온 마을이 나서야 한다.(It takes a village to raise a child.)"

언뜻 그럴듯해 보이지만, 잘 생각해보면 이상한 말이다. 근래에 들어 학교 혁신과 관련하여 자주 인용되는 이 말은 아프리카 속담으로 알려져 있다. 그런데 이를 소개하는 사람마다 속담의 출처가 다르다. 속담의 출처로 아프리카 분요로족, 키하야족, 와지타족이라는 등등 주장이 분분하다. 심지어는 아메리카 인디언 오마스족의 격언이라는 주장도 있다. 대부분의 사람은 그저 아프리카 속담이라는 '카더라' 수준에서만 속담을 인용한다.

실제로 이 말이 유명해지기 시작한 것은 1996년 힐러리 클린턴이 영부인인 시절에 출간한 책『집 밖에서 더 잘 크는 아이들(It takes village)』를 통해서다. 자신의 교육비전을 정리한 이 책에서 힐러리는 협력적 양육,

아동복지, 아동중심 교육의 중요성을 강조했다. 힐러리는 아이를 건강한 시민으로 키우려면 부모와 가족, 친척, 학교, 기업 등 모든 기관의 협조가 필요하다고 주장했다. 구체적인 방안으로는 폭력 범죄에 대한 강력한 대응, 마을 보안관 활동 강화, 위생 및 보건교육 강화, 어린이 의료보험 확대 등을 제시했다. 안정적인 양육 환경 조성을 위해 심지어는 최저임금 향상, 공공의료보험 도입, 교복 문제, 학교개혁, 대중음악의 폭력성에 대한 제재, 성교육, 결혼, 가족계획 등 학교 정책을 넘어선 영역까지 언급했다. 힐러리의 주장은 양육은 마을 주민이 함께하자는 식의 지역적인 주장이 아니라, 교육의 질 향상을 위해 학교를 넘어 시민 모두와 교육계 밖의 단체가 모두 함께 협력해야 한다는 거국적인 주장이다. 이 책은 미국에서 그림책 판이 나오고, 현재까지도 꾸준한 관심을 받을 정도로 스테디셀러가 되었다.

미국 공영 라디오 방송(NPR, National Public Radio)은 2016년 이 속담의 어원에 대해 조사한 내용을 소개했다. 힐러리에 의해 유명해지고 난 뒤 많은 연구자가 속담의 기원을 찾고자 연구했다. 그러나 실제로 이런 속담을 사용하는 아프리카 부족은 존재하지 않았다. 비슷한 의미의 속담을 사용하는 부족이 있기는 했지만 정확히 동일한 의미로 사용되는 문구는 없었다. 연구자들은 아프리카 전통 속담이 아닌 그들의 공동체 문화를 보여주는 표현 정도로 결론을 내렸다. 힐러리 클린턴 역시 정확하게 그 말의 출처를 밝히지 못했다. 정책홍보나 설득을 위해 '아프리카에는 이런 속담이 있습니다!' 하는 식으로 문구를 만드는 일은 이뿐이 아니다. "빨리 가고 싶으면 혼자 가고, 멀리 가고 싶으면 함께 가라"는 말 역시 아프리카 속담으로 잘 알려져 있지만, 실제로는 출처가 불분명하다. '한 흑인 연구자'는 서양의 개인주의가 아프리카의 공동체 문화를 동경하여 이런 말들을 만들어낸 것으로 보인다고 강력하게 주장했다. 아, 물론 이 '한 흑인 연구자'가 누구인지, 어디서 사는지 나도 출처를 모른다. 사람의 말을 들을 때는 출처를 잘 따져 물어야 한다. 여기에서 내가 언급한 '한 흑인 연구자'의 주장은 출처 없는 주장이 어떻게 생산되는지에 대한 예시로 제안한 것이다. 절대 실제하는 주장이 아님을 독자는 알아주기 바란다.

양육에서의 방관자 효과

출처와 관련 없이 말의 진정성만을 고려하더라도 아이를 키우기 위해 온 마을이 나서야 한다는 주장은 오히려 시류에 맞지 않고, 무책임한 측면이 있다. 심리학에는 잘 알려진 연구 주제로 '방관자 효과'라는 것이 있다. 1964년 뉴욕 한복판에서 한 여성이 강도와 35분간 사투를 벌이다가 강간을 당하고 살해까지 당했다. 하지만 주변에서 상황을 지켜보던 사람들이 있었는데도 아무도 그녀를 도와주거나 신고를 하지 않았다. 사건 현장 근처에 있던 사람들은 모두 다른 누군가가 나서 주리라 생각하고 신고를 하지 않았다고 진술했다. 실제로 사람들은 주변에 사람이 많을수록 선뜻 나서서 도움 주기를 꺼리는 경향이 있다. 이를 가리켜 방관자 효과라 한다. 심폐소생술(CPR) 교육에는 만약 심정지 환자에게 소생술을 해야 한다면 정확하게 주변사람 중 한 사람을 가리켜 "119에 신고해주세요!"라고 말하라는 내용이 있다. 사람들이 무의식적으로 '나' 아니어도 '누군가' 하는 생각으로 물러서는 방관자 효과를 극복하기 위한 것이다.

나는 우리나라의 양육 현실에도 이 방관자 효과가 나타나고 있다고 본다. 아이를 책임져야 할 사람은 누구인가? 맞벌이 부모는 바쁘고 지쳐서 아이를 신경 쓸 겨를이 없다. 낮에는 어린이집이나 학교에서 아이를 맡아주지만, 아이의 삶을 책임져주기에는 한계가 있다. 가정 밖의 보육 지원은 연속성을 지니기 어렵다. 정부에서는 이 문제를 해결해주기 위해 다양한 정책적 지원을 확대하고 있지만, 아직 한계가 많다. 세계 최고 수준 복지국가에서도 자녀의 양육을 국가가 완전히 책임지는 경우는 아직 없다. 가족이나 친척이 자녀양육을 도와주기도 한다. 하지만 부모만큼 꼼꼼하게 챙겨주고 도와주기는 어렵다. 과거에는 자녀양육의 책임이 온전히 부모의 책임이었다. 산업의 발달로 일자리가 늘어나면서 기업은 더 많은 인력이 필요하게 되었다. 이 과정에서 기업과 사회는 부모에게 양육을 포기하고 일에 집중하도록 강요한다. 한편으로는 과거 여성에게만 과하게 부과되던 양육의 책임을 부부가 동등하게 나누고 균형을 맞추려는 시도도 이루어지고 있다. 그러나 양육을 네 일과 내 일로 나누는 업무분장처럼 접근하면 부부 간 다툼을 피하기 어렵다. 양육의 책임을 명확하게 반으로 나누기 불가능하기 때문이다. 결과적으로, 가정이 지고 있는 양육의 짐을 덜어주기 위해 이런저런 대안으로 떠오르는 시도들이 양육의 방관자 효과를 발생시킨다. 양육이 중요하다고 하면서, 정작 그 책임을 질 핵심 주체가 없다.

양육을 업무로 보고 일을 공정하게 분배하려는 기업운영식 관점으로는 양육에 성공할 수 없다. 가정 내에서 양육을 업무적으로 완전히 평등하게 분배하는 것도 불가능하고, 사회의 다양한 집단이 모든 부모가 만족할 수 있게 양육을 돕는 것도 불가능하다. 아이를 잘 키우기 위해서는 온 마을이 나서서 도와주기 전에 건강하고 온전한 한 명의 책임자가 가장 먼저 필요하다. 건강한 책임자가 아이의 양육과 교육에 관한 주도권을 명확히 할 때 다른 지원자와 여타 기관의 협조도 효과가 나타난다. 사공만 많아서는 배가 앞으로 나아갈 수 없다. 전체를 조망하고 관리하는 선장이 있어야 바른 방향으로 나아갈 수 있다. 선장만 많은 것은 더 큰 문제다. 바른길로 가기에도 바쁜 배가 오락가락하기 때문이다. 우리 사회는 계속해서 아이를 키우는 핵심 책임자는 누구냐는 질문을 회피하고 있다. 특히 정치권에서 이 문제가 심각하다. 정치인은 부모의 짐을 덜어주겠다는 의도로 다양한 복지 확충을 공약한다. 이 사회의 미래가 될 아이에 대한 복지 확충은 반길 일이다. 그러나 그 과정에서 아직 준비가 덜 된 다른 기관에 양육 의무를 무차별적으로 부과해서는 안 된다. 이런 정책은 아동복지의 질만 하락시킬 뿐 실제로 자녀를 키우는 가정에 안정적인 도움을 줄 수 없다. 부모들도 정치인의 감언이설에 휩쓸려 마치 양육을 정부가 대신해주리라는 기대는 하지 않는 것이 좋다. 세상 어디에도 부모 대신 자녀 양육을 대신해주는 나라는 없다. 부모가 양육을 잘 할 수 있도록 도와주는 나라만 있을 뿐이다.

교육학계에 잘 알려진 연구 중에 1966년 발표된 〈콜먼 보고서(Coleman Report)〉가 있다. 시카고대학 교수였던 콜먼(James Samuel Coleman)은 학교교육의 효과를 검증하기 위해 4천여 개 학교, 60여만 명의 학생을 대상으로 연구를 수행했다. 연구의 목적은 교육 불평등의 주요 원인을 파악하는 것이었다. 최초에 콜먼은 학교의 수준이나 교사의 역량에 따라 학생의 학업성취도가 달라지리라는 가설을 세웠다. 방대한 양의 정보를 검토하고 정리한 보고서의 결과는 충격적이었다. 학생의 학업성취도에 영향을 미치는 요인은 '학생의 가정환경'과 '친한 친구의 가정환경' 단 두 개뿐이었다. 콜먼 보고서는 이후의 미국 교육 정책에 큰 영향을 미쳤다. 학교를 변화시켜서 학생의 변화를 가져오기 전에 가정교육이 먼저 되어야 한다는 사실을 깨달은 것이다. 이 보고서의 내용이 교사 무용론의 증거로 인용되지는 않는다. 다만, 학교에서 실시하는 교육과 정부 주도의 다양한 교육 복지가 효과를 이루려면 가정교육이 먼저라는 점을 보여준다. 그중에서도 가장 중요한 것은 자녀에 대한 부모의 책임감이다. 가정이 평화롭고 안전할 때 학교 교육도 효과를 발휘할 수 있다.

마을교육공동체의 해결 과제

이런 점에서 우리나라에서 시도되는 마을교육공동체는 이상적이지만, 아직 해결해야 할 문제가 많다. 우선 마을교육공동체의 개념 자체가 모호하다. 우리나라에서 마을교육공동체는 방과후학교, 협동조합, 마을축제, 정부지원 등의 방식으로 다양하게 이루어지고 있는데, 아직 이렇다 할 표준 모델이 만들어지지 않고 있다. 마을교육공동체 모델이 대안적인 수준에서 시도되고 있다는 점에서 아직 정확한 개념 정의나 표준 모델이 만들어지지 않은 것이 큰 문제가 아닐 수도 있다. 그러나 많은 사람의 노력과 재정 지원에도 불구하고 실패하는 마을교육공동체가 많다는 점은 주의해야 한다. 야심 차게 시작했던 많은 마을교육공동체가 구성원 간의 마찰, 실행동력 상실, 재정적 한계 등으로 중도 해산하는 경우가 많았다.

장기간 마을교육공동체 프로젝트가 성공하는 사례는 재정적으로 안정된 가정이 모여서 돈에 대한 걱정 없이 여유롭게 다양한 시도를 하거나, 사회적 지위가 높은 부모들이 소규모 공동체를 만들어 고급 정보를 공유하는 식으로 머무는 경우가 많다. 혹은 키맨(key man)으로 불리는 핵심적인 활동가의 헌신적인 노력을 중심으로 운영되는 경우도 있다. 그러나 키맨의 헌신으로 운영되는 공동체는 지속 가능성이 낮다는 점에서 한계가 있다. 키맨에게 끊임없이 희생과 봉사를 강요할 수는 없다. 정부 기관이 주도하는 방식의 마을교육공동체도 지자체장의 업적 생색내기 수준에서만 머물고 일반화되지 못하는 경우가 많다. 언론이나 정책홍보 자료에서는 마을교육공동체 이야기가 많은데, 실제로 혜택을 보는 사람을 찾기 어려운 이유가 여기에 있다.

마을교육공동체는 가치 있는 시도지만, 일반화하기에는 아직 해결해야 할 문제가 많다. 대안적인 접근이 주류가 되기 위해서는 많은 시행착오와 정교화 작업을 거칠 수밖에 없다. 아쉽지만 마을교육공동체 운동은 아직 우리나라 전반에 걸쳐 적용되기에는 이론적·실제적 한계가 많다. 이 한계를 극복하는 것이 마을교육공동체의 과제다. 현대 도시 문명의 가장 큰 특징은 익명성과 상호 불간섭이다. 우리는 일상생활에서 너무 많은 사람을 만나고 너무 많은 일에 얽혀 있다. 그래서 가정에 돌아왔을 때는 가능하면 다른 사람과 마주치지 않고 조용히 시간을 보내고 싶다. 아파트에 사는 주민이 승강기 안에서 인사를 하지 않는 이유는 그들의 성격이 각박해서가 아니라 사생활을 보호받고 싶어서이다. 과거 조선시대 촌락 수준의 작은 집단이나 아프리카 원주민 수준의 원시적인 부족에서는 공동양육이 가능하고 필수적이었다. 그 집단의 크기 자체가 크지 않고, 구성원 대부분이 가족이나 친족에 가까운 관계를 맺고 있기 때문이다. 그러나 현대인이 사는 문화는 더 이상 그런 소규모 부족 문화와는 다르다. 새로운 세상에는 변화한 양육방식이 필요하다. 우리나라의 문제는 사회의 분열과 개인주의화가 아니라, 너무 강한 집단주의의 작용으로 여전히 개인에 대한 이해와 존중이 부족하다는 것이다.

교육과 양육

앞서 우리는 학교의 주요 기능이 보육, 사회화, 선별, 교육이라는 점을 살펴보았다. 각각의 기능은 유기적으로 연결되어 있으면서도 서로 겹치지 않는 독자적인 영역이 존재한다. 학교의 업무력은 한정되어 있어서 이 네 가지 기능 중 어느 한 가지를 강화하려고 하면 다른 기능이 약화될 수밖에 없다. 많은 교사가 학교 내 돌봄교실 설치를 우려하는 이유도 여기에 있다. 보육을 강화하려면 사회화, 선별, 교육을 일정 부분 포기할 수밖에 없다. 학교의 가장 핵심적인 기능이 교육이라는 점을 부정하는 이는 없을 것이다. 교육이 제대로 이루어질 때 학교의 나머지 기능도 의미가 있다. 학교는 지속적으로 교육을 강화하는 방향으로 나아가는 것이 옳다. 학생이 배움의 즐거움을 얻고, 교사가 가르치는 보람을 느낄 수 있는 학교가 되어야 한다. 정부기관과 기업, 각종 이권 단체는 학교의 본연적인 기능을 흔드는 일을 멈춰야 하고, 교사는 이런 부당한 요구에 단호히 대응해야 한다.

학부모의 요구에 맞추어 학교 교육 수준을 발전시키면서 보육의 기능도 강화할 수 있는 방법이 있다. 더 많은 인력을 확충하는 것이다. 학교의 보육 기능을 강화하자고 주장하는 사람은 출산율 저하로 늘어나는 빈 교실을 보육에 활용하자고 한다. 일리가 없는 말은 아니다. 다만, 그 업무를 담당할 인력을 확충하는 일이 우선되어야 한다. 한정된 인력 내에서 다 쓴 케첩 병 짜듯 성과를 만드는 방식으로 접근해서는 학교 교육의 질만 떨어뜨릴 뿐이다. 그런 식으로는 교사, 학부모, 학생 모두 불만족스러운 결과를 얻게 된다. 특히, 교사의 희생을 강요하는 방식으로 돌봄교실을 학교에 떠넘기는 주장은 재고해야 한다. 교사에 대한 업무 강요는 교사의 자존감 하락으로 이어진다. 교사의 자존감 하락은 교육의 질 하락으로 이어진다. 그 피해는 고스란히 학생들이 보게 된다. 어떤 방식이 정말 미래를 이끌 우리 아이를 위한 일인지 더 깊이 고민해야 한다.

부모가 되기 위한 충분한 정보가 없는 상태에서 아이를 갖는 것도 문제다. 많은 부모가 매번 변하는 입시정책이나 일관성 없는 보육정책, 학원업자에게 휩쓸리는 핵심 이유도 이것이다. 한 번도 아이를 어떻게 키워야 하는지 배워본 적이 없으니 주먹구구식으로 아이를 키운다. 급한 마음에 인터넷 카페나 주변 부모에게 정보를 수소문하지만, 그중 상당수는 힐러리의 아프리카 속담처럼 근거가 없거나 효과가 확인되지 않은 것이다. 자녀를 제대로 키우지 못하고 있다는 불안은 죄책감이 된다. 죄책감과 스트레스는 불만이 되어 그 배설 방향을 찾고, 그 대상은 대부분 학교다. 자녀에게 생긴 문제의 책임을 나눌 수 있다고 여겨지는 곳은 학교밖에 없기 때문이다. 그러나 이 부모들은 정작 중요한 사실을 잊고 있다. 아이는 부모가 키우는 것이고, 부모에게 가장 많은 영향을 받는다. 그래서 자녀가 성공하면 모두 부모덕이고, 실패해도 부모덕이다. 조선시대에 출간된 책에는 이런 문구가 있다.

若愛而不教 教而不嚴 從惡如崩何所不爲
終成敗家之子 是父母之過也

만약 사랑하면서 가르치지 않고, 가르치되 엄하지 않으면 싹터 오르는 악에 의해 못하는 일이 없어 종국에는 집안을 망하게 하는 자식이 된다. 이는 결국 부모의 책임이라.

『증보산림경제(增補山林經齊)』 훈자손(訓子孫)

    길 잃은 부모가 바로 설 수 있도록 학교가 협조자 위치에서 실제로 돕는 방식도 고려할 수 있다. 많은 학부모가 양육방식에 자신을 갖지 못하고 헤매는 이유는, 건강한 양육 방법을 그 누구도 가르쳐준 적이 없기 때문이다. 정부 차원에서 정책을 마련해서 부모가 건강한 양육 방법을 배울 수 있도록 도와주면 좋을 것이다. 그 주관기관으로 다양한 대상이 거론될 수 있겠으나 학교가 가능한 대안이 아닌가 싶다. 학교는 모든 지역사회에 존재하고, 교육에 관해서는 가장 전문적인 인재들이 모인 기관이다. 부모도 다른 기관에서 하는 부모교육에는 참석하기 어렵지만, 학교에서 실시하는 부모교육에는 관심을 가진다. 가깝고 익숙하기 때문이다. 학부모가 학교에서 부모교육을 받으면 담임교사와 협의하여 자녀의 교육과 진로에 대해서도 협력적인 관계를 맺을 수 있다. 교사 역시 부모교육 전문가가 되어 지역사회의 안정과 발전에 기여하는 역할을 할 수 있다.

    그러자면 학교에서의 부모교육은 현재까지의 방식과는 크게 달라져야 한다. 단발성 특강으로 이루어지는 부모교육으로는 변화를 기대할 수 없다. 적용하고 반성하고 나누는 경험이 결여되어 있기 때문이다. 학교가 주도하는 부모교육은 1년 내지 2년의 장기 과정이 되어야 하고, 공부하는 부모들이 꾸준히 만나며 자신의 양육방식을 공유하고 반성하는 과정을 통해 발전할 수 있어야 한다. 학교는 그 모임을 주관하고 지원하는 역할을 할 수도 있고, 부모교육 전문가 교사를 참여시키는 방식으로 도움을 줄 수도 있다. 이 모임을 통해 교사와 학부모의 유대 관계는 더욱 강해질 것이고 학교에 쏟아지는 민원도 줄일 수 있다. 아직 해결해야 할 문제가 많은 마을교육공동체보다 이런 방식의 부모교육이 훨씬 현실적이고 효과도 크다. 다만, 이러한 새로운 접근을 취하려면 교사의 잡무 경감과 인력충원이 먼저 이루어져야 한다. 학교의 인력 에너지는 한정되어 있으니 무리하게 사업을 추진하다가는 우리 아이가 경험하는 교육의 질이 떨어진다는 점을 항상 유념해야 한다. 학교가 지역사회의 일원으로 시민사회 발전을 위해 다양한 지원을 수행할 수 있다면 기쁠 일이다. 그러나 학교의 본연적 기능은 항상 교육임을 잊지 말아야 한다.

2

교과를 넘어서

　교과를 잘 가르치는 것만 전문성이라고는 할 수 없다. 나는 우리나라 교사가 수업에 대한 집착이 유독 강하다고 생각한다. 수업을 잘 해서 교과 내용을 잘 전달하고 학생에게 인정받는 것이 가장 중요한 가치라고 생각하는 듯하다. 여기에서 수업이란 교육과정에 의해 정해진 일정 시간 동안 학생에게 교과 지식을 전달하는 것을 말한다. 수업 시간에 교사는 교단에서 일종의 퍼포먼스를 한다. 수업이라는 공연에서 교사라는 배우로 최고의 퍼포먼스를 보이는 것이 교사의 전문성이라고 생각한다. 수업이 교사의 중요한 역량 중 하나인 것은 맞다. 그러나 그것이 교사의 핵심 역량인가에는 의문이 든다. 우리나라 교사가 수업을 중시하는 문화가 어디에서 비롯됐는지를 먼저 생각해봐야 한다.

일제식 교육

일제식 교육이 강조될 수밖에 없었던 근대의 역사적 배경이 수업에 대한 과대한 선호에 영향을 미쳤을 것이다. 미국에서 진보주의 교육철학이 태동하던 20세기 초 우리나라는 일제강점기를 겪었다. 일제가 의도한 황국신민화 교육의 가장 적합한 방법은 일제식 수업이었다. 진보주의 교육이 강조하는 자유로운 토론이나 학생 중심의 교육은 황국신민화 교육에 어울리지 않는다. 상급기관에서 정한 내용을 학생의 선택권을 배제한 채 주입하기에는 일제식 수업만한 것이 없다. 그렇게 효율성을 인정받은 일제식 수업 문화는 독재시대를 거쳐 1980년대까지 이어졌다. 독재시대에도 일제식 수업이 선호되기는 매한가지였다. 사회가 민주화되면서 진보주의 교육법이 실제로 학교 교실에 광범위하게 도입된 것은 1990년대 들어서다. 다양한 수업 방식에 대한 허용적인 분위기가 조성되기 시작했다. 미국에서 진보주의 교육 운동이 시작된 지 반세기나 흐른 뒤였다. 우리나라에서 1990년대 이후에 유행했던 프로젝트수업, 토론수업, 협동학습 등은 미국에서 반세기 전에 도입된 방식이었다.

평가 우위의 교육제도 역시 '수업 중심 문화' 강화에 기여했다. 고려시대부터 과거시험을 통한 인재 선발에 익숙했던 우리 민족은 항상 평가에 민감했다. 근대식 교육이 도입되면서 정량적이고 수치화가 가능한 양적 평가 방식이 우리나라에도 도입되었다. 과거에는 훈장 선생님이 서당에 다니는 생도를 비교적 정성적으로 평가했지만, 정량평가가 도입된 뒤에는 학생의 성취도를 수치로 확인할 수 있게 됐다. 지금은 덜 하지만, 2000년대 초반까지만 하더라도 많은 사람이 학생의 성적을 교사의 능력과 동일시했다. 시험 평균점수가 높은 반은 선생님이 수업을 잘

한 것으로 생각했고, 평균점수가 낮은 반을 가르친 선생님은 수업 방식에 대한 비판을 받았다. 그래서 교사들은 학생들의 시험 점수를 향상시켜야 한다는 부담감 속에서 수업을 했다.

학생의 시험 성적 향상을 위한 가장 효과적인 방식이 바로 일제식 수업이다. 사고력이니 비판력이니 하는 고급 정신 함양을 뒷전에 두고 학생에게 시험에 나올만한 지식만 일방적으로 주입하면 충분하기 때문이다. 교사 중심으로 이루어지는 일제식 수업은 수업을 마친 교사가 스스로 최선을 다했다는 위안감까지 느끼게 해준다. 게다가 수능 위주의 입시 문화는 교사의 수업 능력에 대한 부담을 더한다. 서울대에 학생을 많이 보낸 학교는 선생님들이 수업을 잘하는 학교이고, 서울대에 보내지 못하는 학교는 선생님들이 수업을 못 하는 학교가 된다.

수업 강조의 역설

아이러니하게도 교사가 수업을 강조하는 문화가 강해질수록 학교 교육의 경쟁력은 떨어질 수밖에 없다. 공교육에 임하는 교사가 사교육 강사의 수업 퍼포먼스를 따라잡기는 현실적으로 매우 어렵다. 우리나라 교사의 주당 수업 시간 수는 20시간 내외이다. 하루에 4시간 정도 수업을 해야 한다. 학교 단계가 내려갈수록 교사의 수업 시간 수는 더 많아진다. 하루에 8시간 근무하는 교사라면 일과 중의 절반은 실제 수업에 쏟아야 한다. 수업이 끝나도 다음 수업 준비를 할 여유는 거의 없다. 행정업무 처리와 학생상담, 생활지도를 하다 보면 하루가 금방 지나간다. 그래서 초임교사는 밤늦게까지 수업 준비를 한다. 이런 상황에서 교사의 수업력 향상은 기대하기 어렵다. 교사에게 너무 많은 희생을 강요하기 때문이다.

사교육업계에 종사하는 강사의 환경은 이보다 훨씬 유리하다. 수업 시수도 학교 교사보다 적고, 수업 외의 불필요한 잡무도 없다. 수강생이 많은 유명 강사가 되면 조교를 여럿 두고 연구실을 운영한다. 교재를 만드는 조교, 문제풀이를 만드는 조교, 학생 관리하는 조교, 강의 레퍼토리를 만드는 조교를 두고 수업을 준비한다. 무슨 짓을 해서든 수업 시간에 학생들 눈에 띄면 모두 수익으로 연결되기 때문에 동기도 강력하다. 인터넷 강의에 등장하는 학원강사가 연예인보다 눈에 띄는 독특한 옷을 입고 정신 나간 듯 기행으로 학생들의 주의를 끄는 데는 이유가 있다. 이런 환경 차이에서 학원강사의 수업 퍼포먼스를 일반 교사가 따라잡기는 쉽지 않다. 혹여, 학원강사보다 뛰어난 수업 퍼포먼스를 보이는 학교 교사가 나타나더라도 반길 일이 아니다. 일반화가 가능한 사례가 아니기 때문이다.

수업을 너무 강조하면 교육에 필요한 다른 요소의 중요성을 간과할 수 있다. 수업을 강조하는 논리는 교과 중심주의를 기본으로 한다. 우리나라에서 가르치는 교과목은 대표적으로 국어, 수학, 영어, 사회, 과학, 도덕, 체육, 음악, 미술, 실과 등을 들 수 있다. 수업 중심주의는 앞에서 제시한 각 교과 교육과정 안에 결정되어 있는 내용을 얼마나 잘 전달하느냐를 중시하는 가치관이다. 그런데 정작 이 교과목의 기원과 존재 가치에 대해서 의문을 갖는 교사가 별로 없다. 많은 교사가 수업을 통해 교과목을 잘 전달해야 한다는 생각을 갖고 있으면서도 정작 그 교과목은 어디에서 왔는지, 누가 그 교과목을 선택했는지, 꼭 그 교과목을 가르쳐야 하는지, 다른 교과목을 가르쳐도 되는지에 대한 본질적인 질문은 하지 않는다. 어려서부터 배워온 내용이기도 하고, 자신이 가르쳐야 하는 교과목에 대해 자연스러운 애정이 있어서 그럴 수 있다. 그러나 학교에서 본인이 직접 가르치는 교과목의 존재가치에 대한 고민은 교사라면 꼭 해봐야 한다.

　현재 우리가 학교에서 가르치는 교과목의 기원은 공교육제도의 도입과 함께 한다. 중세까지의 교과목은 독, 서, 산(3Rs)을 기본으로 라틴어, 수사학, 변증법, 기하학, 음악 등이 추가되는 방식이었다. 과학혁명 이후 자연과학이 급속하게 발달했고, 자연과학의 발달은 사회과학의 발달로 이어졌다. 발달된 과학지식을 일상생활에 적용하기 위해서 기예를 강조해 탄생한 교과목이 실과다. 공교육이 도입되면서 어린 학생에게 어떤 과목을 가르쳐야 하는지는 당시의 교사와 행정가들에게도 고민거리였다. 대학 수준의 지식을 전달하자니 너무 어려웠고, 중세 이전의 과목을 가르치자니 급격하게 발달한 자연과학의 성과에 비해 너무 고루했다. 이 고민을 해결하기 위해 대학에 자문을 구했고, 그 결과 당시 대학에서 유행하던 학문들이 학교 교과목으로 유입됐다. 학생의 다양한 수준이나 삶과는 상관없이 대학에서 가르치던 내용을 더 쉽게 단순화해서 가르치면 되니 적용에 있어서도 유용했다. 근대 이전부터 중시되던 모국어, 수학이 먼저 교과로 들어오고, 당시 학계에서 큰 영향을 미치던 자연과학과 사회과학이 교과로 들어왔다. 학생의 정서 함양을 위해 예체능 교과가 추가되면서 현대 교과의 기본적인 틀이 갖춰졌다. 세계 각국이 각각의 문화와 역사적 특징에 따라 내용을 변형하고 과목을 추가·삭제하기도 하지만, 기본적으로 이러한 틀을 크게 벗어나지 않는다.

교과의 한계

학교에서 가르치는 교과는 인류 지식의 핵심과 정수를 전달한다는 점에서 가치가 크지만, 꼭 이 교과를 가르쳐야 하는가에 대해서는 속 시원하게 답하기 힘들다. 팍스아메리카나 시대의 우리는 세계 주류를 따라 주요 외국어로 영어를 배우지만, 영어가 모든 사람에게 유용한 것은 아니다. 대부분의 사람은 인생에서 외국어가 전혀 필요 없고, 경우에 따라서는 중국어나 불어, 독일어, 일어가 더 유용할 수도 있다. 국어도 마찬가지다. 문법이나 구문론, 시, 문학 등은 교양을 넓히고 지성을 쌓는다는 점에서는 가치가 있지만, 모든 학생에게 유용한 것은 아니다. 수학 역시 수학자나 과학자 수준에서나 활용하는 정도의 고급 지식을 고등학교에서까지 배워야 할 필요가 있는지 의문이다. 최근 학생들에게 가장 각광받는 전공인 경영학, 의학, 연기, 영화예술, 디자인, 전자전기공학, 건축학 등을 학교에서 배우면 안 되는가. 이 문제에 대한 답은 학교의 주요 기능 중 하나가 평가라는 데 있다. 학교 교육과정을 둘러싼 눈에 보이지 않는 권력은 교과의 유용성에는 별로 관심이 없다. 평가를 통해 우수한 학생을 잘 선별해내면 그걸로 충분하기 때문이다.

학교 교과의 한계는 지식의 특성 면에서도 드러난다. 학교에서 배우는 지식은 일반적으로 성문화된 지식이다. 성문화된 지식은 우수한 연구자가 자신의 지식을 정리해서 문자로 표현하며 완성된다. 아인슈타인이 특수상대성이론에 대해 최초로 생각했을 때 그것은 아인슈타인의 머릿속에만 있었다. 지식생산자인 아인슈타인의 아이디어가 다른 사람에게 전달되기 위해서는 구문화되거나 성문화되어야 한다. 구술된 지식은 전달에 한계가 있고 퇴고가 불가능하기 때문에 지식생산자들은 문자를 주요 전달 수단으로 삼는다. 이제 가장 큰 과제는 머릿속의 지식을 어떻게 하면 온전히 글로 옮길 수 있느냐이다. 지식생산자의 지식 능력에는 글로 표현되지 않는 창의력, 순발력, 논리력, 집중력, 기억력, 판단력, 이해력 등이 포함되어 있다. 이렇게 글로는 온전히 표현될 수 없는 지식을 '암묵지(Tacit knowledge)'라고 한다. 암묵지의 예는 수도 없이 많다. 의사의 정교한 수술 기술, 변호사의 능수능란한 언변, 운동선수의 세밀한 신체 조정, 요리사의 민감한 미각, F-1 드라이버의 놀라운 반응 속도 등은 모두 글로는 표현되기 어려운 속성을 지닌다. 그래도 지식 표현 수단의 한계를 극복하기 위해 지식생산자들은 자신의 아이디어를 글로 표현하기 위해 노력한다. 일반적으로 대가(master)로 알려진 각 분야의 전문가가 글을 통해서 전달하는 노하우와 지식은 그가 실제로 가진 것의 10% 정도라고 한다. 글로 표현되지 않는 나머지 90%의 암묵지는 지식생산자의 글만 읽은 사람은 상상조차 하기 어렵다.

글로 표현된 지식은 지식수용자에게 전달될 때 다시 한번 난관을 만난다. 독서는 저자와 독자의 대화라는 말이 있다. 독자는 책을 읽을 때 책의 내용을 온전히 수용하지 않는다. 자신의 세계관에 비추어 책의 내용을 선택적으로 받아들인다. 경우에 따라서 많은 사람에게 진리로 인정받는 내용이 개인에게는 납득되지 않을 수도 있다. 반대로 많은 사람이 부정하는 내용을 진리로 받아들이는 경우도 있다. 해석학(解釋學, Hermeneutics)에서는 텍스트 해석 과정에서 발생하는 오독(誤讀, misreading)이라고 한다. 오독은 선택이 아닌 필수다. 저자가 온전히 자신의 생각을 글로 담기도 불가능한데, 글에 담긴 생각을 독자가 온전히 이해하기는 더 어렵다. 중세까지 허용되지 않던 텍스트에 대한 해석의 자유가 근대에 들어 폭넓게 수용되기 시작한 이유가 여기에 있다. 중세까지는 성경을 있는 그대로 이해하는 것이 가장 중요했다. 성스러운 경전에 대한 해석의 다양성은 인정되지 않았다. 시민은 성직자가 전달하는 성경의 내용을 있는 그대로 받아들여야 했다. 근대 철학이 발달하면서 해석의 다양성이 논리적으로 필수불가결함을 발견했다. 이후 텍스트 생산자의 의도와 상관없이 독자는 해석의 자유를 갖게 되었다. 이 관점을 학교로 가져오면 애초에 대학에서 연구되는 내용을 공교육에 가져와서 온전히 전달하기란 불가능함을 알 수 있다. 학교에서 가르치는 것은 연구실에서 실험하고 보고서를 쓰는 과학자, 고문서를 뒤져가며 논문을 쓰는 인문학자 등 실제 지식을 생산하는 사람들의 부스러기 지식이다. 진짜 그들의 지식을 배우기 위해서는 그들 곁에서 함께 생활하며 삶의 양식을 배우고, 세밀한 피드백을 받아야만 한다. 이것이 대부분의 전문직과 고급 지식인 교육이 여전히 도제식으로 이루어지는 이유다.

암묵지가 답이다

학교의 수업 중심주의는 교과 중심주의를 기반으로 한다. 평가를 중시하는 문화도 한몫했다. 그러나 교과서를 통해서 온전히 지식을 전달하기는 불가능하다. 교과서 전달만을 강조하는 일제식 수업에는 한계가 많다. 그래서 많은 연구자가 대학원에 들어와서 본격적인 연구를 수행할 때, 학교에서 배운 내용은 파편적이었다는 사실을 깨닫는다. 21세기 들어서 대부분의 정보가 온라인으로 공유되면서, 정보의 암기보다는 정보를 활용하는 역량이 중시되는 시대가 왔다. 이제는 앞에서 이야기한 전문가들의, 말로는 표현되기 어려운, 고급지식인 암묵지가 더욱 중요해졌다. 학생들의 암기력만 평가하는 오지선다 시험은 이런 역량을 측정할 수 없다. 수능과 같은 정량평가의 한계 역시 여기에 있다. 교과 지식만 전달하는 수업은 온라인 강의의 발달로 점점 더 설 자리를 잃어가고 있다. 수업 퍼포먼스 측면에서는 공교육 교사가 사교육 강사에 비해 매우 불리한 조건에 처해 있다. 이런 상황에서 교사는 도대체 무엇을 가르쳐야 할까?

답은 암묵지다. 교사는 학생에게 암묵지를 가르쳐야 한다. 과거 우리가 초·중·고등학교 수업 시간에 배웠던 교과 내용을 기억해보자. 아마 머릿속에 떠오르는 것이 많지 않을 것이다. 그 지식은 우리의 삶과 유리된 지식이기 때문이다. 활용할 기회가 없으니 사라지는 것이 자연스럽다. 그러나 나를 가르친 선생님의 목소리, 태도, 예절, 말투, 분위기 등은 생생히 기억에 남는다. 그것이 실제 우리 삶에 많은 영향을 끼치기도 한다. 교사는 수업이나 교과보다 이런 눈에 보이지 않는 것에 더 많은 에너지를 쏟아야 한다. 삶을 보는 긍정적인 가치관, 꾸준히 발전하고자 노력하는 태도, 약자를 챙겨주고 부당한 강자에 저항하는 정신, 불의를 그냥 넘기지 않는 정의감, 개인주의와 공동체를 조화시키고자 하는 시민의식이 앞으로 우리가 가르쳐야 할 것이다. 이른바 삶의 양식(Life style)이다. 학생에게 삶의 양식을 가르치는 일은 사회를 구성하는 건강한 시민을 키우는 일이자, 교사 스스로 건강한 시민이 되기 위한 노력이다. 교사 스스로 건강한 시민이 되지 못한 상태에서 학생을 건강한 시민으로 키우기는 불가능하다. 학생들은 교과서의 글과 교사의 말을 배우기보다는 교사의 행동과 태도를 보고 배운다.

개인적으로 가장 슬픈 순간 중 하나는 학생이 존경하는 사람으로 학원강사를 꼽을 때다. 공교육 교사가 경제성을 우선으로 하는 학원강사에 밀리는 것이 너무 속상하고 때로는 부끄럽다. 단순히 교사가 무시 받아서가 아니라, 학생이 추구하는 가치관이 시민의식이나 공공성이 아닌 재화에 머물게 될까 더 두렵고 속상하다. 모든 사람이 돈에 눈이 멀어 그것만을 추구한다면 우리 사회의 안전과 안녕은 먼 일이 된다. 학생 탓만 할 수도 없다. 학생에게 물어보면, 그들이 사교육 강사를 존경하는 이유는 학원강사의 수업 퍼포먼스 때문이 아니라 삶에 대한 태도 때문이라고 말한다. 이유야 어쨌건 많은 사교육 강사는 밤을 새우며 자신의 일에 혼신의 힘을 다한다. 그에 비해 학교에서 만나는 교사의 태도가 안이하고 열정이 부족해 보인다는 것이다. 나는 교사가 처한 환경과 제도가 그들을 그렇게 만든다는 점을 잘 알지만, 학생의 설명을 들으면 미안함을 느낄 수밖에 없다. 이런 상황이 더욱 악화되는 것은 수업 중심주의의 만연 때문이기도 하다. 우리나라 국민 모두가 수업을 중시하니, 겉보기에 수업 잘하는 사람이 인정을 받는다. 그러나 앞에서 살펴본 바와 같이 일제식 수업의 한계는 아주 명확함을 이제는 알아야 한다.
　학생들에게 삶의 양식을 가르치자. 교사에게 교과 수업은 필수이지만, 전부는 아니다. 많은 교사는 수업을 통해 학생에게 지식을 전달할 때보다 학생과 소통하며 그들의 발전을 도울 때 보람을 느낀다. 수업을 종종 실패하더라도 학생과 관계가 좋으면 교육의 효과가 있다. 학생과의 관계가 좋으면 가끔 수업이 실패해도 학생은 이해해준다. 왜냐하면, 그들이 배우는 것은 교과 지식뿐만이 아니라 교사의 정중한 태도, 따뜻한 말씨, 책임감 있는 행동, 진심을 담은 격려, 정의를 추구하는 용기와 같은 삶의 양식이기 때문이다. 이미 학생은 그들의 인생에서 중요한 것은 교과 지식이 아닌 삶의 태도임을 너무 잘 알고 있다. 그래서 수업만 잘하는 교사보다는 삶의 태도가 우아한 교사를 존경하고 사랑한다. 학생에게 건강한 삶의 양식을 가르치기 위해 선행되어야 할 것이 있다. 교사가 먼저 건강한 삶의 양식을 지니는 것이다. 승진만 우선하는 입신양명의 마음, 맡은 바 임무를 게을리하는 나태함, 교육을 뒷전으로 하는 태만 등은 항상 경계해야 한다. 교사가 삶의 양식을 가꾸는 일은 우리 교육을 살리는 길이고, 우리 아이를 살리는 길이며, 우리 사회를 살리는 길이다.

3

K-에듀의 시대가 온다

2020년은 우리 민족사에 매우 중요한 해로 남을 것이다. 전 세계의 코로나19 확산과 그 대처를 보며 대한민국 국민의 시민인식이 급격히 달라지기 시작했기 때문이다. 선진국이라고 생각했던 서구권 국가가 무기력하게 전염병 방역에 실패하며 많은 희생자를 낸 데 비해, 우리나라는 기민한 대응으로 방역에 성공하는 모습을 보였다. 세간에서는 이것을 K-방역이라고 부르며 우리 국민의 우수성을 입증하는 사례로 오래 남으리라는 말이 돌았다. 영국 BBC 뉴스는 한국의 방역 성공 원인을 찾고자 강경화 외교부 장관을 인터뷰했다.

강경화 장관의 대답은 우리나라 국민성에 대한 간결한 설명이자 자랑이었다. 한때 조롱거리로 치부되던 우리의 '빨리빨리' 문화는 어려운 상황에 신속하게 대처하는 순발력이 되었다. 사회와 타인에 대한 높은 기대치는 '헬조선'이라는 말을 만들어냈지만, 이제는 역사상 전례 없는 빠른 경제성장을 일군 원동력으로 해석된다. '냄비근성'이라고 조롱당하던 우리 국민의 뜨거운 가슴은 2017년 세계 역사에 유례없는 가장 평화로운 방법으로 정권을 교체하는 혁신을 일궜다. 퍼포먼스 중심이라는 비판을 받던 가요계 아이돌 문화는 그 약점을 보완하며 K-팝이 되어 전 세계 청소년의 마음을 사로잡고 있다. 오랜 세월 선진국을 따라잡아야 한다고만 생각하던 마음에 '이제는 우리가 선진국이다'라는 생각이 싹트고 있다.

> 앵커 : 초기의 급격한 코로나19 확진자 증가 추세에 비해 한국의 상황은 매우 호전된 것으로 보입니다. 방역에 있어 가장 중점적으로 신경 쓴 부분은 무엇입니까?
> 장관 : 우리 국민은 국가와 정부에 대한 기대치가 매우 높습니다. 그 높은 기대치에 대응하는 것이 우리의 주요 목표였습니다. 정부가 주도했던 대부분의 조치는 국민의 기대에 부응하기 위한 것이었습니다.
> – BBC, The Andrew Marr Show
> 강경화 외교부장관 인터뷰(2020년 3월 16일)

열등감을 넘어 자신감으로

돌이켜보면 우리 마음속 '사대주의'는 역사가 깊다. 삼국시대 이후 우리 민족은 조선시대까지 중화 문화권의 영향에서 계속 벗어나지 못했고, 한반도의 평화를 위해 꾸준히 중국에 조공을 바쳤다. 외교 관점에서 영토가 작고 국력이 약한 나라가 경제적 · 군사적으로 강력한 나라에 사대하는 것은 굴욕이기보다 오히려 현실적인 대응이다. 복잡한 국제 정세에서 자국의 위치를 명확하게 파악하지 못하고 섣부르게 외교를 하면 그 피해는 고스란히 국민에게 돌아간다. 근대 이전 우리 민족의 사대 외교는 굴종이라기보다는 현실적인 전략에 가까웠다. 그 덕분에 우리는 다른 나라에 비해 비교적 평화로운 역사를 유지할 수 있었다. 삼국시대의 내전, 고려와 중국의 몇 차례 전쟁, 임진왜란, 병자호란, 한국전쟁 등 굵직한 전쟁이 있기는 했지만, 세계사에 비추어 다른 나라에 비하면 전쟁이 많았다고 보기 어렵다. 중국만 하더라도 소규모 국가의 반란으로 합종연횡을 반복했고, 일본도 막부 체제하에서 크고 작은 분란이 끊이지 않았다.

서구권은 상황이 더 심각해서, 유럽의 역사는 전쟁의 역사라 해도 무방하다. 로마가톨릭 국가와 이슬람 국가 사이의 전쟁인 레콩키스타(718~1492년)는 무려 7세기가 넘게 이어졌고, 로마와 페르시아는 기원전 92년부터 이슬람에 의해 두 세력이 모두 함락당하기 전인 기원후 629년까지 끊임없이 반목했다. 잉글랜드와 프랑스의 분쟁 중 백년전쟁(1337~1453년)이 잘 알려져 있지만, 사실 견원지간인 그들의 역사는 그 외에도 수많은 전쟁으로 점철되어 있다. 백년전쟁도 서구의 다른 장기간 전쟁에 비하면 짧은 편이다.

우리나라의 왕조는 신라가 994년, 고려가 474년, 조선이 518년 동안 유지된 데 반해, 세계적으로 왕조의 존속 기간이 200년이 넘는 경우는 많지 않다. 그 이유는 우리나라의 지정학적 위치에서 찾을 수 있다. 우리나라는 삼면이 바다로 둘러 쌓여있고, 북쪽만 중국에 막혀있는 반도로, 거의 섬에 가깝다. 일본은 완전히 섬에 갇혀 있어 갈등이 외부로 표출될 수 없어 내부 분란이 많았고, 중국은 사방이 트여 있는 다민족 국가로 전쟁이 잦을 수밖에 없다. 그러나 우리 민족은 북방의 경계만 강화하면 비교적 평화를 유지하기가 수월했다. 이런 환경에서 한반도의 왕조들은 내부의 안정을 유지하면서 북방의 강력한 국가와는 평화를 유지하는 외교를 지향했다. 근대 이전 세계화가 진행되기 이전까지의 사대는 실로 현실적이고 영리한 외교술이었다고 할 수 있다.

우리나라의 평화적인 사대 외교는 일제강점기에 들어 폄훼 당하기 시작한다. 일제는 자신의 한반도 식민지화를 정당화하기 위해 우리나라의 역사를 종속과 타율성으로 규정한다. 반도에 위치한 조선은 지리적 특성상 다른 국가에 조공하는 것을 숙명으로 여겨야 하며, 조선인에게는 자율성보다 강국에 고개를 조아리는 타율성이 잘 어울린다고 세뇌했다. 외세 의존적인 사대주의 국가로서 한반도 조선은 항상 국력이 강한 나라의 지배를 받는 것이 당연하고, 이제는 세계 강국으로 떠오른 일본에 통합되는 것이 자연스럽다는 논리였다. 일본은 지정학적 위치를 적극적으로 활용하여 내부의 평화를 유지한 현묘한 우리의 외교정책을 그들의 침략을 정당화하기 위한 도구로 오용했다.

조선 말기 지식인들은 두 개로 갈라져 재편된 세계 질서에 맞게 자주적인 독립국으로 나아가야 한다는 주장과 여전히 청, 왜, 서양과 같은 강력한 국가에 사대해야 한다는 주장이 맞붙었다. 안타깝게도 우리 스스로 민족의 미래를 결정하기 전에 일제는 한일 강제병합을 통해 한반도를 식민지화했고, 우리 민족은 스스로 국가의 방향을 선택할 기회를 잃었다. 일제는 한반도의 식민지화가 그들의 정복 야욕이 아닌 우리 민족에게 뿌리 깊은 타율성과 사대 근성 때문이라고 주입시켰다. 일제 35

년간의 고난은 우리 민족에게 강한 패배의식과 모멸감, 열등감 같은 일종의 외상후스트레스장애(PTSD)를 유발했고, 그 상처는 우리 마음에 오랫동안 남았다. 평화 유지에 성공했던 외교 전략으로의 사대가 부정적으로 인식되기 시작한 것이 이때부터다.

일제가 심어놓은 민족적 열등감은 해방 이후에도 남아 오랜 기간 우리를 괴롭혔다. 세계적으로 인정받는 훌륭한 인물이 배출되어도 존중하기보다는 흠결을 찾으려 한다. 전 세계 가전 시장을 사로잡은 훌륭한 제품을 만드는 기업은 항상 문제점을 지적받는다. 우리나라 역사상 최초로 노벨상을 받은 정치인마저 우리 사회에서는 온전한 인정을 받지 못했다. 세계 대회에서 금메달을 휩쓴 스포츠 국민 영웅도 추문에 휩싸이면 순식간에 나락으로 떨어졌다. 해외에서 호평받는 예술가도 우리나라에서는 인정받지 못하는 경우가 많았다. 한때는 해외 유학 다녀온 사람을 최고의 인재로 여기는 문화가 있었지만, 이제는 해외에서 공부했다고 하더라도 특별히 대단한 취급을 해주지 않는다. 종교가 아무리 선행을 베풀어도 단 한 명의 성직자가 문제를 일으키면 도매금으로 매도당한다.

우리는 우리 안의 훌륭한 장점을 있는 그대로 인정하지 못하는 경우가 많다. 장점이 있더라도 겸양하고 뽐내지 않는 것을 미덕으로 여긴다. 뿌리 깊은 유교 문화 덕이다. 세계 10위의 경제 강대국이 되고 나서도 자존감을 갖지 못했다. 오히려 다른 나라가 부러워할 정도로 선진국이 된 뒤에도 우리 스스로 인정하는 데 시간이 오래 걸렸다. 그 이유는 일제가 우리에게 심어놓은 민족적 열등감 때문이었다. 2020년 세계적 위기 상황 속에서 우리나라가 적극적이고 합리적인 대응을 보여 '우리나라가 이제는 정말 선진국이 되었는가?' 하는 생각이 들 때까지 우리는 계속 그 열등감과 싸워야 했다.

우리 국민이 정부에 대한, 그리고 서로에 대한 기대가 높은 이유는 우리 마음속의 낮은 자존감 때문이다. 스스로 내 장점을 인정하고 사랑하지 못하니, 다른 사람의 성취를 마냥 인정해줄 수 없다. 코로나19에 대한 성공적인 대응은 우리가 우리의 능력을 인정하고, 스스로 존중하며 사랑하기 시작하는 민족적 치유의 시작이 되었다. 독립운동, 해방, 경제 성장, 민주화운동, IMF의 극복, 세계적인 행사의 성공적인 유치, 평화적인 정권 교체 등의 역사적 사건은 우리의 노력이 있었기 때문에 가능했다. 우리는 그 짧은 시간 이토록 놀라운 발전을 이룬 훌륭한 나라다. 자만에 빠지는 것은 위험하다. 그러나 항상 우리의 단점만 찾고 비판만 해서는 발전에 한계가 있다. 이제 우리는 스스로 존중하고 사랑하며 발전을 도모할 수 있는 국가 문화의 변곡점에 서 있다. 장점을 먼저 격려하며 단점을 보완하는 긍정적인 문화가 교직 내에서도 함께 나타나기를 바란다.

우리나라의 교육에 대해 평가가 박한 이유도 뿌리 깊었던 열등감에 있다. 우리는 그동안 학교에서 받은 마음의 상처와 여러 가지 문제로 학교의 성과를 인정하기 주저해왔다. 1980년대까지의 학교는 군대와 비슷해서 많은 비판을 받았다. 하지만 우리가 짧은 시간에 경제적 성장을 이뤄낼 수 있었던 것은 우리 민족의 부지런한 습성을 지속적으로 장려하고 키워왔던 교육의 힘에 기댄 바 있다. 학교는 정부 정책과 독재의 당위성을 학생에게 주입하는 기관으로 비판받기도 했지만, 민주화운동이 적극적으로 이루어질 수 있도록 보이지 않게 힘쓰기도 했다. 성적중심주의로 학생이 잠 못 자고 시험 준비를 하게 만들었지만, 전 세계 어디에 나가도 뒤지지 않는 훌륭한 인재를 키우는 배양토가 되어주었다.

학교는 그 특성상 시대의 변화를 선도하기보다는, 그 변화를 뒤에서 지원하는 역할을 한다. 그 과정에서 우리 역사 속의 학교는 이 책에서 살펴본 것처럼 과오가 많았던 것도 사실이다. 그러나 그 과오만큼 노력도 있었다. 과오를 묻어두자는 것이 아니다. 독자들은 오히려 이 책에서 학교를 찬양하고 숭배하기보다는 비판하고 꼬집는 내용을 이미 많이 만났다. 우리 학교의 과오는 계속 고쳐가되, 그 장점과 성과까지 비하하지는 말자는 것이다.

대의를 따르다

우리나라의 문화를 가장 잘 나타내는 철학은 '대의(大義)'다. 오랜 유교와 성리학의 발달로 우리나라는 특정 행위의 결과적 성과를 평가하기보다는 그 안에 숨겨진 의도와 본심에 더 많은 주의를 기울이는 경향이 있다. 기(氣)보다 리(理)를 더 중시하고, 정(情)보다 성(性)을 중시한다. 성리학의 수행법인 거경궁리(居敬窮理)는 물질세계로부터 나를 떨어트려 변하지 않는 세상의 이치를 찾자는 것이고, 격물치지(格物致知)는 눈에 보이는 물질을 살펴 보이지 않는 지혜를 살피자는 것이다. 플라톤의 지혜에 대한 이데아의 비유가 성리학과 닮았다. 눈에 보이는 물질 세상은 끊임없이 변화하니 그 안에 숨겨진 변하지 않는 진리를 찾아 섬기려 한다. 다시 말해, 결과가 아무리 훌륭하더라도 과정이 타당하지 않으면 인정하기 어려운 것이 우리의 사고다.

성리학의 바탕 위에 세워진 조선의 역사는 이 진리 투쟁의 연속이었다. 일제가 우리 민족의 타고난 분열심으로 해석한 붕당 정치는 사실, 단순히 관료의 배 속을 채우기 위한 권력 싸움이 아니라 누가 더 진리에 가까운 논리를 내세우냐, 하는 대의의 싸움이었다. 목숨을 건 논리 싸움에서 대의를 획득하면 선비집단의 지지를 받았고, 그렇지 못하면 비난을 받았다. 아무리 재화와 무력이 뛰어나 정치적인 힘을 발휘할 수 있더라도 대의가 없으면 국민은 그를 무시했다. 선비는 불의에 굴복하느니 벼슬에서 물러나고자 했고, 심지어는 죽음마저 불사했다. 행색은 거지같아도 진리를 섬기는 자는 존중을 받았고, 겉으로 명품을 휘둘러도 예의가 없으면 비난받는 것이 우리의 문화다. 자본주의가 득세한 세계화 시대에 이만큼 정신문화가 내면 깊이까지 살아있는 민족은 많지 않다.

앞에서 언급한 것과 같이 아무리 뛰어난 성과를 낼지라도 작은 흠결이 있으면 강한 비판을 받는 우리나라의 문화는 대의를 따르는 민족성에 기인한다. 그래서 우리는 스스로에게도 가혹하리만치 높은 기준을 들이대고, 타인도 그러하기를 바란다. 대의에서 비롯된 높은 기대치는 우리 민족이 해방 이후 빠른 발전을 이루는 데 한몫을 담당했다. 이제는 우리도 과거에 비해 다양한 가치와 문화에 익숙해져 개인주의에 대해 포용적으로 변했다. 하지만 20세기까지만 하더라도 개인주의는 국가주의라는 대의를 넘어서기가 어려웠다. 국가의 물리적 크기가 개인의 물리적 크기를 압도했다. 그래서 사람들은 국가발전이라는 대의를 위해 개인의 희생을 감내했었다.

나는 우리나라의 민족성이 세계 어느 나라에도 뒤지지 않을만큼 독특하고 우수하다고 믿는다. 대의 중심의 민족성은 국제화 시대에 더 많은 관심을 받게 될 것이다. 한 · 중 · 일의 민족성을 비교하는 재미있는 비유가 있다. 중국은 싸움이 나면 짧은 시간에 실리를 따져 본인에게 가장 이득이 되는 방향을 취한다. 자기들끼리 싸우다가도 다른 외부 민족과 부딪히면 빠르게 화합한다. 오랜 세월 그들의 정신을 지탱해온 '중화사상(中華思想)' 때문이다. 중국의 수많은 민족을 중화라는 불분명하고 애매한 사상으로 통합하려면 계산이 빨라야 한다. 그들의 사고에 따르면 중국이 세계의 중심이니, 이민족은 어서 빨리 중화해야 변방으로 밀리지 않는다.

일본도 독특한 문화가 있다. 일본은 싸움이 나면 기분이 나쁘더라도 이야기하지 않는다. 그러다가 기회가 되면 복수하기를 주저하지 않는다. 집단 내에서 함께할 때는 서로를 극진하게 존중하지만, 집단 밖으로 쫓아낼 때는 단칼에 해낸다. 일본의 문화는 '와(和)'를 중시한다. 와는 조화, 평화, 균형을 의미한다. 섬이라는 한정된 지리적 조건에서 함께 살아야 하니 가능하면 서로 부딪히지 않는 것이 좋다. 갈등이 생기더라도 갈 곳이 없으니 둘 중의 하나는 죽어야 싸움이 끝난다. 싸움을 하지 않는 것이 제일이고, 만약 부딪혀야 한다면 수단과 방법을 가리지 않고 상대방을 죽여야 한다. 그래서 섬세하고 소아적이며 세부에 집착하는 문화가 있다. 대의를 따지다가는 목숨을 잃기 십상이니 안전한 내부 세계를 깊이 탐구한다.

우리나라는 싸움이 나면 동네 사람이 지나는 대로변에서 다 쳐다보란 듯 큰 말싸움을 벌인다. 본디 싸움이란 대개 당사자의 문제이므로 대로변에서 시시비비를 가릴 것 없이 조용한 곳에서 합의를 보면 될 일이다. 서구권에는 길거리에서 말싸움하는 문화가 거의 없다. 그러나 우리나라 시장통에서 목청 높여 싸우는 소리를 잘 들어보면, 꽤 합리적인 이유를 대려고 서로 노력한다는 점을 발견할 수 있다. 우리네 말싸움은 일종의 공개토론이다. 갈등이 생긴 상황에서 자신의 논리를 주변 사람에게 알려 대의를 인정받고자 한다. 이 싸움에서 개인의 이권과 사리사욕을 채우고자 하는 논리는 통하지 않는다. 주변 사람이 그들의 대의를 인정하지 않기 때문이다. 그래서 한국인의 싸움은 논리가 궁한 자의 말이 막히는 순간 끝이 난다. 말이 막히는 순간 대의를 잃는 것이다.

중국의 중화사상은 그들의 군사력이 막강하던 근대 이전까지 영향력을 발휘했고, 일본의 와(和) 문화는 디테일에 승부를 걸어야 하는 제조업에서 영향력을 발휘했다. 서양의 개인주의와 물질주의는 산업혁명과 자본주의를 바탕으로 현대의 헤게모니를 정복하고 있다. 그러나 두 번의 세계전쟁 이후, 국제 사회는 가능하면 물리적인 충돌은 피하려 노력하고 있다. 전쟁이 아닌 외교와 합의를 통한 정치가 점점 더 중요해진다. 외교와 합의는 결국 누가 더 합리적이고 의미 있는 가치를 내세우느냐의 대의 싸움이다. 바로 우리가 조선 왕조 500년 내내 해왔고, 지금도 필부들이 목숨을 거는 바로 그 대의 싸움. 우리가 경제 대국으로 성장하고, K-팝과 K-무비를 포함해 다양한 분야에서 맹위를 떨칠 수 있게 된 이유는 대의를 사랑하고 따를 줄 아는 국민성 덕분이다.

교육 전문성의 추구

스스로 인정하기 어려워하는 문화와 대의를 추종하는 문화는 학교를 바라보는 우리 국민의 마음속에도 있고, 교사들의 마음속에도 있다. 우리나라의 학교 수준은 매우 훌륭한 편이다. 우리나라의 국가 주도 교육과정은 획일성으로 비판받지만, 지역과 경제 수준에 상관없이 일정한 수준을 유지할 수 있다는 점에서 다른 나라도 부러워한다. 비교적 교육 과정에 자율성이 높은 서구권에서는 오히려 학교마다 교육 내용과 질의 편차가 커서 사회문제가 되고 있다. 아프리카와 동남아시아 등의 개발도상국은 우리나라의 체계적인 교육과정을 모델로 하려는 시도를 하고 있다. 특히 2020년의 코로나19 확산 과정에서 신속하게 원격수업으로 전환해 성공적으로 정착시킨 학교 사례는 큰 관심을 받았다. 한국이 컴퓨터게임만 잘 하는 줄 알았더니, 컴퓨터로 하는 많은 것에 능숙했다. 각종 세계 학생평가에서 높은 순위를 내는 것도 비교할 수 없는 큰 자랑거리다. 아직도 많은 나라의 학생이 우리나라 학생보다 많은 시간을 할애하며 공부하지만, 우리만큼의 성적을 내지 못하고 있다. 보완할 점이 있지만, 학력이 우수하다는 것 자체는 막강한 경쟁력이다.

거기에 우수한 수준의 교사 역량 역시 강점이다. 우리나라만큼 우수한 인재가 교사가 되는 나라는 없다. 우리나라의 많은 경제 · 정치 · 문화적 성과가 국민 한 사람 한 사람의 노력이 모여 이루어진 것과 마찬가지로 우리 학교의 장점들도 교사의 역량에 기댄 바 많다. 아무리 교육과정이 훌륭하고 정책이 우수해도 이를 실현하는 교사가 따라주지 않으면 말짱 도루묵이다. 그래서 교육적으로 큰 역할을 하고 있고, 대우받아야 할 유능한 교사가 교육기관의 말단 직원 취급받는 상황이 더 안타깝다.

다만, 우리 교사의 우수함과는 별개로 학교를 바라보는 국민의 기대치가 높다는 점은 항상 인식해야 한다. 국민의 높은 기대치를 만족시키기 위한 유일한 수단은 교사 집단의 대의를 세우는 것이다. 교사가 세우는 대의가 정의에 부합하고, 교사가 그에 맞는 행동을 보일 때 국민의

성원과 지지가 이어질 것이다. 국민에게 받는 존중과 사랑은 금전으로는 환산할 수 없는 깊은 긍지를 부여해줄 것이다. 우리 교사가 추구해야 할 것은 학생의 높은 성적도 아니요, 높은 임금도 아니며, 안락한 근무 환경도 아닌, 교육자로서의 대의다. 그러면 국민의 존경과 사랑도 따라올 것이다. 굳이 매슬로우 욕구 단계 이론을 언급하지 않더라도, 우리나라 교사의 수준은 경제적 욕구, 관계 욕구, 승진 욕구보다 더 수준 있는 가치를 추구할만한 역량이 있다.

그렇다면 21세기에 우리 교사가 추구해야 할 대의는 무엇일까? 바로 교육 전문성이다. 기대치가 높은 우리 국민을 설득하기 위해 학교는 보육, 선별, 사회화보다 교육을 중시하는 모습을 보여야 한다. 교사의 교직관은 성직, 노동직, 예술직이 아닌 전문직이 중심이 되어야 한다. 우리 국민은 교육 전문가의 공백 상태에서 헤매고 있다. 아프면 의료 전문가인 의사를 찾고, 법적인 갈등이 생기면 법률 전문가인 변호사를 찾고, 재산 관리에 어려움이 있으면 회계 전문가인 회계사를 찾고, 세금에 관해 문제가 생기면 세금 전문가인 세무사를 찾는 등 각종 문제가 발생하면 우리는 해당 분야의 전문가를 찾는다. 우리나라는 많은 국민이 교육과 관련된 문제를 안고 있는데, 이에 대한 답을 줄 전문가 집단이 마땅치 않다. 그러다 보니 자녀를 양육하고 교육하는 방법을 배운 적도 없는 사람들이 자녀의 성적에만 예민하고 불안한 부모가 된다.

모든 문제의 원인은 교육 전문가의 부재에 있다. 정치는 정치 전문가에게, 경제정책은 경제 전문가에게, 사회문제는 각종 사회 분야 전문가에게, 예술은 예술 전문가에게 맡겨야 한다. 그런데 우리나라에는 교육을 믿고 맡길 교육 전문가가 없다. 교사 역시 교육 전문가로 인정받지 못하고 있다. 교사가 교육 전문가로 인정받지 못하는 한, 교육 전문가의 부재로 발생하는 문제는 반복될 수밖에 없다. 언제까지고 다른 누군가가 학교를 바꿔주고 이끌어주길 기다릴 수만은 없다. 교사인 우리 스스로가 교육 전문가가 되자. 혼자만 잘하는 전문가로는 부족하다. 교사 모두가 국민에게 존경받는 전문직으로 거듭나야 한다. 그러면 이 직업의 가치를 알아보는 훌륭한 후배 교사가 계속 학교로 유입될 것이고, 우리 교육은 더 발전할 것이다. 처우의 개선을 요구하기 전에 우리의 전문성을 먼저 인정받아야 한다. 그것이 처우를 개선할 수 있는 더 현실적이고 바르고 빠른 길이다.

이제는 교사가 움직여야 할 때

교사에 대한 인식을 전문직으로 전환하기 위해서는 교사의 연구회 활동이 필수적이다. 정부나 교육청의 지원을 받는 연구회는 더 조심스럽게 접근해야 한다. 정부예산을 지원받는 연구회는 상위 기관의 입맛에 휘둘릴 가능성이 있다. 자발적으로 모여 스스로 선택한 주제를 깊이 있게 꾸준히 연구할 수 있어야 교사의 자율성이 보장된다. 교육 상위 기관은 교사의 연구를 통제하려는 관습에서 벗어나야 한다. 자발적으로 연구하는 교사연구회를 물심양면으로 지원해주고, 그들의 성공사례를 많은 교사에게 안내해주는 것이 상급기관의 역할이다. 과거와 같이 교사를 통제하고 관리하려는 태도로만 일관하면 교사와 학부모 모두에게 소외된다. 그런 방식으로는 우리 교육이 발전할 수 없다. 관료주의적 통제 방식으로 변화를 이끄는 시대는 이미 오래전에 끝났다.

자발적인 교사연구회는 단순히 지식을 습득하는 수준을 넘어서 새로운 정보와 지식을 창출하는 것을 궁극적 목표로 삼아야 한다. 목표는 보고서 발간, 책 출간, 교육자료 개발 및 제작, 연수 활동 등이 될 수 있다. 그리고 가능하면 창출한 자료를 동료 교사들과 무상으로 나누면 좋겠다. 각자의 지식을 사고파는 문화가 교사 집단 내에 존재하면 협력적인 문화 형성은 요원하다. 교사 전체의 전문성 향상을 위해 연구한 내용을 기꺼이 나누는 문화를 지향하자. 경제적·물질적·사회적 보상은 다른 곳에서도 얻을 수 있다. 다른 연구회가 생산한 자료를 활용하는 연구회는 단순히 소비를 넘어 정중하고 존중하는 태도로 비판적 검토를 해야 한다. 지식은 맥락성이 있어서 하나의 지식이 모든 상황에 만병통치약이 되기는 어렵다. 다른 연구회의 연구를 존중하되 꼼꼼히 따져보는 작업이 필요하다. 자신이 근무하는 지역이나 학교의 특성에 따라 맞지 않는 부분은 보충하고 보완하자. 그렇게 자발적인 연구회 간의 정반합적인 소통과 선순환이 끊임없이 이루어지면 교사 집단의 전문성은 순식간에 성장할 것이다. 우리 교사의 역량이 그 정도는 된다고 믿는다.

그러나 연구회 간의 선순환적인 성장은 교사의 노력만으로는 한계가 있다. 이를 뒷받침하는 제도와 시스템이 꼭 필요하다. 우리나라 부모가 자녀교육법을 배워본 적이 없어서 헤매는 것과 마찬가지로 아직 많은 교사가 연구회 운영의 실제에 대한 정보와 노하우가 부족하다. 그래서 많은 경우 의욕적으로 시작한 자발적 교사연구회가 방향을 찾지 못해 지지부진하게 흩어진다. 오랫동안 운영되는 연구회도 스스로 지식과 정보를 생산하지 못하고 유행하는 교육방법을 흡수하는 수준에서 머무는 경우가 많다. 교사의 연구회가 한 단계 도약하기 위해서는 그 운영방식에 대해 심도 있는 고민과 연구가 필요하다. 나는 다양한 연구회에 참여하고, 대표로도 여러 번 운영해보았다. 그동안의 경험을 바탕으로 현실적인 연구회 운영 방안에 대해 소개하고 싶은 이론과 노하우가 많다. 하지만 자세한 연구회의 운영방식에 관한 내용은 이 책의 주제 범위를 넘기에 여기에서 소개하기는 어렵다. 교사연구회 운영에 관한 내용은 따로 책 한 권의 분량이 필요하다.

핵심적인 내용만 밝히자면 교사연구회는 그 모임의 미션(Mission), 비전(Vision), 가치(Values), 목표(Goals)가 명확해야 한다. 정체성과 목표가 구체적이지 못하고 모호한 연구회는 회원에게 동기를 부여하지 못한다. 아울러, 연구의 내용을 결과물로 산출하기 위해 노력해야 한다. 결과물은 작은 보고서, 책, 공연, 영상 등 무엇이든 가능하다. 결과물을 산출하고자 하는 목표를 위한 노력은 함께하는 구성원에게 소속감과 유능감을 준다. 그러나 연구회 참여자의 개별적인 노력과는 별개로 이들의 소통을 지원해주는 시스템이 없으면 한계가 있다. 연구회의 연구 성과를 연결할 수 있는 시스템이 없으면, 연구회의 소중한 연구 성과가 순환하지 못하고 사장될 가능성이 크다. 그래서 연구회의 연구 성과를 종합적으로 관리하고, 공유하고, 서로 비평할 수 있도록 돕는 단체나 기관이 필요하다. 우리나라의 훌륭한 교사연구회가 소통하지 못하고 종종 고사하는 이유는 이와 같은 선순환의 소통 체제가 없기 때문이다.

가장 좋은 방법은 교육부에서 비용을 들여 시스템을 제공하는 것이다. 한국교육학술정보원에서 제공하는 학술연구정보서비스(RISS)가 좋은 모델이 될 것이다. 그러나 이때까지 많은 경우 교육부가 주도하는 방식의 시도와 시스템은 교사들의 참여를 끌어내지 못해 실패했다. 주도권이 교사가 아닌 교육부에 있었기 때문이다. 조회 수, 업로드 수, 다운로드 수를 끌어올리기 위해 행정편의적 · 결과지향적으로 교사에게 의미 없는 참여나 업무를 강요하는 상황이 발생하기도 한다. 정부기관에서 시스템을 제공한다면 철저하게 교사 중심이 되어야 한다. 다른 집단에 기댈 것이 아니라, 교사 스스로 시스템을 만드는 것도 고려해볼 수 있다.

교사의 전문성이 인정받는 길은 시민에 대한 설득이 아니라, 시민의 공감이다. 아무리 '우리가 전문가요!' 하고 읍소해도 시민이 인정하지 않으면 그 목소리는 공허하다. 교사가 진정 전문직으로 인정받고 대우받는 일은 맡은 바 임무를 충실히 해서 학생과 학부모가 교사의 진심을 느낄 때 가능하다. 마음이 통하면 교사에 대한 사랑과 존중은 자연스럽게 따라온다. 교사로서 책임감을 갖고 최선을 다해서 학생을 가르치고 학부모와 소통해본 교사라면 이미 그런 경험을 해보았을 것이다. 상호 신뢰를 통해 얻을 수 있는 자신감과 만족감은 교사에게 세상 그 무엇과도 바꿀 수 없는 큰 보상이다. 아직도 많은 교사가 어려운 환경 속에서도 교실에서 최선을 다하는 이유는 그 보람을 알기 때문이다. 더 많은 교사가 이 보람을 함께 느낄 수 있기를 바란다.

그러자면 최우선으로 해결해야 할 문제가 있다. 학생이 학교에 즐겁게 다닐 수 있어야 한다. 우리 교육의 우수성이 충분히 인정받지 못하는 이유는 학생이 학교에서 겪는 경험이 행복하지 않기 때문이다. 아직 우리는 모든 학생이 행복하게 공부하도록 돕는 구체적인 방법을 알지 못한다. 그러나 우수한 우리 교사의 역량이라면 가까운 시일에 충분히 그 답을 찾을 수 있을 것이다. 여태까지는 성적중심주의 사회에서 학생의 행복을 살필 여유가 없었을 뿐이다. 학부모가 교사를 불신하는 이유는 그들이 어렸을 때 겪은 학교 경험이 불행했기 때문이다.

이 상황을 거꾸로 생각해보자. 지금 우리가 가르치는 학생이 학교에서 행복하다면, 몇십 년 뒤 그들이 성인이 되어 자녀를 학교에 보낼 때 교사에게 신뢰를 줄 것이다. 현재의 교사가 전문성을 발전시키고 최선을 다하는 것은 자기 자신을 살리는 자구책이면서 동시에 후배 교사에 대한 책임이다. 지금의 내가 학생을 열심히 가르치면 다음의 후배 교사는 지금과 같은 푸대접에서 벗어날 수 있다. 현재 세대가 자녀 세대를 위해 자연환경을 보전해야 하듯, 선배 교사는 후배 교사가 존경받고 사랑받으며 일할 수 있도록 애써야 한다.

21세기는 K-에듀의 시대가 될 것이다. 이미 전 세계가 우리나라의 교육을 주목하고 있다. 아직 우리만 그 사실을 모른다. 코로나19 상황에서 보여준 신속한 학교의 대응에 많은 나라가 관심을 보이고 있다. 정부 정책과 교육기관의 노력으로만 그런 일이 가능했다고 생각하면 오해다. 두루뭉술한 지침을 학교와 교실에 맞게 정교화하고 현실화한 것은 모두 교사였다. K-에듀의 핵심은 바로 대한민국의 50만 교사이다. 우리나라의 교사들이 지금까지 발전해올 수 있었던 이유는 국민의 높은 기대치에 응답하기 위해서였다. 동시에 교사 스스로 자신의 직업에 기대치가 높았기 때문이다.

한때 우리는 사대주의에 빠져 해외의 교육 방법만 애써 배우고자 노력했던 때가 있었다. 그것은 그것 나름대로 가치가 있다. 모방 없는 창조는 없기 때문이다. 덕분에 우리 교사는 우리나라의 많은 분야가 그러했듯 짧은 기간 동안 괄목상대했다. 이제는 남의 것을 배우고 익히기를 넘어서, 밖으로 모범을 보여줘야 할 때다. 한국 교육의 우수성 비결을 찾기 위해 국외에서 이미 많은 연구가 이루어지고 있다. 연구자들은 그 비결이 우리 교사에게 있음을 가까운 시일 내에 발견할 것이다. 다른 나라의 교사에게 영감을 주고 귀감이 될 수 있는 연구를 미리 축적해두어야 한다. 우리는 종종 해외의 유명한 교육학자나 교육자를 거금을 들여 초청해 강연회를 연다. 우리나라의 교육자와 교사가 그런 대접을 받을 날이 조만간 온다고 믿는다. 고도의 교육 전문성은 우리나라 교사의 가장 강력한 무기이자 설득력이 될 것이다. 세계가 우리나라를 주목하고 있고, 우리 교사의 역량이 우수하기 때문에 가능한 일이다. 우리는 전 세계에 K-에듀의 바람을 일으킬 수 있는 티핑포인트를 지나고 있다.

4

대한민국 교사에게 바람

　지금까지 우리 교사가 처한 어려움과 그 역사적 배경, 새 시대가 요구하는 교사상에 대해 이야기해 보았다. 학교가 처한 고난은 모두 그 나름의 사회적·역사적 맥락이 있다. 학생이 학교를 꺼리고, 학부모가 학교를 믿지 못하고, 교사가 어려움을 호소하는 원인은 오랜 기간 문제가 누적된 학교 구조와 제도, 권력 기제에 있다. 이 책은 학교와 관련된 사람들이 느끼는 아픔과 고통의 원인을 찾아보고자 한 노력이다. 진단이 정확하지 않은 상태의 치료는 부작용을 부른다. 우리 교육은 정확한 진단의 부재 속에 치료 과잉에 빠져 있다. 정확한 문제 진단이나 해결에 대한 장기적인 청사진 없이 때마다 쏟아져 나오는 즉흥적 해결책들로 누더기가 된 상태다. 그 과정에서 계속해서 고통받고 상처받는 이들은 다름 아닌 학교에서 실제로 매일 만나는 학생, 학부모, 교사다. 교육 본연의 가치를 도외시하고 각자의 잇속만 챙기기 위해 학교를 이용하는 정치인, 교육관료, 사교육업자, 기업, 연구자가 모두 그 공모자들이다.

더는 학교의 상황과 아픔을 모르는 이들에게 학교의 운명과 미래를 맡길 수 없다. 50만 교사가 우리 교육을 살리기 위해 합심해야 한다. 그 중심에 있어야 할 가치는 오직 '교육' 외에는 생각하기 어렵다. 지금처럼 학교가 무늬만 교육기관으로 지속되어서는 학생, 학부모, 교사의 고통은 멈추지 않을 것이다. 겉으로는 교육을 내세우지만, 정작 안으로는 다른 꿍꿍이를 가진 모든 가짜 무리를 타파하자. 그 시작은 교사가 전문직으로 거듭나 학부모와 시민에게 사랑과 존중을 받는 것이다. 우리나라 국민 대다수는 교육의 가치를 알면서도 그 나아갈 바를 몰라 헤매고 있다. 교사가 솔선수범하여 교육을 선도하고, 전문적인 연구결과로 신뢰를 준다면 이를 마다할 사람은 없다. 교사가 전문직으로 거듭나는 일은 교사로서 행복하고 존중받으며 정년까지 직무를 수행할 수 있는 길이며, 우리가 매일 학교에서 만나는 학생을 입시의 고통에서 구하고, 과거 학교로부터 상처받은 학부모를 치유하는 일이다. 학교를 둘러싼 온갖 가짜는 그 일을 할 수 없다. 매일 교육 안에서 살며, 교육을 실천하고, 교육을 고민하는 교사에 의해서만 가능한 일이다. 우리 학교의 아픔과 고통을 누군가 대신 해결해주리라는 기대는 한시바삐 버리자. 교사는 교사 스스로만 구원할 수 있다. 대한민국의 교사가 모든 학생과 학부모에게 존경받고 사랑받는 날, 그날이 진정으로 교사가 부당한 통제와 권력으로부터 독립하는 날이다.

다행인 것은 우리 교사들 안에 선명한 희망이 있다는 점이다. 많은 교사가 여전히 교실에서 학생 가르치는 일을 가장 소중한 가치로 여긴다. 교실에 소외되고 어깨가 처진 학생이 있지는 않은지 꾸준히 살피는 마음이 있다. 남들이 알아주지 않아도 밤늦게까지 수업을 준비하는 열정이 있다. 학생이 부르면 진심을 다해 이야기를 들어줄 열린 귀가 있다. 다양한 연구회를 자발적으로 운영하는 협력 정신이 있다. 학부모와 다투기보다는 학부모의 입장을 헤아리려는 역지사지의 마음이 있다. 교사의 입장이 반영되지 않은 교육부의 정책을 최대한 실현하려고 애쓰는 성실이 있다. K-에듀가 전 세계의 관심을 받기 시작한 이유는 많은 교사가 교실에서 묵묵히 학생들과 함께 본분을 다해왔기 때문이다.

그럼에도 우리 교사의 열정과 노고가 충분히 인정받지 못하는 이유는 아직 그 연구결과가 충분히 축적되지 않아 눈앞에 보이지 않기 때문이다. 교사의 연구결과가 공유되고 축적될 수 있는 효과적이고 현실적인 연구회 간의 연결 시스템이 꼭 필요하다. 천 리 길도 한 걸음부터다. 많은 교사가 정력을 다해 나아갈 길을 살피고 있으니 우리가 가진 고민도 차차 해결책을 찾을 것이다. 문제 해결의 시작은 문제 인식에서 출발한다. 문제를 외면하지 않고 끊임없이 부딪히고 천착하면 앞으로 나아갈 수 있다.

이러한 관점에서 대한민국의 교사에게 후배이자, 동료이자, 선배로서 부탁이 있다. 이 책에서 부족한 생각들을 얼기설기 엮는 동안 내 마음속에 계속 맴돌던 장면은 어린 후배가 교실에서 홀로 눈물을 훔치는 모습이었다. 부당한 선배의 압력, 학부모의 폭언, 학생의 무례, 과다한 업무, 동료 교사의 무관심 때문에 현장에서 눈물을 흘리던 후배의 모습을 생생히 기억한다. 어떤 후배는 고민을 말하지 못해 남몰래 교실에서 아픔을 삭였고, 어떤 후배는 교사 모임에서 처량한 표정으로 어려움을 토로했고, 어떤 후배는 술자리에서 사연을 말하다 대성통곡했다. 또 다른 어떤 후배는 괴로움에 교직을 떠났고, 또 어떤 후배는 모두의 슬픔을 뒤로 한 채 삶을 정리했다. 후배들이 더 이상은 무시받지 않고, 존경받으며 교사로 살아갈 수 있게 하는 토대가 되고 싶다. 그들의 아픔에 공감하고, 함께 문제를 해결하고자 하는 모든 교사에게 하는 열 가지 부탁으로 이 책을 마무리하고자 한다. 이것은 동료에게 전하는 연서이자 나 스스로에 대한 다짐이다.

첫째, 학생과 교실을 최우선으로 하자

학생을 가르치는 일은 때로 고되고 지난한 일처럼 느껴진다. 학생을 가르치는 보람은 바로 그 결과를 확인하고 느끼기 어렵다. 많은 경우 학교 상위 기관은 교사의 역량과 성과를 교육 외적인 것으로 측정한다. 그래서 학생을 열정으로 가르치는 일이 허무하고 무의미하게 느껴질 수 있다. 아무리 수업 시간에 학생을 최우선으로 가르쳐도 교실 밖의 사람에게 인정받기는 쉽지 않다. 교육 잘하는 교사가 아니라 업무 잘하는 교사, 정치 잘하는 교사, 수완이 좋은 교사가 인정받는 것을 보면 질투가 나기도 한다. 그렇더라도 부디 학생에게 인정받고, 교육이 일어날 수 있는 안전하고 행복한 교실을 만드는 데 최선을 다하기를 바란다.

우리의 학교 제도는 많은 부분 왜곡되어 수업과 학생 지도에 최선을 다하는 교사가 충분한 인정을 받지 못하는 문제가 있다. 비뚤어진 주변 환경에 괘념치 말고 교사로서의 가장 중요한 본분에 충실하자. 본질보다 콩고물에 관심 많은 교사가 때때로 더 빛나 보일 수 있지만, 그 빛은 오래 갈 수 없다. 껍데기를 쫓는 자는 결국 그들끼리 모여 서로를 갉아먹기 마련이다. 남의 시선에 휩쓸리지 않고 학생과의 교육적인 관계에 애쓰는 교사는 교육자로서 무엇과도 비교할 수 없는 즐거움을 얻을 수 있다. 서로 신뢰하고 배려하며 성장하는 경험이 그것이다. 부정적인 시선으로 교사를 신뢰하지 않는 학부모들도 어떤 교사가 학생으로 진심으로 대하는지 모두 안다. 진심으로 학생을 대하는 일은 교사로서 나를 수련하는 과정이자 나의 행복을 찾는 과정이다. 그 보답이 바로 눈에 보이는 것은 아니지만, 최선을 다한 교사의 마음속에 단단하게 남는다.

내가 어떤 삶을 살았는지 다른 사람은 몰라도, 적어도 나는 안다. 내가 정말 교사다운 교사인지 남들은 몰라도, 적어도 나는 안다. 자기 자신은 속일 수 없다. 자기 자신을 속이지 않고 살아야 마음이 건강하고 행복하다. 그런 사람 주변에 건강하고 따뜻한 사람이 모인다. 학생도 어떤 교사가 정말 자기를 진심으로 대하는지 본능적으로 안다. 밖에서 인정받으려고 애쓰기 전에 교실 안에서 학생에게 먼저 인정받고, 사랑받는 것을 목표로 삼기 바란다. 그다음에 교실 밖을 보아도 늦지 않다.

둘째, 연구를 멈추지 말자

처음 학교에 발령받았을 때 젊은 동기들과 술자리에 둘러앉아 함께 늘어놓았던 푸념은 주로 직장인으로서의 애환에 관한 것이었다. 아침부터 오후 늦게까지 일해야 하는 생활은 처음 맛보는 고됨이었다. 새벽에 무거운 몸을 기어이 일으켜 하루를 잘 버티고 나면 퇴근하자마자 침대에 쓰러지기 일쑤였다. 오후 9시경에나 잠시 일어나 간단히 몸을 씻고 다시 침대에 쓰러지곤 했다. 그래도 가끔 만나는 동기들은 어엿한 성인이 되었다는 소박한 자부심을 술잔에 담아 나누었다. 그럼에도 술자리에서 만난 동기들이 말하는 교사로서의 애환은 많은 업무, 학생과의 줄다리기, 학부모 상담, 부족한 체력 등이 아니었다. 가장 큰 고난은 다름이 아니라 '배우고 따를 만한 선배가 없다는 것'이었다. 이 의견을 공개적으로 내놓기가 사실 두렵다. 나 역시 후배에게 귀감이 될 만한 선배인지 자신이 없기 때문이다. 술자리에서 우리의 공통된 푸념은 꾸준히 연구하는 선배가 없다는 점이었다. 고령의 교수가 30년 된 강의 노트를 그대로 쓰듯, 많은 선배가 교단에 처음 섰을 때 익힌 노하우를 정년까지 안고 갔다. 수업이나 학급운영에 열을 올리는 초임 교사에게 조언인 듯, 비꼼인 듯 내어놓는 말은 더 가관이었다.

"우리도 옛날에는 다 그랬어. 너무 무리하지 마. 그거 얼마 안 가."

선배의 말을 비난하고 싶지 않다. 그의 말과 생각이 온전히 그의 허물이 아님을 이제는 안다. 학교의 발생과 역사, 고착된 학교 문화에 적응했을 뿐이다. 그들의 삶의 방식도 존중하고 싶다. 그러나 그들을 존경하고 사랑할 수는 없다. 애초에 연구란 끝이 없는 것이다. 전문가는 은퇴하는 순간과 죽는 그 날까지 배움을 게을리하지 않아야 한다. 지식의 세계에는 항상 새로운 정보와 관점이 등장한다. 우리가 선배에게 품었던 아쉬움은 그들의 철 지난 역량과 노하우에 대한 것이 아니었다. 안정된 환경 속에서 정체되고 멈춰버린 그들의 낡은 모습이 우리를 슬프게 했다. 염세적이고 열정 없는 선배들의 모습이 미래의 우리 모습인 것 같아 두려웠다. 10년 전, 20년 전 노하우를 후배에게 전달하고자 하니 소통이 될 리 없다. 학교는 10년이 아니라 작년, 재작년과도 다르다. 올해에 나온 최신 기술은 내년이면 구식이 된다. 그러니 부디 교육에 대한 공부를 멈추지 않기를 바란다. 더 이상 새로운 지식에 대한 갈망이 사라지는 순간 사람은 늙고 퇴보한다. 후배는 퇴보하는 선배에게 굳이 쓴소리하지 않는다. 다만, 등을 돌릴 뿐이다.

셋째, 연구회에서 함께 공부하자

우리 교육의 희망은 교사연구회에 있다. 학교에서 학생을 만나면서 사용하는 교육 기법은 대개 자발적인 연구회를 거쳐 우리에게 전달된다. 협동학습, 프로젝트수업, 각종 생활지도와 상담법, 다채로운 학급운영 기법은 한 사람에 의해 개발되거나 공유되지 않는다. 처음에는 몇 명의 교사가 함께 모여 공부하기 시작하고, 그 모임의 연구가 깊어지고, 공부한 내용을 동료에게 아낌없이 나누고, 연구회에서 공부한 내용을 배우려는 교사가 늘어나면서 화선지에 물감 번지듯 퍼지기 시작한다. 성향에 따라 개인 연구가 더 잘 맞을 수도 있다. 그렇더라도 가능하면 함께 연구하기를 바란다. 아무리 뛰어난 교사라도 연구하고 공부한 내용에 오점이나 한계가 있을 수 있다. 그 부족한 점을 살펴보고 채울 수 있는 이들은 동료 교사뿐이다.

연구하고 경험한 것을 나누는 것 역시 큰 기쁨이다. 아무리 교실에서 훌륭하고 뛰어난 교육을 실천하더라도 다른 사람이 알아주지 않으면 허무함과 무기력에 빠질 수 있다. 한때 교육 중심적이던 교사가 승진에 매달리기 시작하거나, 다른 잿밥에 관심을 기울이기 시작하는 이유가 여기에 있다. 아무리 교실 안에서 열정과 에너지를 쏟아도 인정과 사랑을 받기 힘들다. 열심히 하는 교사는 학생과 학부모가 알아준다. 그러나 그 열정을 건강하게 오래 이어가려면 동료의 인정도 필요하다. 연구회는 교사의 전문성 향상을 위한 창구이자 교사가 교사다운 삶을 살기 위한 버팀목이다. 아울러 책이나 연수, 강의 등을 통해 만나는 새로운 교육방법은 다른 교사연구회의 노고에 빚지고 있음을 잊지 말아야 한다. 지금은 당연하게 여겨지는 교육방법도 한때는 새로운 것이었다. 그것을 꼼꼼히 살피고 한국의 환경과 문화에 맞게 적용하여 나눈 연구회 덕분에 우리는 그 결과물을 향유하고 있다.

정부 정책에 의해 강조되거나, 정부의 지원을 받는 연구회는 한계가 많다. 모두가 그런 것은 아니나, 그런 것들은 한때 잠시 머문 뒤 대부분 사라졌다. 돈이 있는 곳에는 사심이 꼬인다. 연구자는 연구의 본질을 흐리는 사적 욕심을 항상 경계해야 한다. 돈이나 명예에 대한 욕심이 조금이라도 앞서기 시작하면 연구내용이 왜곡된다. 돈이나 명예를 좇지 말자. 꾸준히 연구하고 동료 교사에게 인정받으면 그런 것들은 따라오기 마련이다. 이름난 교사가 정말 연구를 충실히 하는 동료인지, 사적 욕심에 휘둘리는 동료인지 우리는 대부분 다 알고 있다. 굳이 지적하여 부스럼을 만들지 않을 뿐이다. 꾸준히 성장하고, 스스로 반성하기 위해 마음 맞는 동료와 연구회에 지속적으로 참여하자. 훌륭한 교사는 모두 연구회 활동을 정열적으로 해왔고, 하고 있다. 장기적으로 '1교사 1연구회 운동'을 제안하고 싶다. 그래서 교사들이 처음 만났을 때 주기적으로 바뀌는 근무 학교를 묻기보다는, 소속된 연구회를 묻는 문화가 발달하기를 바란다.

넷째, 창조하고 나누자

새로운 지식의 빠른 흡수와 적용은 우리 교육의 장점인 동시에 한계이다. 유년기부터 성년기까지 주입식 수업이 주를 이룬다. 정해진 내용을 가장 효율적인 수단으로 전달하고, 가장 효과적인 방법으로 습득한다. 종종 이 방식을 단점으로만 꼽기도 하지만, 다른 나라의 교육방식에 비해 꼭 나쁜 것만은 아니다. 주입식 교육조차 제대로 되지 않는 나라가 아직 많고, 이 방법을 배우려는 나라도 많다. 창의성 교육에 흔히 인용되는 하워드 가드너(Howard Gardner)의 다중지능이론(multiple intelligence theory)도 기본적인 지식의 습득을 강조한다. 창의성은 기존의 지식과 정보를 빠르게 흡수한 상태에서 실현된다. 토대 없이 새로운 것이 있을 수 없다. 새로움은 기존의 것에 대한 이해에서 시작된다. 우리 교육이 기존의 지식을 짧은 시간에 흡수하는 데 뛰어난 것은 우리 교육의 큰 장점이다. 그 과정에서 충분한 비판적 사고와 해석의 다양성 등을 경험하지 못하는 점은 아쉽다. 기존의 장점을 폐기하면서까지 우리가 갖지 못한 것을 추구할 필요는 없다. 장점은 유지하되 그 깊이를 추구하는 방향으로 나아가면 된다.

지식의 빠른 흡수와 적용 문화는 학생 사이에만 있지 않다. 교사연구회 안에도 이런 문화가 존재한다. 그동안 우리 교사는 기존에 존재하던 다른 나라의 교육방식을 빠르게 흡수하고 적용하는 데 익숙했다. 그 덕분에 학교 문화와 교육 환경이 급속하게 발달했다. 적용한 방법이 효과를 본 경우는 대개 새로운 교육방식의 핵심을 이해하고 우리 문화에 맞게 변형해서였다. 외국 사례를 그대로 적용만 하려고 했던 경우는 대부분 실패했다. 근래에는 인터넷 발달과 외국어에 익숙한 교사가 늘어나면서 국외의 정보가 거의 실시간으로 우리나라에 전달된다. 아쉬운 점은 정보의 소통 방향이 일방향이라는 점이다. 다른 나라의 정보를 받아들이는 데는 빠른데, 우리나라의 교육방법과 노하우를 국외에 나누는 경우는 찾아보기 어렵다. 섣부를까 조심스럽지만, 아직 '우리 것'이라고 할 만한 교육방법이 충분히 축적되지 못해서일 수도 있다. 혹은 그동안 누적된 경험이 충분히 연구로 정리되지 못해서일 수도 있다.

아무리 훌륭한 교육방법을 체득하고 있어도 연구를 통해 문자로 정리되지 않으면 기록과 전달에 한계가 있다. 부처님, 예수님, 소크라테스, 공자는 모두 직접 저술이 없다. 성인의 가르침을 기록해서 계속 새기고자 했던 제자들의 기록으로 우리는 수천 년이 지난 뒤에도 성인의 목소리를 만날 수 있다. 제자들이 그들의 언행을 기록하지 않았더라면, 아무리 훌륭한 말과 행동이더라도 모두 사라졌을 것이다. 우리 교육 안에 다른 나라에는 없는 훌륭한 것이 있다면 연구를 통해 문자로 정리되어야 한다. 문자화된 기록은 우리나라의 교사에게 먼저 퍼지고, 번역이 되어 다른 나라에도 소개될 수 있다. 그러자면 교사가 연구회 안에서 꾸준히 창조하고 나누고자 하는 마음을 가져야 한다. 배우고 익힌 것을 교실에서 잘 적용하는 것만으로도 훌륭한 교사라고 할 수 있다. 그러나 장래를 내다보고 다음 세대를 위하는 교사라면 연구한 내용을 합리적이고 체계적으로 정리하여 후세에 전해야 한다. 이러한 창조의 과정은 연구회의 참여를 통해 더욱 정교화할 수 있다. 동료에 의해 충분히 검토되지 않은 내용은 혼자만의 고독한 외침이 될 수 있다. 창조한 것을 혼자만의 만족으로 남기기보다는 꾸준히 나누고 평가받아 발전시켜야 한다.

다섯째, 교육학을 공부하자

교사들 세계에 교육학에 대한 불만이 누적되어 있음을 잘 알고 있다. 이 책에서도 교육학의 태생적 한계와 아쉬운 점에 대해서 토로했다. 교사가 교육학에 대해 갖는 불만은 학부 시절부터 시작된다. 다른 전공에 비해 얕은 깊이, 몇몇 교수의 태만, 교육학의 비응용성 등이 그 원인이다. 애초에 교육학은 사회과학을 지양하며 출발했지만, 현재는 순수학문과 응용학문 사이에서 애매한 줄타기를 하고 있다. 교육에 대해 깊이 있는 통찰을 주지도 못하는 것 같고, 교육학의 내용을 학교 현장에서 적용하기도 난해한 것처럼 느껴진다. 그럼에도 교육학의 끈을 놓지 않기를 바란다.

교육학은 다른 전공의 지식을 빌려와 학교에 관한 담론을 전개하는 잡학의 성격이 강하다. 그 안에 학교와 교육에 대한 깊이 있는 연구가 없지는 않으나, 교육학 고유의 연구라고 할 만한 것을 찾기 쉽지 않다. 이 점은 교육학의 정체성에 대한 약점이지만, 동시에 교육학의 확장성이라는 장점이기도 하다. 교육사, 교육철학, 교육심리학, 교육과정학, 교육평가학, 교육사회학과 같이 잘 알려진 교육학의 전공과목을 두루 통찰하는 것도 아주 많은 시간과 노력을 요한다. 자연과학과 인문학의 전반적인 연구내용을 통찰하는 과정이기 때문이다. 한 자연인이 학문 세계에 관심을 가질 때, 어떤 전공을 선택할지는 개인의 자유가 가장 중요하다. 교사 역시 마찬가지다. 그래도 가르치는 일을 업으로 삼는다면, 다른 학문을 공부하기보다는 자신이 하는 일과 관련된 학문을 깊이 연구할 필요가 있다. 교육학을 학교 현장에 적용 불가능한 피상적이고 현학적인 학문으로 보는 사람도 있다. 그러나 교육학도 깊이 있게 공부하고 사유하면 현장에 적용 가능한 지점을 많이 발견할 수 있다. 교육학으로 학위를 받은 학자형 교사는 교육학을 마냥 비판하지 않는다. 그 나름의 깊이와 연구 성과를 인정하기 때문이다. 교육학을 통해 배운 내용 중에 학교 현장에 적용할 수 있는 부분도 적지 않다.

식품영양학과 요리사의 예를 들어보자. 좋은 요리사는 단순히 조리 방법만을 익히기보다는 자신이 사용하는 재료와 도구에 대해 학문적으로 깊이 공부한다. 채소, 고기, 과일, 칼, 냄비, 불 등에 대해서 학술적으로 공부하는 것이 요리에 직접적인 도움이 되지 못할 수 있다. 그러나 활용하는 대상에 대한 이해의 깊이가 깊어질수록 요리사가 만들어내는 결과물도 수준이 상승할 것으로 예상할 수 있다. 초보 요리사는 레시피만 보고 요리하지만, 미슐랭 스타 요리사는 재료의 성분과 출처 등을 꼼꼼히 따져가며 조화로운 요리를 만들려고 노력한다.

교사도 마찬가지다. 교육학의 현학적인 내용이 학교에 전혀 도움이 안 되리라는 생각은 섣부르다. 배우고 익힌 내용은 모두 어딘가에는 도움이 된다. 전혀 관심이 없던 내용도 예상치 못한 곳에서 쓸모를 발견하기도 한다. 교육학에 대해 불만이 있다면 비판만 할 것이 아니라 연구로 응수해야 한다. 교사가 교육학을 통해 함께 성장할 수 있는 방법은 현장 연구를 꾸준히 누적하는 것이다. 많은 교육학자는 순수학문을 지향한다. 순수학문의 가치는 쓸모에 있는 것이 아니라 앎에 있다. 대상에 대해 더 깊이 이해하는 것이 목적이지, 현실 적용 가능한 방법 찾기가 목적이 아니다. 교사가 교육학에 불만을 갖는 이유는 응용학문으로서의 한계 때문이다. 배우고 익혀 교실에서 바로 사용하고 싶은데 그러기 어렵다. 이 간극을 메우는 방법은 교사 스스로 연구자로 거듭나 응용학문으로서의 교육학 연구를 누적하는 것이다. 물리학은 순수학문에 가깝지만, 여기에서 나온 지식을 활용하는 공학은 응용학문에 가깝다. 한 사람이 두 가지를 동시에 연구하기는 쉽지 않다. 순수학문을 지향하는 교육학자들에게 응용학문 활동을 요청하기는 어렵다. 교사가 스스로 능력을 갖추어 연구 성과를 쌓아 올리는 것이 더 빠르고 현실적인 대안이다. 교육학자들 역시 자신의 본분 중 하나는 학교 현장의 교사를 지원하는 것임을 잊지 않기를 바란다.

여섯째, 좋은 동료를 가까이하자

포스트모더니즘 이후 다양한 가치의 경중을 비교하는 논의는 무의미해졌다. 정답이 정해져 있던 세상은 무너졌고, 우리는 이제 스스로 정답을 찾아야 하는 세계를 살고 있다. 여러 갈래의 목소리와 요구가 부딪히는 다변화하는 세상이다. 진보와 보수만으로 세상을 가르는 기준은 이제 더 이상 맞지 않는다. 이분법적 사고로는 세상을 이해하기 불가능하다. 각자가 옳다고 여기는 셀 수 없이 많은 가치가 꾸준히 부딪히는 세상이다. 학교도 마찬가지다. 조선시대에는 유교, 일제강점기에는 황국신민화, 독재시대에는 국가주의가 학교 교육의 정답이었다. 그러나 현대의 학교는 하나의 가치만을 가르치지 않는다. 학생에게 다양한 가치를 소개하고 스스로 선택하도록 돕는 것이 교사의 역할이다. 교사의 모습도 천차만별이고, 그들이 최우선으로 여기는 가치도 모두 다르다.

이 책은 교사에게 교육과 전문성을 요청하고 있지만, 이것이 꼭 정답이라고 생각하지는 않는다. 이 책이 놓치고 있는 중요한 가치가 있을 수 있고, 각자의 독특한 삶의 궤적에 따라 추구하는 바가 다를 수 있다. 이 책에서 주장하는 바가 지고지선의 가치라고 주장하며 다투고 싶지 않다. 그럴 자격도 없다고 생각한다. 다만, 이 책의 내용에 공감하는 교사라면 교사의 본연적 역할에 충실한 동료를 가까이 하기 바란다. 사람의 성향과 지향점이란 물과 같아서 주변 사람에 의해 꾸준히 영향받으며 그 모습이 변하기 마련이다. 근묵자흑이고 유유상종이다. 원하든 원치 않든 교육보다는 여흥에 관심이 많은 교사와 함께하면 자신도 모르게 그들을 닮아간다. 반대로 교육을 중심으로 고민하고 애쓰는 동료를 가까이하면 나도 모르게 그들을 닮아간다. 불평과 불만이 많은 사람을 가까이 하면 그 사람을 닮아가고, 어려운 환경 속에서도 최선을 다하는 이를 만나면 나도 그렇게 된다. 학교의 업무가 종종 과중하기에 모든 교사가 항상 최선을 다하고 훌륭하기는 어려운 일이다. 전쟁터에 나서는 모든 군인이 용맹할 수는 없는 것과 마찬가지다. 그래도 훌륭한 사람 곁에 있으면 나도 그들을 닮아간다. 세월이 흐르면 그렇게 발전한 내 모습을 보고 가까이 하고자 하는 이들이 나타난다.

일곱째, 승진에 목매지 말자

학교에서 발생하는 많은 폐단은 비뚤어진 승진제도로 발생한다. 학교의 승진제도는 아무리 생각해도 이상하다. 교육기관에서 교육을 열심히 하는 직원이 승진할 수 없다. 비교적 상황이 나아지고 있다지만 행정업무를 잘 하는 교사, 회식 참여율이 높은 교사, 운동을 잘 하는 교사, 점수 잘 챙기는 교사가 승진할 수밖에 없는 제도다. 내가 승진하려면 다른 교사를 눌러야 하는 제로섬 게임이다. 이러니 학교에서 협력이 이뤄지기 어렵다. 승진제도 때문에 교사 집단 내에서도 협력이 어려운데 어찌 학생에게 협력과 상생을 가르칠 수 있겠는가.

승진을 목표로 삼는 교사를 비판의 대상으로 삼고 싶지 않다. 그들 역시 비뚤어진 제도의 희생자이다. 오랜 기간 학교에는 승진이 목표라면 인간성을 한시바삐 포기해야 한다는 말이 돌았다. 무슨 수를 쓰든 고과점수를 받고, 다른 교사를 경쟁의 대상으로 보고, 관리자에게 잘 보이고, 가정을 포기하고, 자녀와 함께하는 시간을 줄이고, 주말에도 보고서에 매달리고, 밤늦게까지 교육청 업무를 도와주어야만 승진 후보자에 들 수 있던 시절이 그리 오래되지 않았다. 자아실현의 수단으로 승진을 선택한 이에게 누가 함부로 돌을 던지랴. 그가 승진을 위해 포기한 것들을 생각하면 나도 마음이 아플 지경이다. 그 사람도 다른 소중한 것을 포기하며 승진가도를 달리는 것이 왜 고통스럽지 않았겠는가. 친구를 다 뒷전으로 하고 공부에만 목숨 걸어야 인정받을 수 있는 세상에서 입시 괴물이 되어가는 아이를 마냥 비난하기 어려운 것과 같다. 그런 세상을 만든 어른 모두가 공범이기 때문이다.

나는 승진할 생각도 없고, 그럴 능력도 없다. 그래서 한때는 승진에만 목매는 교사들을 보면 이해할 수 없어 괴롭기도 했다. 하지만 학교에서 보낸 시간이 길어지다 보니 그들 역시 나와 같은 평범한 사람이고, 나름 최선을 다해서 산다는 사실을 깨달았다. 그들은 나와 다른 선택을 했을 뿐이다. 그럼에도 불구하고, 교육을 본연적 역할로 생각하는 교사라면 승진을 조심스럽게 생각하기를 바란다. 교육부에서 정한 승진기준은 교육 잘하는 교사가 아니라, 상급기관의 지시를 잘 수행하는 교사에게 초점이 맞춰져 있다. 교육부와 교육청이 학교와 교사에게 자율권을 주려고 노력한다지만, 승진제도 개선이 없이는 공염불이다. 평가권과 인사권은 매우 강한 권력이다. 그 승진제도의 굴레 안에 들어가면 누구나 강자 혹은 약자가 될 수밖에 없다. 평가자는 강자가 되고, 평가 대상은 약자가 된다. 승진하려고 마음먹는 순간 나라는 존재는 사라지고, 교육부와 교육청의 대리인만 남는다.

장기적으로는 관리자와 교사는 직군이 분리되어야 한다. 실제로 각자 하는 일이 매우 다를 뿐만 아니라, 승진이라는 제도가 관리자와 교사 사이의 상하 관계를 만들어 종종 문제의 원인이 된다. 미국은 학교 관리자와 교사가 하는 일이 명확하게 구분되어 있다. 관리자가 되려면 관리자가 되기 위한 트랙을 밟아서 20대에도 교장이 된다. 교사는 대개 관리직에는 관심이 없고 가르치는 일에 관심이 있는 사람이 된다. 학생을 가르치다 관리직에 관심이 생기면 새로 트랙을 밟으면 된다. 역할은 다르지만, 서로의 전문성과 차이를 존중한다. '승진'이라는 말도 사라져야 한다. 교사에서 관리직으로 넘어가는 과정은 '전직'이라는 표현으로 충분하다. 많은 노력 끝에 관리자가 된다면 그 역시 의미 있는 일이다. 관리자가 되는 교사들은 주어진 힘과 지휘권을 교육을 위해 의미 있게 써주기 바란다.

여덟째, 고도의 윤리의식을 추구하자

현재 교사의 윤리의식이 낮다고 생각하지는 않는다. 내 주변의 교사는 대개 바르고 친절하며 온화하다. 동료 교사가 실수했다고 해서 면박

주는 이 없고, 학생과 학부모에게 무례하게 구는 이도 거의 없다. 교사 윤리의식의 발달은 자의적이기도, 타의적이기도 하다. 교사의 수준이 향상되면서 현재까지 자연스럽게 윤리 문화가 발달했을 수도 있다. 교육청과 학교가 부패·부정을 해소하기 위해 다양한 노력을 기울여서 윤리의식이 강화되었을 수도 있다. 윤리 문제에 휩싸이면 평판이 바닥으로 하락하거나, 직업을 잃을 수 있다는 위기감이 동력일 수도 있다. 대부분의 교사는 윤리적인 삶을 살고 있다고 믿지만, 아직 문제가 되는 교사들이 있기에 걱정을 놓을 수 없다.

대부분의 전문직은 고도의 윤리성을 요구받고, 작은 흠결도 쉽게 넘겨지지 않는다. 전문직군 내에서 개인의 일탈은 집단 전체의 신뢰를 훼손할 만큼 파급력이 강하다. 대부분의 의사가 최선을 다하더라도 수술실에서 성추행을 하는 의사가 단 하나라도 있다면 지탄받아야 한다. 대부분의 법조인이 법과 정의를 목숨처럼 여겨도 단 한 명의 구성원이 범죄를 저지르면 전체 집단이 비난을 받을 수 있다. 전문직은 추구하는 가치와 책임의 무게, 사회에 대한 영향력이 크기 때문에 그만큼 무거운 윤리적 책임을 요구받는다. 교사 집단 내에서도 단 한 명의 구성원이 문제를 일으키면 집단 전체에 대한 불신을 초래할 수 있다. 대부분의 동료가 윤리적으로 건강하지만, 언론에 각종 범죄로 비판받는 교사가 보도되면 자신감이 떨어진다. 전문직 내의 윤리성은 개인에 의한 자발적 통제로는 한계가 있으며, 상위 기관의 통제만으로도 이루어지지 않는다. 전문직 내 구성원의 끊임없는 상호 견제와 협력적 비판이 핵심이다. 기준이 모호하고 민감한 사안은 자칫하면 선을 넘어 본인도 모르게 실수할 수 있다. 문제가 터지면 때는 이미 늦다. 스스로 주의하고, 동료를 살피고,

조언을 구하고, 함께 조심해야 한다.

아울러 시민에게 교사의 윤리의식이 인정받기 위해서는 많은 시간이 걸릴 것이라는 점을 말하고 싶다. 학교에서 촌지가 사라진 지는 이제 겨우 20년이고, 신체적 체벌이 사라진 것은 겨우 10년이다. 선물 문화가 사라진 것은 겨우 5년 내외다. 많은 학생과 학부모, 시민은 학교에서 교사에게 받은 상처를 여전히 안고 살아간다. 지금 내가 교사로서 아무리 윤리적이더라도 시민이 받은 상처가 아물려면 시간이 더 필요하다. 교사가 계속해서 고도의 윤리성을 추구하고 작은 잘못도 피하고자 애쓰면, 지금 내가 가르치는 학생이 자라서 학교를 신뢰해주는 어른이 된다. 지난하고 고된 길이 될 것이다. 억울하다고 목소리 높여봐야 학교에 대한 불신만 높아진다. 묵묵히 할 일을 하자. 교사가 신뢰받고 사랑받는 그 날까지 서로 격려하며 애쓰면 된다.

아홉째, 후배를 아끼고 지원해주는 선배가 되자

나는 후배가 두렵다. 선배는 경쟁 상대가 아니다. 뛰어난 선배를 보아도 조바심이나 질투심이 들지 않는다. 앞서간 사람은 벤치마킹의 대상이지 넘어야 할 산이 아니다. 그러나 후배가 성장하는 모습은 나를 긴장하게 한다. 후배가 애써 훌륭한 교사로 성장하고 성과를 내는 모습을 보면 그들이 나를 어떻게 볼지 조심스럽다. 그것은 아마도 내가 선배를 바라볼 때 가졌던 높은 기준 때문일 것이다. 완벽주의적인 성격 덕에 나는 초임 때부터 선배를 고깝게 보는 후배였다. 교사가 되고 싶어 교사가 된 나는 선배가 조금이라도 부족한 모습을 보이면 속으로 비난하곤 했다.

'나는 저런 교사는 되지 말아야지!' 경력이 조금 쌓이고 나니 선배를 보던 속 좁은 내 모습은 모두 부메랑이 되어 돌아왔다. 후배가 말없이 나를 빤히 바라보면 과거의 내가 그랬던 것처럼 저 친구가 속으로 나를 비난하지는 않을지 불안하다. 선배 앞에서는 고언을 서슴지 않아도 후배 앞에서는 함부로 행동하지 못하는 이유다.

동시에 나는 선배로서 후배에게 책임감과 죄책감을 느낀다. 후배가 경험하는 학교는 그것을 의도했든 의도하지 않았든 모두 나를 포함한 선배들이 만들어낸 것이다. 후배가 학부모에게 교사로서 충분히 존중받지 못하는 이유는 나를 포함한 선배들이 그런 문화를 만들어내지 못해서다. 후배가 생활지도에 실패해 학생에게 쩔쩔매는 이유는 선배가 그만한 연구결과와 노하우를 충실히 전달해주지 못해서다. 후배가 기존의 제도와 학교 문화에 불만을 품는 이유는 선배가 기존의 문제를 미리 해결해주지 못해서다. 교직 생활에 불만이 있을 때 선배 세대를 원망할 수는 있어도 후배 세대를 나무랄 수는 없다.

시간이 흐르고 어느 정도 경력이 쌓이고 나서야 선배를 보던 나의 시선이 조금은 부드러워졌다. 사회를 보는 내 시선이 무뎌져서 그럴 수도 있고, 내 마음이 예전보다 더 여유가 생겨서 그럴 수도 있다. 그러나 현재의 학교 문화가 선배의 책임이라는 점은 변하지 않는다. 촌지와 체벌이 사라지고, 학교 문화가 비교적 민주화되는 등의 발전도 선배의 덕이다. 마찬가지로 학교 안에 아직 남아있는 고쳐야 할 문제들도 선배의 책임이다. 특히 경력 많은 교사일수록 후배 교사에 대해 더 큰 책임감을 느껴야 한다. 건강한 선배라면 본인이 겪은 고민과 고통을 후배가 겪지 않도록 지원하고 애써야 한다. 동시에 후배의 성장과 도전에 즐거운 긴장감을 느껴야 한다. 교사에게 학생의 청출어람이 가장 큰 즐거움이듯, 후배가 선배의 역량을 추월하면 격려하고 기뻐해야 한다. 그것이 싫다면 후배보다 더 열심히 해야 한다. 혹자는 선배가 후배를 아끼듯 후배도 선배를 존경할 의무가 있다고 말한다. 내 생각은 다르다. 존경은 의무가 아닌 선택이다. 존경은 강요해서는 얻을 수 없다. 선배다운 선배는 강요하지 않아도 존경을 받을 것이다.

열 번째, 본분을 항상 교육에 두자

학교가 힘들고 어려운 이유는 학교 밖에서 교육 이외의 너무 많은 것을 요구하기 때문이다. 학부모는 양육을 요구하고, 기업과 대학은 선별을 요구하고, 정부는 사회화를 요구한다. 그 외에 인성교육, 안전교육, 진로교육, 통일교육 등등으로 지칭되는 온갖 '○○교육'까지 포함하면 학교는 역할 포화상태다. 교사와 학생, 학부모가 학교에서 지치고 힘들어하는 이유는 학교에 쏟아지는 과다한 요구를 모두 수용하고자 하기 때문이다. 한정된 그릇에 물이 홍수처럼 넘쳐흐르는 형국이다. 교사는 어떻게든 넘치는 역할을 수용하고자 노력하지만, 한정된 인력으로 수행할 수 있는 일에는 한계가 있다.

학생 인권에 대한 관심이 높아지고 부모의 목소리가 커지면서 교권이 하락한다는 주장도 많다. 교사의 경제적·사회적 지위는 과거에 비해 향상되었지만, 실제 교사가 느끼는 사회적 체감 지위는 하락하고 있다. 그래서 많은 교사가 교사의 지위 향상을 바란다. 교사의 지위 향상은 시민의 성원과 동의를 통해서만 가능하다. 학교가 처한 상황이 아무리 어렵고 힘들어도 무조건 교사의 요구를 응원해줄 시민은 많지 않다. 교사가 교육을 최우선 가치로 할 때 시민의 응원을 요구할 수 있다. 교육 외의 가치를 우선하는 교사가 존재하는 한, 학교를 교육 중심으로 되돌리기 위한 시도도, 교사의 지위를 향상시키기 위한 요구도 모두 공염불이다.

나를 스스로 돌아보고, 주변을 냉철하게 둘러보자. 교육 외의 가치를 우선하는 교사가 있다면 스스로 반성하고 곁에서 걱정해주어야 한다. 과거의 방식을 반복하려는 안이한 태도와 무책임은 학교 전체에 대한 신뢰를 하락시켜 동료 교사에게 피해를 준다. 동료 교사에게 업무적으로 짐을 지우는 것만이 민폐가 아니다. 학생에게 신뢰를 잃고, 학부모에게 비난을 받는 교사의 개인 행위는 교사 집단 전체에 대한 불신을 키운다. 업무는 협력과 조정을 통해 보완이 가능하지만, 한 번 잃은 시민의 신뢰는 회복하는 데 많은 시간이 필요하다. 학생에게 던지는 말 한마디, 학부모와 나누는 메시지 한 통도 비교육적인 요소가 있지는 않은지 주의해야 한다. 교사가 과도한 업무에서 벗어나 교육 활동에 집중하고, 학교가 진정한 교육기관으로 바로 서기 위해서는 교사가 먼저 교육의 표상이 되어야 한다.

오랜 기간 교사는 학교의 병폐를 없애고자 애써왔고 어느 정도 효과도 보았다. 2000년대 이전에 비하면 현재 학교는 훨씬 민주화되었고 부정·부패도 줄었다. 과거의 교사는 학교 안에 산재한 병폐로 괴롭고 힘들었을 것이다. 학교에서 교사의 근무 환경은 개선되었지만 나는 때때로 교사 집단이 길을 잃고 헤매고 있다는 생각을 한다. 정답이 정해져 있던 독재시대를 지나 1990년대 이후에는 사회의 변화에 발맞추어 학교 현장의 민주화도 급속히 이루어졌다. 교육방법에 대한 선택이 자유로워지며 진보주의 교육방식을 시작으로 다양한 방식이 우리 학교에 적용되었다. 이제는 교육방법 측면에서는 전 세계 어디에도 뒤처지지 않는 수준이다. 이 책에서 승진에 대한 한계와 문제점을 지적하기는 하였으나, 승진지상주의도 젊은 세대에서는 차차 사라지고 있다.

그런데 여전히 동료 교사의 마음은 공허해 보인다. 많은 사람이 부러워하는 직업을 얻었음에도 그 안에서 만족하고 행복한 동료가 많지 않다. 고경력 교사는 학생·후배 교사와의 세대 차이로 소외받는다고 느낀다. 중경력 교사는 일에 치여 개인의 삶을 돌보기 어렵다. 젊은 교사는 선배 교사들에 비해 훨씬 어려운 과정을 거쳐 교사가 되었지만, 자신의 지위에 만족하지 못해 분주하다. 사회 전반적으로 보면 교사는 안정적이고 훌륭한 직업이다. 그러나 많은 교사가 교사라는 지위만으로 만족하지 못하고 이런저런 활동을 하며 자존감을 채우려 애쓰는 모습이 안쓰러울 때가 많다.

그 이유는 교사가 우리 사회에서 충분히 인정받고 존경받는 전문직이 아니기 때문이다. 교실에서 내가 학생을 충실히 열심히 가르치는 것만으로도 사회의 존경과 사랑을 받는다면 굳이 다른 활동으로 자존감을 채우기 위해 애쓰지 않아도 된다. 근래에 교사의 외부 활동이 많아지는 것은 나름 장려할만한 새로운 시도다. 하지만 그들의 역량이 학교 안에서는 충분히 인정받을 수 없음을 반영하는 듯해 뒷맛이 씁쓸하다.

교사들이야말로 학교가 안고 있는 문제 해결을 위한 열쇠다. 학교 안의 많은 문제가 해결되지 못한 채 누적된 주요 원인은 그 안의 핵심 구성원이 소외되어 왔기 때문이다. 학생은 시험을 보는 기계 취급을 당하고, 학부모는 믿을 수 있는 교육 전문가가 없고, 교사는 학교운영의 선택권을 박탈당했다. 학교를 둘러싼 다양한 집단이 학교 정책에 개입하면서 학교 문제는 점점 더 복잡해졌다. 학교에 대한 정치권, 기업, 각종 단체의 입김이 커질수록 학생, 학부모, 교사의 목소리는 더 소외되었다. 매일 학교에서 만나는 세 주체가 정책과 제도에서 소외되니 문제가 해결될 수 없다.

이제는 교사가 교육 전문가로 문제 해결을 위해 직접 나서야 한다. 교사 스스로 학교 안의 문제를 발견하고, 해결책을 제시하기 위해 노력하자. 교사가 만든 해결책이 더 많이 인정받고 적용되기 위해서는 시민의 지지가 꼭 필요하다. 시민의 지지를 얻을 수 있는 길은 교사가 전문가 집단으로 거듭나는 것이다. 교사의 전문성과 진정성이 시민에게 충분히 인정받으면, 교사들이 학교에서 겪는 어려움도 더 많은 공감을 얻을 수 있을 것이다. 그것이 학생을 고통에서 구하는 길이고, 학부모의 아픔을 덜어줄 수 있는 길이다. 현대의 우리 교사는 그럴만한 충분한 역량과 능력이 있다. 오늘도 매일 교실에서 학생을 위해 최선을 다하는 모든 교사에게 건투를 빈다. 우리 교육의 희망과 미래는 교사들에게 달려 있다.

닫는 글

교사 경력이 10년이 되었다. 여기에 모인 글은 그동안의 경험과 생각을 담은 편린들이다. 더 나이가 들기 전에 지금의 생각을 기록해야겠다고 마음먹었다. 나이를 먹으면 기득권이 된다. 기득권이 되면 부조리가 눈에 잘 보이지 않는다. 교직 경력이 꽤 된 나는 이미 많은 부분에서 학교에 대한 비판적인 시각을 잃어버렸다. 더 시간이 지나 생각이 무뎌지고, 사회문제에 더 관대해지고, 무관심해지고, 무감각해지기 전에 지금의 생각을 기록해두고 싶었다.

글을 쓰는 동안 사회문제에 대한 내 비판의 날이 이미 많이 무뎌졌음을 느꼈다. 과거에는 부조리하다고 생각하던 것을 익숙하게 보는 나 자신을 발견했다. 더 젊었을 때는 세상에 고칠 점이 많다고 생각했는데, 지금은 좋은 점이 더 많다고 생각한다. 좋게 보아 나는 긍정적인 사람이 되었다. 반대로 생각하면 나는 점점 더 낡은 사람이 되어 가고 있다. 후배가 겪고 있는 부조리가 내 눈에는 잘 보이지 않을까 두렵다.

독자는 글을 읽으면서 내 생각이 너무 공격적이거나 과하다고 여겼을지도 모르겠다. 혹여 이 책의 내용이 독자의 마음을 불편하게 했다면 그것은 내 잘못이다. 이 책에서 학교의 많은 부분을 비판적으로 서술했지만, 나는 정말 학교를 사랑한다. 내가 아끼고 사랑하는 사람들을 만난 곳도 학교이고, 학생과 즐거운 추억을 나눈 곳도 학교다. 때로 마음의 상처를 받아 잠 못 이룬 적도 많지만, 그 과정을 통해 성장하게 해준 곳도 학교다. 부디 넓은 마음으로 내 비판이 애정에서 비롯되었음을 알아주길 바란다. 아울러 이 책에서 언급한 학교 외의 집단에 소속된 사람들에게도 양해를 구하고 싶다. 우리 학교와 그 안에서 공부하는 학생을 살리기 위해서는 부득이 짚고 넘어가야 할 부분이 있었고, 그 과정에서 표현이 종종 과격해졌다. 내 생각과 표현에 문제가 있다고 생각하는 분이 있다면 대화를 나누고 싶다. 이 책 안의 부족한 내용은 모두 저자의 잘못이다.

이 책이 출간되기까지 많은 분의 도움을 받았다. 사람과교육연구소 정유진 대표는 내 교직의 스승이다. 교사로서 힘든 순간마다 그에게 배운 것이 큰 힘이 되었다. 부모교육연구소 박재원 소장님은 아버지 같은 연배에도 항상 친구처럼 대해주시며 내 토론 상대가 되어주었다. 서준호 선생님은 내 마음을 보듬어주는 선배다. 양은석 선생님은 끊임없이 연구하는 선배의 모습으로 나를 겸손하게 한다. 김혜영 선생님과 김현진 선생님을 나는 친누이처럼 생각한다. 대전에서 행복교실을 함께 운영한 김다솜, 김상미 선생님은 내가 생각하는 선한 영향력의 표상이다. 임소연, 정연수 부부의 따뜻한 관심에 항상 감사하다. PD 코리아 대표 김성환 선생님은 그의 연구와 활동처럼 격려를 아끼지 않는 분이다. 에

듀게이트 프로젝트를 함께 하는 팀원들에게도 감사하다. 의미 있는 일을 함께 할 수 있어 기쁘다. 초임 때부터 부족한 후배를 챙겨준 송은미, 이영옥 선생님은 가끔씩 오래 봐야 할 선배들이다. 한국교원대학교와 컬럼비아 대학교의 티처스 컬리지(Teachers College)에서 만난 교수님과 동료는 내 영감의 원천이다. 조혜영 교장 선생님, 이선주 교감 선생님의 아낌없는 지원도 잊을 수 없다. 박성동 교장 선생님, 안효팔 교장 선생님, 박정 선생님은 내가 힘든 일이 있을 때마다 손을 내밀어주셨다. 사람과교육연구소 사무국에서 봉사해준 안나, 김영숙, 류아라 선생님도 소중한 사람들이다. 나승빈, 도대영 선생님은 근무하는 지역은 다르지만, 항상 최선을 다하는 모습으로 내게 긍정적 긴장감을 주는 친구이다. 서일고등학교 동기들은 내 부족한 모습을 오랫동안 이해해주었다. 갑작스러운 방문에도 환대해준 중국 저장 대학교 엄 교수님의 따뜻한 마음도 잊지 못한다. 어려울 때마다 고민 들어주는 요한(Johan)에게도 감사하다. 여기에 모두 언급하지는 못하지만, 나와 동료로 근무하고 대화를 나눠주셨던 많은 선생님께 감사하다. 교육과실천 최윤서 대표와 허병민 편집장이 부족한 원고를 다듬어주지 않았더라면 이 책은 세상에 나오지 못했을 것이다. 교육을 진지하게 대하는 그들의 마음이 독자에게 더 많이 전달되면 좋겠다. 마지막으로, 내게 큰 힘이 되어주는 부모님과 동생에게 사랑한다는 말을 전하고 싶다. 가족은 나의 버팀목이다.

교사가 시민에게 더 존경받고 사랑받는 시대가 조만간 오리라 믿는다. 이 책이 그 길에서 디딤돌이 되기를 바란다.